Philipp Maximilian **Scharpenack**

LIFE TO THE MAX

Meine abenteuerliche Reise zu einem Leben
mit nur vier Stunden Arbeit pro Woche

»*Der Wert unseres Lebens bemisst sich aus der Summe seiner kostbarsten Augenblicke. Uns selber diese besonderen Momente zu schenken, kostet oftmals Überwindung. Denn kostbare Augenblicke beginnen dort, wo wir unserem Herzen folgen und die Brille der Zukunft oder gar der Vergangenheit ablegen und gegen das präsente Leben im ›Hier und Jetzt‹ tauschen. Dort, wo wir uns vom Leben leiten lassen. Wo wir alle Zwänge, Ängste und Muster ablegen. Wo wir nicht mehr aus Angst handeln, sondern aus Liebe und somit aus Vertrauen in das Leben. Immer. In jedem Moment. Mit jedem Atemzug.*«

PHILIPP MAXIMILIAN SCHARPENACK

LIFE TO THE MAX

Meine abenteuerliche Reise zu einem Leben
mit nur vier Stunden Arbeit pro Woche

PHILIPP MAXIMILIAN
SCHARPENACK

Bibliografische Information der Deutschen Nationalbibliothek
Die Deutsche Nationalbibliothek verzeichnet diese Publikation in der Deutschen Nationalbibliografie. Detaillierte bibliografische Daten sind im Internet über http://dnb.d-nb.de abrufbar.

Für Fragen und Anregungen
info@finanzbuchverlag.de

Originalausgabe, 1. Auflage 2020

© 2020 by FinanzBuch Verlag, ein Imprint der Münchner Verlagsgruppe GmbH
Nymphenburger Straße 86
D-80636 München
Tel.: 089 651285-0
Fax: 089 652096

Redaktion: Katharina Theml
Korrektorat: Anja Hilgarth
Umschlaggestaltung: Marc-Torben Fischer
Umschlagabbildung: iStock.com/PATCHARIN SAENLAKON
Satz: Zerosoft, Timisoara
Druck: CPI books GmbH, Leck
Printed in Germany

ISBN Print 978-3-95972-315-2
ISBN E-Book (PDF) 978-3-96092-583-5
ISBN E-Book (EPUB, Mobi) 978-3-96092-584-2

Weitere Informationen zum Verlag finden Sie unter

www.finanzbuchverlag.de

Beachten Sie auch unsere weiteren Verlage unter www.m-vg.de

INHALT

PROLOG

Das Abenteuer Leben beginnt, wo die starren Pläne, die wir uns einst gemacht haben, enden. Wo wir lernen, darauf zu vertrauen, die Wege, die uns geebnet werden, zu gehen. Wo unser Herz fühlt, dass es einen tieferen Sinn gibt, den der Verstand noch nicht begriffen hat.

Es brauchte nicht lange, da kamen schon die ersten Inselbewohner auf mich zu. Sie versammelten sich und bestaunten mich, als wäre ich irgendein exotisches Artefakt.

»Wir haben nicht so häufig Gäste bei uns«, erklärte mir Ratu. »Aber wir freuen uns über jeden, der hier ist.« Ich nickte und lächelte ihn an. Ich hatte mich in den letzten Monaten daran gewöhnt, der Fremde zu sein. Ich wischte mir den Schweiß von der Stirn. Die Sonne stand senkrecht am Himmel, und es war wahnsinnig heiß. Ich hatte den Geruch vom großen Ozean in der Nase und den Geschmack von Salz auf den Lippen. Es fühlte sich nach Freiheit an. Eine starke Böe wehte mir ins Gesicht. Ich schloss für einen kurzen Moment die Augen und hörte das Rauschen der Palmenblätter. »Komm mit«, sagte Ratu. »Ich zeige dir alles.« Ratu nahm mich an die Hand und führte mich durch sein kleines Paradies. Er zeigte mir die gesamte Insel. Seine Insel. Mir wurde jetzt erst richtig bewusst, wo ich war. Am anderen Ende der Welt. Auf einer völlig unbekannten und nicht an den Tourismus angeschlossenen Fidschi-Insel. Sie war winzig. Bei einem gemütlichen Spaziergang konnte man sie in einer Dreiviertelstunde umlaufen. Es gab nur ein paar vereinzelte Häuser hier. Sehr einfache Häuser. Sie waren aus Holz gebaut und mit Palmenblättern bedeckt. Und in der Mitte dieser unregelmäßig angeordneten Häuser war eine große Feuerstelle. Das war wohl so etwas wie der Marktplatz. Nur dass es hier nichts zu kaufen gab. Die Feuerstelle war der zentrale Treffpunkt. Hier saß der Stamm von Ratu jeden Abend zusammen. Sie aßen Fisch und Mangos und tranken Kokosmilch oder selbstgebrannten Rum. Und zu noch späterer Stunde erzählten sie sich Geschichten.

Nachdem mir Ratu sein kleines Königreich präsentiert und wir die Insel erkundet hatten, führte er mich zu meiner Unterkunft. Zu einer kleinen, einfachen Strohhütte. Sie war bloß mit einer harten Pritsche ausgestattet. Dafür gab es einen unverstellten Meeresblick. Es gab so gut wie keinen Strom auf der Insel. Natürlich auch keine sanitären Anlagen oder fließendes Wasser, aber damit hatte ich auch nicht gerechnet. »Wenn du etwas brauchst, dann sprich einfach irgendjemanden an.« Ich nickte und stellte meinen Rucksack ab. »Das ist wahrscheinlich nicht das, was du gewohnt bist?« Er schaute mich fragend an und machte eine kurze Pause.

»Ich hoffe, du fühlst dich hier trotzdem wohl?«, fragte er leicht besorgt.

»Es ist perfekt«, sagte ich.

Und es war perfekt.

Es war Ende Dezember, und ich hatte beschlossen, eine Auszeit zu nehmen. Fast das gesamte letzte Jahr war ich gereist, hatte die Welt gesehen und wollte jetzt einfach nur irgendwo ganz abgeschieden unterkommen, um für mich zu sein. Noch vor einigen Wochen war ich in Neuseeland gewesen. Ich hatte gedacht, dass Neuseeland am Ende der Welt liegen würde. Dass es keinen Punkt gäbe, der noch weiter entfernt wäre, bis mir klarwurde, dass es jenseits vom Ende der Welt noch einmal einen Zipfel gab, den man besuchen konnte. Das Ende vom Ende der Welt. Und jetzt war ich hier. Als ich auf den Fidschi-Inseln gelandet war, hatte ich Ratu angesprochen. Ratu war Fischer, und ich bat ihn, mich zu einem Ort zu bringen, der weit von all der Hektik und Oberflächlichkeit der westlichen Welt entfernt war. Er nahm mich mit nach Monu. Seinem Geburtsort. Seiner Insel. Seinem Königreich. Hier war ich nun.

Ich legte mich auf die harte Pritsche, nahm ein paar tiefe Atemzüge und lächelte. Ich begann zu realisieren, an was für einen außergewöhnlichen Ort mich das Leben einmal mehr geführt hatte.

Als die Sonne unterging, zog es mich zur Feuerstelle. Dort saßen bereits die Stammesmitglieder um ein gewaltiges Lagerfeuer und winkten mich freundlich zu sich. Ich nahm Platz. Die Inselbewohner nahmen mich auf, als wäre ich einer von ihnen. Zur Begrüßung reichten sie mir eine Kokosnuss mit einem Pfropfen.

»Trink!«, lächelte ein Mann, und ich nahm einen großen Schluck von der scharfen Flüssigkeit. Ich musste husten.

»Was ist das?«, fragte ich.

»Selbstgebrannter Rum«, lächelte der Mann und klopfte mir auf die Schulter.

Ein paar Frauen begannen im Takt zu klatschen und Stammeslieder anzustimmen. Nach ein paar Liedern erzählte eine ältere Dame, was heute auf der Insel passiert war. Die Nachrichten des Tages wurden besprochen. Was ist neu an Waren gekommen? Ist irgendetwas kaputtgegangen? Was haben die Kinder gelernt? Einer der Jungen habe große Fortschritte beim Speerfischen gemacht, wurde erzählt.

»Ich erinnere mich noch, wie lange ich für meinen ersten Fisch gebraucht habe«, lachte jemand. »Immer wieder hat mich die Panik gepackt, aber irgendwann – da ging es einfach.«

»Was ist mit dir?«, fragte mich plötzlich jemand, und die kleinen Einzelgespräche verstummten. Ich, der Fremde, stand nun plötzlich im Zentrum der Aufmerksamkeit, und sie alle fingen an, mir Fragen zu stellen.

»Wie ist der Klang eurer Sprache?«

»Wird bei euch auch gesungen?«

»Was singst du am liebsten?«

»Wie lange hast du gebraucht, um an diesen Ort zu kommen?«

»Was ist deine Lieblingsfarbe?«

»Magst du lieber die Sonne oder lieber den Mond?«

Ich versuchte, alles, so gut ich konnte, zu beantworten. Mir selbst gingen auch einige Fragen durch den Kopf. Aber ich beschloss, sie für mich zu behalten, und lieber den Erzählungen der Einwohner zu folgen, um die Antworten für mich selber zu finden.

»Möchtest du morgen wieder mit uns mitfahren?«, fragte Ratu, als ich mich gerade dankend verabschiedete, um schlafen zu gehen. Es musste mittlerweile schon weit nach Mitternacht sein. Die Zeit war verflogen. Ich schaute Ratu an und lehnte freundlich ab. Ich fühlte mich hier sehr wohl und willkommen. Aber auch die Erinnerung an den etwas wilden Wellengang und die Auswirkungen auf meinen

Magen bekräftigten meine Entscheidung, lieber noch ein wenig auf der Insel zu verweilen.

»Danke, besser nicht«, sagte ich und zeigte lachend auf meinen Bauch. »Dafür würde ich aber sehr gerne wieder mit dir und den anderen morgen Abend am Lagerfeuer sitzen, Rum trinken und Geschichten erzählen.«

Ratu nickte, umarmte mich und wünschte mir eine gute Nacht.

Den nächsten Tag verbrachte ich neugierig auf der Insel. Ich saß am Strand und beobachtete die Kinder, die mit selbstgebauten Speeren ohne Atemmaske tauchen gingen. Ich stoppte die Zeit. Drei Minuten. Vier Minuten. Ich konnte es nicht glauben. Fünf Minuten. Ich machte mir langsam Sorgen. Dann tauchten sie wieder auf, mit Fischen, die zappelnd auf ihren Speeren steckten. Einige Kinder konnten sogar unglaubliche sechs Minuten unter Wasser bleiben. Zwei andere Jungen veranstalten zur gleichen Zeit ein Wettklettern auf zwei haushohe Palmen. Sie hatten sich eine Machete in die Hose gesteckt und schlugen Kokosnüsse herab. Ich starrte auf die Kokosnüsse, die dumpf auf den Boden schlugen.

»Hey, Max«, riss mich eine hübsch bekleidete Frau aus meinen Gedanken. »Hast du Lust, mit uns zu kochen?«

»Na klar.« Ich stand auf und folgte ihr. Sie brachte mich zu einer Feuerstelle, wo sechs andere Frauen saßen, die frisches Gemüse schnitten: Sojasprossen, irgendwelche Wurzeln und Pilze. Sie wurden angebraten und in einer Kokossauce gekocht und mit Chili und selbstgemachtem Meersalz gewürzt. Derweil legte man den Fisch über das Feuer und strich ihn mit Limettensaft ein. Ich schaute mich um und sah Männer, die die Hütten reparierten, Holz hackten. Alles auf der Insel war in Bewegung und wirkte zugleich doch so friedlich. Und am Abend saßen wir alle gemeinsam wieder am Lagerfeuer und philosophierten über die Welt. So verbrachte ich meine Tage auf Ratus Insel. Und so verbrachte ich auch Silvester. Ein Feuerwerk gab es natürlich nicht. Stattdessen saßen wir alle einfach zusammen und sangen Stammeslieder. Na ja, gesungen haben sie, nicht ich. Aber zumindest ein bisschen mitgesummt. Es gab keinen Ort auf dieser Welt, an dem ich das alte Jahr hätte lieber ausklingen lassen als hier.

*

Ich war nun eine gute Woche auf der Insel und fühlte das innere Bedürfnis, weiterzuziehen und mehr von Fidschi zu entdecken.

»Kannst du mich zu einer anderen Insel bringen?«, fragte ich Ratu eines Abends.

»Du willst nicht noch bleiben?«

»Ich habe das Gefühl, ich bin bereit für etwas Neues.« Ich stockte kurz. Wie oft hatte ich diesen Satz wohl schon gesagt? Und wie sehr war er zu einem roten Faden für mein ganzes Leben geworden?

»Schade, dass du gehst. Wonach suchst du?« Ich überlegte kurz. Ich hatte es wahnsinnig genossen, so sehr im Einklang mit der Natur zu leben. Aber, wenn ich ehrlich zu mir selbst war, dann sehnte ich mich auch nach etwas Komfort: nach einem bequemen Bett, einer heißen Dusche und einem regenfesten Dach. »Ist dir vielleicht ein Resort bekannt?«, fragte ich ihn vorsichtig.

Ratu klopfte mir auf die Schulter und lachte. »Da kommt der Westen in dir durch, mein Freund. Aber keine Sorge, ich bringe dich zum schönsten Resort, das ich von den Geschichten hier kenne.«

Er nahm mich auf seinem Dingi, seinem kleinen motorisierten Schnellboot, mit und fuhr mich zu einer nahegelegenen Resortinsel. Sie war sehr viel größer als Ratus Insel und touristisch komplett erschlossen. Wir landeten an einem großen, weißen Sandstrand, und ich wurde vom Personal der Ferienanlage mit einer Blumenkette begrüßt, die sie mir um den Hals legten. Ich schaute mich um: Auf der Insel verteilt gab es viele Bungalows, die auf Pfaden miteinander verbunden waren. Ganz zentral lag ein Haupthaus, wo auch die Rezeption und einige Restaurants waren. Auf dem Vorplatz standen Palmen, zwischen die man Hängematten gespannt hatte. Es gab eine Bar mit Exportbieren aus Belgien, Wein aus Frankreich und Wasser aus Italien. Ratu hatte nicht zu viel versprochen. Der pure Luxus. Ich mietete mich ein und nahm erst einmal eine lange, heiße Dusche. Dann machte ich mich mit der Anlage vertraut, schwamm eine Runde im Infinity Pool, wurde aber durch die vielen Menschen hier auch ein wenig verschreckt. Ich war noch nicht so ganz bereit für all die Touristen, die hier an der Bar zusammensaßen. Sie tranken Bier und schauten auf ihre Handys, auf denen sie sich gegenseitig Urlaubsbilder zeigten. Genau das, was ich nicht wollte. Ich entschied mich zwar im Resort, aber lieber etwas für mich zu bleiben. Ich war von den vergangenen Tagen noch immer so eingenommen, dass ich zwar froh über die Vorzüge des westlichen Komforts war, aber auch ein wenig Abgeschiedenheit suchte. Ich bestellte mir in der Hotelbar ein eiskaltes lokales Flaschenbier und eine Kokosnuss und lief den Strand entlang. Auch hier waren zwischen den Palmen überall Hängematten angebracht. Ich legte mich in eine hinein und schaute Richtung Horizont. Es war früher Abend, und die Sonne ging gerade unter. Es sah aus, als würde sie wie ein roter Feuerball friedlich ins Meer hineinsinken. Ich war von der Schönheit des Augenblicks völlig überwältigt.

Kurz nachdem die Sonne hinter dem Horizont verschwunden war und sich nur noch rötliche Schlieren über den Himmel zogen, sah ich die dunklen Umrisse eines Mannes auf mich zukommen.

»Hey, hey«, sprach er mich an. »Ich habe gesehen, dass du auch Deutscher bist?«

Ich stutzte kurz und fragte mich, woran er das gesehen hatte, aber ich machte mir keine größeren Gedanken darüber. Vielleicht hatte er meinen Pass gesehen, als ich im Hotel eincheckte. Ich nickte dem Mann freundlich zu und schwieg.

»Freut mich sehr, ich bin der Robert«, sagte er und setzte sich ungefragt neben meine Hängematte.

»Schön. Ich bin Max.«

»Tja Max, das ist schon Wahnsinn, oder? Da treffen sich zwei Deutsche ausgerechnet am weitesten von ihrem Heimatland entfernten Plätzchen dieser Welt«

Ich musterte den Fremden. Er war groß und schlank, hatte eine Kurzhaarfrisur und trug Shorts und ein etwas zu weit aufgeknöpftes Hemd im Hawaii-Stil. Er hatte sich vielleicht mit der Insel vertan. Robert war Anfang, Mitte vierzig und schien im Gegensatz zu mir ein ausgeprägtes Redebedürfnis zu haben.

»Ist doch traumhaft hier, was? Ich sage es dir ganz ehrlich, ich bin verdammt froh, dass Typen wie wir uns so einen privilegierten Urlaub leisten können. Ich habe da hart drauf hingearbeitet. Du sicherlich auch.«

Ich schaute aufs Meer und ignorierte, dass er mich für seine Weltsicht vereinnahmte.

»Geil! Diese frische Luft. Dieses kristallklare Wasser. Geil, geil, geil.« Er klatschte in die Hände und streckte seinen gereckten Daumen in die Höhe.

Ich lächelte freundlich und hatte die Hoffnung, dass er mich einfach in Ruhe lassen würde, wenn ich nicht weiter auf ihn einging. Ich hatte wirklich keine Lust auf ein solches Gespräch.

Aber ich täuschte mich. Robert fuhr mit seinem Monolog einfach fort. Es sprudelte nur so aus ihm heraus. »Ich sage es dir ganz ehrlich, Max, ich habe auf dieses Leben hier hingearbeitet. Seit Jahren. Ach was sage ich, seit Jahrzehnten. Ich arbeite bei Bosch, und da habe ich eine ganz schöne Karrierelaufbahn hingelegt. Willst du sie hören?«

Ich schwieg.

»Okay, ich erzähle sie dir!«

Ich nickte nur, fragte nicht nach und beugte mich meinem scheinbar unentrinnbaren Schicksal. Ich legte meinen Hut ein wenig tiefer ins Gesicht, baumelte in der Hängematte vor mich hin und versuchte, an etwas anderes zu denken.

»Ich habe mein Abitur mit 1,1 abgeschlossen und sofort mit einem dualen Studium begonnen. Den Wehrdienst habe ich natürlich umgehen können, um bloß keine Zeit zu verschwenden, und von Tag eins habe ich bei Bosch gezeigt, wer ich bin und wo ich hinwill. Und ich rede davon, dass ich nach ganz oben will, weißt du? Das hat bei meinen Vorgesetzen und Kollegen natürlich Eindruck hinterlassen. Ich habe jeden Tag komplett durchgearbeitet. Ich war nie krank. Parallel studiert. Ein Diplom gemacht. Mit Auszeichnung.«

Ich schloss die Augen und dachte an Ratus Insel, auf der so viel interessantere Menschen lebten, die so viel mehr zu erzählen hatten. Und das, obwohl sie fast niemals mehr als ihre Insel zu Gesicht bekamen.

Während ich in Gedanken und Träumen schwelgte, hörte ich wieder diese nervige Stimme ...

»... nach den ersten Karrieresprüngen habe ich natürlich promoviert – ohne Doktortitel wirst du es nämlich nie zu einem großen Tier in einem Weltkonzern bringen, verstehst du? Alles nebenbei. Klar. Mit summa cum laude, versteht sich. Heute bin ich richtig reich. Ich arbeite bei Bosch locker sechzig bis achtzig Stunden die Woche. Die Vierzig-Stunden-Woche? Die ist bei mir mittwochs schon voll. Verstehst du? Um mir sowas hier ...«, er stellte seine Beine weit auseinander, lehnte sich zurück und zeigte mit einer ausladenden Bewegung aufs Meer »... leisten zu dürfen.«

Dieser Mann führt das perfekte Exceltabellen-Leben, dachte ich. Für jeden Punkt, den er die Karriereleiter hochkletterte, für jeden Gehaltssprung erfüllte er sich einen vorher festgelegten materiellen Wunsch. Für den Doktortitel gönnte er sich eine Rolex, für eine Teamleiterposition gab es einen Mercedes, und für die Führungsposition sogar eine Eigentumswohnung. Nach einer gefühlten Ewigkeit kam er dann mit seinem Monolog an ein Ende.

»Ich sage es dir ganz offen, Max, ich will in den Vorstand. Selbst wenn ich dann hundert Stunden in der Woche arbeite. Aber man bekommt ja einen Gegenwert, und diesen Gegenwert, den investiert man in solche Urlaube. Zum Akkus-Aufladen, verstehst du?« Ich hatte noch immer kein Wort gesagt.

»Ich persönlich, ich arbeite das ganze Jahr durch, um mir den Jahresurlaub von nur zehn Tagen am Stück zu nehmen. Den Rest lasse ich mir auszahlen. Das zeigt meinem Chef, wie sehr ich gewillt bin, alles zu geben.«

»Ist doch in Ordnung, Robert.«

»Aber klar, man braucht auch seine Auszeiten. Und die nehme ich mir. Wenn ich Urlaub habe, dann lasse ich zumindest am Sonntag auch mein Handy aus. Diesen free space, den gönne ich mir.«

Robert schien zu merken, dass seine Erzählungen keinerlei Emotionen bei mir auslösten, und er schaute mich erwartungsvoll an.

»Und du?«, fragte er mit einem wahnsinnig blöden Grinsen und zog dabei eine Zigarre aus seiner Hawaiihemdtasche. »Was machst du eigentlich?«

Ich lächelte. »Ich mache nichts.«

»Ja klar, du liegst hier in deiner Hängematte und genießt dein Leben. Schon klar. Aber was machst du sonst?«

»Wirklich«, wiederholte ich. »Ich mache momentan nichts. Ich reise umher und schaue mir die Welt an.«

»Ah ja«, sagte Robert und warf mir einen abschätzigen Blick zu. Ich schwieg, und es entstand eine längere Pause. Robert zündete sich seine Zigarre an.

»Also hast du viel Geld geerbt«, warf er mir mehr als Unterstellung denn als Frage entgegen. Es schien ihm keine Ruhe zu lassen.

Geerbt ... Geerbt ... Ich dachte zurück, was mir mein Vater damals bei seinem Tod hinterlassen hatte, und schüttelte die Erinnerung schnell wieder ab. »Ich habe super viele Weisheiten, Lebensfreude und Mut geerbt«, entgegnete ich. »Und eine Armbanduhr.«

»Na gut, aber ... wovon lebst du? Du kannst doch nicht einfach so um die Welt reisen. Das kostet Geld.«

»Ja, schon. Ich habe mir eine Firma aufgebaut, für die ich in der Regel weniger als vier Stunden in der Woche arbeite und die mir ein passives Einkommen generiert. Das Geld investiere ich hauptsächlich in Reisen und in ein gutes Leben.«

»Und wie viel Geld soll das sein?«, fragte er.

»5000 Euro monatlich.«

»Für vier Stunden Arbeit in der Woche?«

»Genau.«

Robert lachte hämisch laut auf. »Du redest einen Scheiß. Das gibt es nicht. Das ist doch völlig verrückt, alle Menschen müssen hart für ihr Geld arbeiten. Oder sie haben es geerbt. Also wie soll so etwas bitte gehen?

»Das ist eine lange Geschichte ...«

»Wir sind am anderen Ende der Welt. Wir liegen hier am schönsten Strand, den ich kenne, haben Kokosnüsse und kühles Bier ... ich kann mir kaum einen besseren Ort für eine lange und gute Geschichte vorstellen als diesen hier.«

»Also gut«, sagte ich. »Wenn es dich wirklich interessiert, dann erzähle ich sie dir ...«

Ich richtete mich in der Hängematte auf, nahm noch einen Schluck von dem kühlen Bier und überlegte kurz, wie ich einsteigen sollte.

»Gut, aber erzähl mir bitte alles von Anfang an«, bat Robert.

KAPITEL 1
VERLIEREN

Angst. Nichts auf der Welt lähmt uns Menschen so sehr wie die Angst. Und keine Angst ist so mächtig wie die Angst vor dem Verlust. Die Angst davor, die Dinge zu verlieren, die uns etwas bedeuten. Menschen, Besitz, Status. Oft definieren wir uns über das, was wir haben. Aber was sind wir noch, wenn wir das alles verlieren? Unser Besitz ist für viele auch gleichzeitig die Identität. Dabei lässt sich der Verlust auch als eine Chance begreifen. Als eine Chance, sich selbst neu zu definieren. Neue Wege einzuschlagen und neue Seiten an sich selbst zu entdecken. Vielleicht auch eine Seite, die uns viel glücklicher werden lässt. Aber viel zu selten begreifen wir das von alleine. Meistens ist es das Leben selbst, das uns die Möglichkeit offenbart, die Perspektive zu wechseln.

Es war der erste wirklich heiße Frühlingstag in diesem Jahr. Ich saß vor der ewig langen Auffahrt vor unserem Anwesen in Morsum auf Sylt und hatte am Rande der Straße ein großes Handtuch ausgebreitet. Auf dem Handtuch hatte ich einige Muscheln aufgereiht, die ich zuvor am Strand gesammelt hatte. Daneben lag ein Stück Papier. »5 Pfenning klein – 10 Pfennig groß das Stück«. Die Muscheln hatten unterschiedliche Größen und einige von ihnen hatte ich mit Wasserfarben bemalt. Ich war sieben Jahre alt und hatte gerade mein erstes Geschäft eröffnet. Es lief ganz ordentlich. Ich hatte auf die Fahrradfahrer gesetzt, die vorbeikamen – und mich nicht verkalkuliert. Meinen Gewinn investierte ich in gemischte Süßigkeitentüten für eine Mark das Stück.

Ich schaute in Richtung Strand und sah, wie meine Mutter am Horizont erschien. Sie kam mit ihren Freundinnen langsam von ihrem Ausritt zurück. Ich winkte ihr zu. Mama saß auf einem großen, erhabenen Pferd. Einem schwarzen Friesen. Ihrem Black Beauty. Sie trug ein leichtes, gelbes Tuch über ihrer hellblau-weiß gestreiften Bluse, das im Wind flatterte, und ich fand, dass sie sehr mondän aussah. Ich lief zur Einfahrt und öffnete ihr das große Eingangstor zu unserem Anwesen und begrüßte sie und ihre Freundinnen.

»Und mein Schatz? Hast du heute etwas verkauft?«

Stolz griff ich in meine Taschen und zeigte ihr meinen Schatz in Form einiger Pfennige.

»3 Mark 25 habe ich eingenommen«, sagte ich, während ich neben ihr unsere Auffahrt hinauflief. Im Garten lag mein Vater unter einem Apfelbaum und las ein Buch.

»Mach dich schon einmal fertig, Max«, sagte Mama. »Wir gehen später zu den Meyers.«

Die Meyers. Sie waren eine der fünf großen Familien aus unserem Freundeskreis. Mit denen wir auch auf Sylt einen großen Teil unserer Zeit verbrachten. Alle diese fünf Familien waren genau wie wir: Sie waren ungeheuer reich. Sie hatten riesige Anwesen und gehörten zum Geldadel der Republik. Weder meine beiden großen Schwestern, Isabelle und Daniela, noch ich kannten in unserem Leben das Gefühl, irgendeine Sorge zu haben. Wir hatten alles, was man nur haben konnte. Geld und Status. Und davon mehr als genug.

Mein Vater war ein klassischer Aufsteiger. Jemand, der von ganz unten kam, ein Arbeiterkind, das sich in kürzester Zeit mit harter Arbeit und einem guten Sinn fürs Geschäft aus der Armut herausgearbeitet hatte und sich ein Vermögen aufbauen konnte. Nach der Schule war er nach London ausgewandert, wo er am Hafen Kisten schleppte. Das Geld, das er verdiente, sparte er sich an, und als er genug beiseitegelegt hatte, gründete er seine erste eigene Firma, die sich auf Elektrotechnik spezialisiert hatte. Das waren seine Anfänge.

Mittlerweile hatte er so viel Geld, dass er sich für uns neben unserer Villa in Remscheid auch noch ein Anwesen auf Sylt leistete. Auf Sylt verbrachten wir die Sommermonate. Und dort gab es eben auch die fünf großen Familien, mit denen wir uns regelmäßig trafen.

Etwa die Familie Stiller. Die Stillers besaßen ein Pharmaunternehmen, das sie reich, und eine alternative Apotheke sowie ein Reformhaus, die sie glücklich machten. Frau Stiller war komplett begeistert von alternativer Medizin. Sie glaubte, wie meine Mutter, dass alle Krankheiten der Welt einen Ursprung im Geist oder der Seele hatten. Und diese könne man am besten mit Globuli, Akkupunktur und einem guten inneren Mindset behandeln. Die Stillers waren ziemlich chaotisch, aber genau das mochte ich an ihnen. Bei ihnen im Haus war immer Tag der offenen Tür. Freunde und Nachbarn waren wirklich immer willkommen. So war alles zwar ein bisschen chaotisch, aber auf eine liebevolle Weise. Im Gegensatz zu den anderen Familien waren die Stillers ein bisschen hippiemäßig drauf und gaben dem Geld, das sie besaßen, keinen allzu hohen Stellenwert. Das volle Gegenprogramm zu den Hennickes etwa. Frau Hennicke war die älteste Schulfreundin meiner Mutter, ihr Mann ein Zahntechniker mit leicht spießigen Grundzügen. Sein Haus war stets penibel aufgeräumt, die Hecken auf den Zentimeter genau geschnitten und der Rasen natürlich immer getrimmt.

Im Vergleich zu den anderen verzichtete er auf die übertriebene Ausstellung von Materialismus. Er war der Einzige im Kreis der Freunde, der keinen Sportwagen, keine überteuerten Luxusuhren hatte und bei Besuchen nicht immer gleich mit dem teuersten Champagner protzte.

Die Familie Stahlberger war für mich die mysteriöseste der Familien. Herr Stahlberger war ein Phantom. Man hatte ihn so gut nie zu Gesicht bekommen. Ständig war er auf irgendwelchen Geschäftsreisen. Er hatte sich Vermögen aufgebaut, in dem er Kirmes-Geräte weltweit verkaufte. Autoscooter, Geister- und Achterbahnen.

Und zuletzt die mit uns am engsten befreundete Familie Dullmann. Peter Dullmann war Chef eines Ärztezentrums, das er mit zwielichtigen Geschäftspartnern aufgebaut hatte. Peter hatte ein Faible für Autos. Für Oldtimer. Er hatte sich eine richtige Sammlung aufgebaut und verbrachte seine Wochenenden am liebsten auf der Rennstrecke.

»Möchtest du mit dem Fahrrad rüberfahren oder mit dem Porsche?«

»Mit dem Porsche«, sagte ich und strahlte. Die Meyers wohnten eigentlich nur ein paar Hundert Meter von uns entfernt. Aber es gab keine Strecke, für die es sich für mich nicht lohnte, in einen Porsche zu steigen, charakterisierte mein Vater mich mal halb im Scherz, halb im Ernst. Und er hatte recht.

Ich ging in unser großes, reetgedecktes Haus und zog mich um, während Mama die Pferde in die große Stallung hinter unserem Haus brachte, wo meine Schwestern sie dann striegelten und frisierten. Unser Haus war wirklich riesig. Wir hatten nicht bloß alles, was wir brauchten. Wir hatten noch viel mehr. Am späten Nachmittag stieg ich neben meinem Vater in den silbernen 9ner-Porsche, der direkt neben seinem schwarzpolierten 7er-BMW in der Auffahrt parkte. Mama und meine Schwestern nahmen die Pferde.

Dann fuhren wir los. Ich kurbelte das Fenster runter und genoss die frische Meeresluft. »Ich glaube, ich war noch nie bei dem neuen Anwesen der Meyers«, sagte ich.

»Du wirst begeistert sein.«

Wir fuhren etwa fünf Minuten, als wir vor einem massiven, vergoldeten Tor zum Halten kamen. Mein Vater drückte auf die Porsche-Hupe und wartete, bis einer der Bediensteten kam und das Tor öffnete. Er nickte mit seinem Kopf leicht nach rechts.

»Da drüben«, sagte er, »wohnen die Schleckers.«

Als die Tore geöffnet waren, fuhr mein Vater eine breitspurige, imposante Auffahrt hoch, bis wir endlich vor einer riesigen Villa parkten. Ich hatte schon viel gesehen. Aber das hier stellte alles in den Schatten. Es sah aus wie Disneyland. An der Tür begrüßte uns Rainer Meyer. Er war schon öfter bei uns zu Besuch gewesen und eine wirklich eindrucksvolle Person. Großgewachsen, schlank und sportlich, das grau melierte Haar streng nach hinten gekämmt. Er trug einen weißen Anzug, ein leicht aufgeknöpftes schwarzes Hemd und eine goldene Patek Philippe, eine Tourbillon mit Ewigkalender, wie mir Papa später beeindruckt erklärte.

»Na, endlich darf ich auch einmal die Familie Scharpenack in meinem bescheidenen Anwesen begrüßen«, sagte er jovial und ungekünstelt. Er gab jedem von uns die Hand und führte uns über sein riesiges Anwesen. Das gesamte Haus war mit kostbarem Marmorboden ausgelegt. An den Wänden hingen prachtvolle Gemälde, die aussahen, als wären sie ein Vermögen wert. Im Garten hatte er nicht bloß einen Pool, sondern gleich eine ganze Pool-Anlage, die aussah, als sei sie der berühmt-berüchtigten Grotte in Hugh Hefners Playboy Mansion nachempfunden.

»Dort hinten«, sagte er und zeigte mit dem Finger Richtung Horizont »ist mein Gestüt. Wir haben ein paar wunderbare Zuchthengste.«

Ich bewunderte diesen Mann. Rainer Meyer war für mich eine imposante Figur. Ich war noch jung und hatte nicht viel Ahnung von Geld, aber ich spürte ganz instinktiv, dass er rein finanziell viele Stufen über meinem schon sehr reichen Vater stand. Und dabei blieb er ganz unprätentiös. Rainer Meyer protzte nicht mit dem was er hatte, er präsentierte es nur ganz selbstverständlich. Dabei war er ein generöser Gentleman. Nachdem meine Mutter mit Frau Meyer am Pool Platz genommen hatte und meine Schwestern in die Pferde-Welt reisten, zeigte Meyer meinem Vater und mir seinen Fuhrpark. Er wusste, dass wir beide ziemlich autobegeistert waren. Und mein Vater behielt recht, als er heute Morgen prognostiziert hatte, dass ich beeindruckt sein würde. Meyer hatte alles, was man sich nur vorstellen konnte, und noch viel mehr. Lamborghinis, Ferraris, Jaguars. Ich lief von Auto zu Auto und hatte das Gefühl, mein Herz würde sich überschlagen vor Freude. Es war wie in einem Film. Nur besser.

Die Meyers hatten auch drei Kinder, die schon ein paar Jahre älter waren als ich. Dennoch waren sie unglaublich gastfreundlich und zeigten mir ihr Spielzeug, um mich zu beschäftigen, während Papa mit Herrn Meyer Erwachsenengespräche führte.

Als wir am Abend wieder nach Hause fuhren, fragte ich meinen Vater, warum die Meyers so reich seien.

»Er ist Arzt, Max.«

»Aber nicht alle Ärzte haben eigene Rennpferde, oder?«

»Nein, aber Herr Meyer ist ein besonders guter Arzt. Und wenn du in etwas besonders gut bist, dann kannst du dir auch irgendwann mal Rennpferde leisten.«

Das klang damals für mich ziemlich logisch, war aber nur die halbe Wahrheit. Rainer Meyer war natürlich kein einfacher Arzt, sondern ein weltbekannter Hämatologe. Er hatte ein Verfahren erfunden, wie man Blutproben auf den HI-Virus testen konnte, und er hatte in den 1980er-Jahren ein Vermögen damit gemacht. Sein Institut war damit beauftragt, sämtliche Blutproben für das Deutsche Rote Kreuz zu testen. Das hatte ihn reich gemacht.

*

So vergingen unsere Tage auf Sylt. Unser Leben fühlte sich an wie ein einziger Urlaub. Wir waren unter Freunden, genossen das beste Essen, das man sich nur vorstellen konnte, und auch wenn der Sommer vorbei war, fühlte sich das Leben noch wie ein ewiger Frühling an. Doch irgendwann kommt immer der Herbst, und auch auf die schönsten Dächer fällt einmal Regen. Wir hatten ein verdammt großes Dach. Und entsprechend viel Platz für sehr viel Regen.

»Max, komm mal ins Wohnzimmer«, hörte ich meine Mutter rufen. »Wir müssen reden.«

Ich lief die Treppen hinunter und setzte mich zu den anderen.

»Was ist denn los?«, fragte ich und schaute in die betrübten Gesichter meiner Eltern.

»Es geht um Rainer Meyer. Er hat einen großen Fehler gemacht. Wir dachten, du solltest es von uns hören, bevor es dir jemand anderes erzählt.«

»Was ist denn mit ihm?«

»Er wurde heute Morgen verhaftet«, sagte mein Vater.

Verhaftet? Herr Meyer? Das war für mich unvorstellbar. »Was hat er denn gemacht?«

Meine Eltern schauten sich an, und ihr Blick zeigte mir schon, dass sie mir nicht die ganze Wahrheit sagen würden. »Er hat Menschen betrogen«, fasste es meine Mutter kurz zusammen. »Auf die schlimmste nur mögliche Art.«

Sie machte eine kurze Pause und sammelte sich. Dann entschloss sie sich, mir doch die ganze Geschichte zu erzählen. So wie meine Eltern es immer machten. In Wahrheit hatte Meyer, um Geld zu sparen, nur etwa die Hälfte der Blutproben, die für das Rote Kreuz getestet werden mussten, auch wirklich getestet. Die anderen hatte er unkontrolliert weitergegeben. Auf diese Weise hatten sich nachweislich mehrere Menschen mit HIV infiziert und waren an den Folgen

gestorben. Es war ein Riesenskandal, der seine Kreise zog. Der SPIE-
GEL schrieb eine große Titelgeschichte. Der große Doktor Meyer war
nun nicht mehr der große Doktor Meyer. Der große Doktor Meyer
war jetzt »Dr. Tod«. So nannten ihn die Medien. Er legte vor Gericht
ein umfassendes Geständnis ab. Die Richter verurteilten ihn zu sechs-
einhalb Jahren Haft, und Meyer verlor alles, was er hatte. Sein Haus,
sein Gestüt, seinen Fuhrpark, seine Familie, seinen Status. Und für
mich am schwierigsten zu begreifen: seine Freiheit.

»Wann sehen wir Herrn Meyer wieder?«, fragte ich.

»Für eine sehr lange Zeit gar nicht mehr, mein Schatz.«

Ich schluckte. Es war das erste Mal in meinem Leben, dass ich
so direkt mit einem Verlust konfrontiert war. Es war der erste Riss
im Fundament meiner doch so heilen Welt. In den nächsten Monaten und Jahren gab es immer wieder einmal Nachrichten, die
mich fassungslos machten. Joachim Stahlberger wurde ebenfalls
verhaftet. Der Vorwurf: Steuerbetrug in Millionenhöhe. Mehrere
Jahre Gefängnis war das Urteil. Dann hörten wir, dass die Familie
Dullmann pleite war. Familie Stiller hatte sich ebenfalls verkalkuliert – auch sie waren pleite. Am Ende waren alle großen Familien
gefallen. Außer die Familie Hennicke, die ich immer als die ver-
meintlichen Spießer gesehen hatte. Das waren Einschläge in die
Selbstverständlichkeit meiner Kindheit. Ich dachte, dass die Dinge
so bleiben würden, wie sie immer gewesen waren. Aber das stimmte natürlich nicht. Und dann erreichten die Einschläge irgendwann
unsere eigene Familie.

»Max, wir müssen mal unter vier Augen reden.«

Immer wenn meine Mutter mich in dieser Stimmlage rief, wusste ich, dass sie keine guten Nachrichten für mich hatte. Was war dieses Mal geschehen? War wieder jemand verhaftet wurden? Es war
wirklich absurd. Vier von fünf befreundeten Familien, mit denen ich
meine Kindheit verbracht hatte, waren abgestürzt. Es war, als hätten
sich meine männlichen Vorbilder allesamt als Trugbilder entpuppt,
und ich stellte plötzlich sämtliche Gewissheiten und Vorstellungen
von erfolgreichen Menschen infrage.

Doch dieses Mal sollte es noch viel schlimmer kommen. Dieses
Mal sollte es meine eigene Familie treffen.

»Max«, sagte meine Mutter, und ich spürte, dass sie mit den Worten rang. »Ich werde jetzt nichts verschönern. Dein Vater und ich ... wir werden uns trennen.«

»Was? Das ... ist doch ein Scherz?«

»Nein, Max. Deine Schwestern wissen auch schon Bescheid«, sagte Mama. »Bitte. Mach dir keine Gedanken. Es wird alles gut werden. Es ist besser für uns alle.«

»Aber ... warum?«, fragte ich und versuchte, nicht direkt loszuheulen. Ich begriff es nicht. Ich begriff es wirklich nicht. Ich hatte meine Eltern noch nie streiten sehen. Ich hatte noch nie mitbekommen, dass mein Vater einmal ein böses Wort zu meiner Mutter gesagt hatte. Also warum?

»Ich habe jemand anderen kennengelernt«, sagte Mama mir die Wahrheit. »Dein Vater und ich haben uns einfach auseinandergelebt.«

Meine Mutter war klar und ehrlich und sprach es direkt offen aus. Papa hingegen sprach gar nicht über das Thema. Ich hatte das Gefühl, dass ihn das alles sehr verletzte. Aber er wollte es sich nicht anmerken lassen. Nicht er. Nicht Papa. Papa war immer ein sehr stolzer Mann gewesen. Er kam aus den ärmlichsten Verhältnissen, aus denen er sich erfolgreich hochgearbeitet hatte, und er hatte verinnerlicht, dass man niemals Schwäche zeigen durfte. Das war natürlich Unsinn. Aber für Papa war es eben eine goldene Regel.

»Und ... wie geht es jetzt weiter?«

»Wir ziehen nach Reken«, sagte Mama. »Und Papa bleibt vorerst hier.«

Ich spürte, dass die Sommer auf Sylt nun endgültig der Vergangenheit angehörten. Das Haus hatten wir bereits verkauft gehabt. Jetzt endete auch die Zeit in Jaderberg, wo wir nicht einmal zwei Jahre nach unserem Umzug aus Remscheid gewohnt hatten.

*

Ich lag hellwach in meinem Bett und starrte an die Decke. Ich wusste nicht, wie lange das schon so ging, aber meine Gedanken fanden einfach keine Ruhe. Ich war nervös. Ich war unruhig. Ich machte mir Sorgen. Irgendwann drehte ich mich zur Seite und schaute auf das

Display von meinem kleinen CD-Player. 04:55 Uhr. Ich hatte noch zwei Stunden, bevor ich aufstehen musste, aber ich war bereits jetzt hellwach. Ich hatte die ganze Nacht nicht richtig geschlafen. Heute war der große Tag. Der Tag der Wahrheit. Heute war der Tag, an dem ich mal wieder auf eine neue Schule kam. Bereits zum vierten Mal in meinem Leben. Und ich war gerade mal zwölf Jahre alt.

Wie würde es wohl dieses Mal werden? Wie würde man mich aufnehmen? Ich starrte wieder an die Decke und malte mir alle möglichen Szenarien aus. Damals war alles ganz einfach gewesen. Damals war ich in einer Klasse mit den Kindern gewesen, die meine Eltern sowieso schon jedes Wochenende zu uns nach Hause eingeladen hatten. Man kannte sich. Die Familien waren alle untereinander schon seit vielen Jahren befreundet, wir waren als Kinder gemeinsam aufgewachsen, und ob wir uns nun vormittags in der Schulklasse oder nachmittags im Garten von irgendwem trafen, machte überhaupt keinen Unterschied. Das war jetzt anders. Ich kannte auf der neuen Schule außer einem Jungen niemanden. Ich wusste nicht, was auf mich zukommen würde. Ich drehte mich auf den Bauch und zog mir die Decke über den Kopf. Komm schon, Max. Das wird schon werden, mach dir keine Gedanken, es wird schon gutgehen, sprach ich mir selber Mut zu. Dann schloss ich meine Augen und versuchte, zumindest noch ein klein wenig Ruhe zu finden.

»Max, wach auf!«

Ich schreckte hoch und starrte auf den Wecker. Es war Viertel nach sieben. Ich war sofort hellwach und sprang aus dem Bett. Verdammt, jetzt war ich auch noch spät dran.

»Beeil dich, nicht dass du noch an deinem ersten Tag zu spät kommst.«

»Alles gut!«, rief ich und lief ins Badezimmer, um mich fertig zu machen. Dann suchte ich mir meine coolsten Klamotten aus dem Schrank, schnappte mir meinen Eastpak und lief zu Mama. »Ich bin so weit.«

Sie musterte mich, befand mein Outfit wohl für okay und schloss die Türe ab.

Dann stiegen wir gemeinsam mit meiner Schwester Isabelle ins Auto und fuhren zur Schule. Ich hatte gemischte Gefühle. War ich die letzten Tage noch halbwegs aufgeregt und unsicher gewesen, freute ich mich mittlerweile ein bisschen und war guter Dinge. Wir fuhren eine gefühlte Ewigkeit über eine lange Landstraße. Reken lag mitten im Nichts und meine neue Schule am Rande dieses Nichts. Ich hasste diesen Ort. Eigentlich hasste ich ihn nicht. Eigentlich fiel es mir nur schwer, mich an mein neues Leben zu gewöhnen. Alles war so anders. Papa hatte tatsächlich unsere beiden Häuser verkauft. Er wohnte jetzt wieder in Remscheid. In einer sehr viel kleineren Doppelhaushälfte irgendwo im anonymen Neubaugebiet. Kein Vergleich mehr zu unserem riesigen Anwesen auf Jaderberg oder Sylt. Ich fragte mich, ob Papa Geldprobleme hatte, aber natürlich traute ich mich nicht, ihn darauf anzusprechen. Er gab weiterhin vor, dass alles in Ordnung sei. Aber auch unser Leben war ein anderes. Ich lebte jetzt gemeinsam mit meinen Schwestern Daniela und Isabelle und Mama bei Jan Jaap. Jan Jaap war Mamas neuer Mann. Ein guter Kerl, ja, aber eben nicht Papa. Jan Jaap war Holländer. Er war Physiotherapeut und ein fleißiger, disziplinierter Arbeiter. Er hatte eine eigene kleine Praxis, in der er zehn, manchmal auch zwölf, dreizehn oder vierzehn Stunden am Tag arbeitete. Und dennoch war das Geld immer relativ knapp im Haus. Nicht dass es unserer Familie an irgendetwas fehlte. Nur die Zeiten, in denen alles im Überfluss vorhanden war, die waren vorbei.

»Da sind wir«, sagte Mama. »Ich wünsche euch einen tollen, erfolgreichen Tag.«

Ich stieg aus dem Auto und betrat meine neue Schule. Ein Klostergymnasium mit angeschlossener Kirche in Maria Veen.

»Du brauchst keine Angst zu haben, ich bin da, wenn irgendwas ist«, sagte meine große Schwester. Ich wusste, ich konnte mich auf Isabelle verlassen, wir waren es ja gewohnt, aufeinander aufzupassen.

Ich brauchte ein bisschen, um mich zu orientieren und mein Klassenzimmer zu finden. Die Vorfreude war mittlerweile wieder der Angst gewichen. Und als ich die Klasse betrat und sah, dass ich zu den kleinsten und schmächtigsten Kindern zählte und sich niemand für mich interessierte, verstärkte sich diese Angst nochmals um ein Vielfaches. Ich wartete, bis der Lehrer kam und mir einen Platz zuwies, und wünschte mir einfach nur, dass alles wieder so sein würde wie früher.

*

Es vergingen ein paar Monate, und ich hatte mich mittlerweile halbwegs in meinem neuen Leben arrangiert. Ich war zwölf Jahre alt und
hatte nun auch gelernt, was es hieß, ein Außenseiter zu sein. Alle
Gruppen an der Schule hatten sich schon gefunden, und ich war von
außen dazugekommen, was keine guten Startbedingungen gewesen
waren. Wahrscheinlich hätte ich mich dennoch irgendwie schneller
einfinden können. Aber ich war zu sehr mit mir selbst beschäftigt.
Ich litt noch immer unter der Trennung meiner Eltern. Dennoch
fand ich an meiner neuen Schule auch einen Freund. Fabian. Eigentlich war Fabian in der Klasse der Außenseiter. Aber ich machte ihm
diese Position ganz gut streitig, und als ein paar Kinder mich auf dem
Schulhof ärgerten, war es Fabian, der sich vor mich stellte und mich
verteidigte. Das war auf der einen Seite ein bisschen demütigend,
aber ich habe ihm das auf der anderen Seite auch nie vergessen. Und
ich habe diesen Tag nie vergessen. Denn als ich von der Schule nach
Hause kam, wartete da eine weitere Nachricht, die mich noch tiefer
herunterziehen sollte.

Ich ahnte schon, dass irgendwas nicht stimmte, denn alle im
Haus waren extrem betroffen. Meine Schwestern saßen apathisch im
Wohnzimmer und waren gar nicht richtig ansprechbar.

»Was ist denn los?«, fragte ich.

»Max, Papa hat angerufen«, sagte Mama. »Er ist im Krankenhaus.«

»Was? Wieso das, was hat er denn?«

»Das will er uns selber sagen, wir fahren gleich hin.«

Was wollte er uns denn noch sagen? Es konnte doch nicht mehr
schlimmer kommen, als es eh schon war.

Aber da täuschte ich mich.

Wir fuhren ins Krankenhaus. Nach Remscheid. Die Fahrt dauerte
eine Stunde, eine unerträglich lange Stunde. Keiner von uns sprach
auch nur ein Wort. Meine Schwestern schauten aus dem Fenster. Als
wir die Klinik erreichten, brachte man uns direkt auf eine Station,
wo auch schon mein Vater in einem der Untersuchungsräume saß.
Er umarmte uns und kam dann auch direkt zur Sache: »Ich muss

mit euch reden, Kinder.« Neben ihm stand der Oberarzt und atmete einmal schwer aus. »Ich habe Darmkrebs.«

Der Arzt sprach meine Schwester Daniela an. »Wir müssen ein großes Stück von seinem Darm entfernen. Damit die Chance steigt, dass er überlebt.«

Damit die Chance steigt, dass ... Es fühlte sich total surreal an, diese Worte zu hören. Isabelle war komplett aufgelöst, sie hatte keinerlei Farbe mehr im Gesicht. Daniela versuchte, alles ganz nüchtern zu betrachten, aber auch sie traf die Nachricht wie ein Schlag.

Als wir wieder zu Hause waren, realisierte ich langsam, was mein Vater uns da gerade eröffnet hatte. In diesem Moment brach auch der letzte Rest meiner kleinen Welt zusammen. Krebs. Das klang für mich endgültig. Ich verkroch mich in mein Bett. Ich wollte nicht, dass irgendwer sah, wie sehr mich diese Nachricht mitnahm. Ich weinte die ganze Nacht durch.

*

»Was machst du denn am Wochenende?«, fragte mich mein mittlerweile engster Kumpel Michael, als wir gerade auf dem Basketballplatz meiner Schule standen. »Lust, was zu unternehmen?«

»Ich kann nicht«, sagte ich und warf einen Korb. »Ich fahre zu meinem Vater.«

Mein Vater hatte mittlerweile eine neue Frau kennengelernt, zu der er nach Berlin gezogen war. Eine Ärztin. Sie hatten eine kleine Wohnung in Charlottenburg. Von seinem einstigen Reichtum war auch äußerlich fast nichts mehr geblieben, aber darüber machte ich mir in dieser Zeit überhaupt keine Gedanken. Ich stellte nichts infrage, ich wunderte mich nicht einmal. Ich hatte andere Dinge im Kopf. Ich versuchte, meinen Vater so oft wie möglich zu besuchen. Also fuhr ich jede zweite oder dritte Woche von Reken nach Berlin. Die Schule war mir mittlerweile völlig egal. Ich schaffte es zwar irgendwie, mich auf dem Gymnasium zu halten, aber meine Noten waren miserabel. Ich hatte sogar zum ersten Mal in meinem Leben eine Sechs geschrieben. Obwohl die Schule mich nicht mehr interessierte, war das trotzdem ein kleiner Schock gewesen. Mir war von Kindheit an beigebracht worden, dass Englisch wichtig ist. Dass man Englisch sprechen können muss, um international erfolgreich zu werden. Als ich die Klassenarbeit mit dem roten »Ungenügend« in die Hand gedrückt bekam, dachte ich nur, dass auch der Traum, einmal Manager zu werden, ausgeträumt war.

»Du fährst diese Strecke wirklich jedes Mal ganz alleine?«, fragte mich Michael ungläubig. »Ja, natürlich«, sagte ich und warf ihm den Ball zu. Für mich war das überhaupt nichts Besonderes. Aber für die anderen Jugendlichen in meinem Alter war es einfach nicht normal, dass ich als 14-Jähriger so eine kleine Odyssee auf mich nahm.

»Wie geht es deinem Vater denn?«

Ich zuckte mit den Schultern. Mein Dad sagte zwar immer, dass er das alles in den Griff kriegen würde, aber ich hatte das Gefühl, jedes Mal, wenn ich ihn sah, wirkte er etwas schwächer. Hatte etwas mehr abgebaut. Auf der anderen Seite vertraute ich auch auf sein Wort. Ich hoffte, dass er mir gegenüber absolut offen und ehrlich war. Und mir nichts verheimlichen würde – zumindest, was seine Gesundheit betraf.

Und das tat er auch nicht. Als ich am Wochenende wieder in Berlin war und mit ihm zusammensaß, sagte er, dass wir noch einmal miteinander reden müssten.

»Ich war letzte Woche bei einem Onkologen, Max. Einem Spezialarzt für Krebs. Und ich habe keine guten Nachrichten.«

Ich hatte es ja schon befürchtet.

»Ich bin voller Metastasen. Ich werde in absehbarer Zeit sterben«, sagte er ganz klar zu mir. Ich schaute auf den Boden. Versuchte, mich zusammenzureißen. Nicht einfach loszuheulen. Aber in dem Moment, als er es mir sagte, als er aussprach, was ich schon längst befürchtet hatte, fühlte ich mich nicht einmal traurig. Ich fühlte mich einfach nur leer. Als wäre da gar nichts mehr in mir.

»Wir müssen jetzt das Beste daraus machen«, sagte er optimistisch, und ich nickte.

»Ich glaube, ich brauche ein bisschen frische Luft«, sagte ich, und er klopfte mir auf die Schulter.

Ich nahm meinen Basketball und ging raus auf den großen Platz, der ein paar Straßen von seiner Wohnung entfernt lag. Hier kam ich öfter hin, wenn ich den Kopf freibekommen wollte. Ich hatte sogar

schon einige Jungs kennengelernt, mit denen ich regelmäßig spielte. Sie waren teilweise älter als ich. Einige von ihnen waren kleine
Gangster, die Drogen vertickten und ständig mit ihren Butterfly-Mes-
sern herumspielten. Das gab es in Reken nicht, aber ich hatte keine
Berührungsängste. Ich war einfach ich selbst, und das akzeptierten
sie. Ich versuchte nicht, mich anzubiedern, und darum kamen wir
gut klar. Aber an diesem Nachmittag war niemand da. Der Himmel
war grau und wolkenverhangen. Es dauerte nicht lange, und es begann wie aus Kübeln zu schütten. Ich zog mir meine Kapuze über
den Kopf und spielte einfach weiter. Alleine und durchnässt auf einem Basketballfeld in Berlin.

*

Ein Jahr später saßen wir im Robinsonclub Fleesensee und schauten
auf das Wasser. Mir war bewusst, dass mein Vater sich diesen Urlaub
eigentlich nicht mehr leisten konnte. Dass er kaum noch Geld übrig
hatte. Mein Vater hatte sich finanziell nie in die Karten schauen lassen.
Er hatte immer über seine Verhältnisse gelebt, immer noch mehr ge-
wollt, als er eh schon hatte. Und er hatte sich mit den falschen Leuten
umgeben. Das begriff ich jetzt.

Aber ich spürte auch, dass er darüber nicht sprechen wollte, also
entschloss ich mich, die gemeinsame Zeit einfach zu genießen. Ich
weiß nicht, wie lange wir dort saßen. Vielleicht waren es zwei, vielleicht drei Stunden. Wir sprachen nicht. Wir schauten einfach nur
gemeinsam auf die Windsurfer, die Enten und die spielenden Kinder. Auf das Wasser, das vom Wind leichte Wellen bildete, die an den
Strand gespült wurden und dort brachen. Es war ein ewiger Kreislauf, der wieder und wieder von Neuem begann. Ich wusste, dass
das unser letzter Urlaub sein würde. Dass das hier ein Abschied war.
Mein Vater war sehr schwach, das sah ich, aber ich hatte das Gefühl,
dass ihn hier am Fleesensee noch einmal ein Energieschub erfüllte.
Vielleicht, weil er es unbedingt wollte. Vielleicht, weil es sein großer
Wunsch war, mit mir noch einmal das Wasser zu sehen. Vielleicht,
weil er noch ein letztes Mal diesen krampfhaften Atemzug von Luxus
erzwingen wollte, um sein starkes Bild mir gegenüber aufrecht zu er-

halten. Es war doch alles in Ordnung, wollte er signalisieren. Er buchte uns eine Woche im Robinson-Club ein, er schaffte es sogar, mit mir noch einmal segeln zu gehen. Ich glaube, das überraschte ihn selber. Mein Vater war mittlerweile sehr dünn, die Krankheit hatte ihn gezeichnet. In meinem Kopf war er noch immer der große stolze Mann mit den feinen Anzügen, aber in der Realität saß er hier neben mir, dünn und schwach, wahnsinnig zerbrechlich, und schaute auf die Weiten des Fleesensees hinaus. Ich weiß nicht, was er in diesem Moment dachte. Ich selbst dachte alles und nichts zugleich. Er stand kurz vor einem Luftröhrenschnitt, aber das Sprechen fiel ihm jetzt schon schwer. Später dann kommunizierte er nur noch mit Tafeln, auf die er Dinge schrieb, die er mir sagen wollte.

Aber wir mussten gar nicht viel miteinander reden. Wir verstanden uns auch so. Wortlos. Wir verbrachten sieben wunderbare Tage miteinander. Gingen gut essen. Meeresfrüchte, edles Filet und die besten Weine. So wie er es liebte. Wir ließen uns in einem Jeep durch die Gegend fahren und schauten uns die wunderschöne Natur an, die es rund um den Fleesensee gab. Und wir saßen zusammen am See und schauten einfach nur Richtung Horizont. Ich hatte das Gefühl, dass ich meinem Vater noch nie so nah war wie in diesem Moment. Es war der letzte Tag von unserem Urlaub. Unsere Koffer waren schon gepackt. In drei Stunden mussten wir auschecken und zurück nach Berlin fahren. Morgen müsste ich wieder in die Schule gehen. Dann würde der Alltag weitergehen, wie bisher. Der Kreislauf, der mein Leben war. Schule, Nebenjob, Weiterleben. Aber irgendwas würde anders werden, das wusste ich. Ich wusste es nicht erst, seit wir hier am Fleesensee waren, aber ich versuchte, es zu verdrängen.

Ein paar Stunden später saß ich neben Papa in seiner kleinen Berliner Wohnung auf der Couch. Er schlief. Er wirkte sehr friedlich, sehr im Reinen mit sich selbst. Irgendwann kam Roberto zu Besuch, der Sohn von Papas neuer Frau. Er war ein paar Jahre älter als ich und ein guter Kerl. Er hatte das Herz am richtigen Fleck.

»Und, Männer?«, fragte er. »Wie war der Urlaub? Was habt ihr alles angestellt, hm?«

Mein Vater reckte den Daumen nach oben, und ich erzählte, was wir alles gesehen und erlebt haben, aber es fiel mir schwer. Seitdem wir in Berlin waren, wurde mir noch deutlicher bewusst, wie sehr der Abschied nahte.

Von nun an baute er drastisch ab. Bei jedem Besuch fiel es mir auf. Zunächst konnte er nicht mehr sprechen. Dann nicht mehr laufen. Und zum Ende fiel es ihm schwer, sich überhaupt noch wach zu halten.

*

Es war ein besonders heißer Junitag, als ich am Bahnhof Zoo ausstieg. Roberto holte mich ab und fuhr uns nach Hause, in die Wohnung meines Vaters. »Es geht ihm nicht sehr gut«, warnte er mich vor.

Ich war mittlerweile wöchentlich in Berlin. Wir konnten ja nicht mehr telefonieren. Als wir in die Wohnung kamen, lag Papa auf der Couch. Seine Frau war völlig apathisch. Sie sprach kaum mit mir. Sie war selbst völlig überfordert.

»Er ist sehr, sehr schwach«, sagte Roberto. Ich setzte mich zu meinem Papa auf die Couch und nahm seine Hand. Nicht mal ein Jahr war es her, dass wir gemeinsam im Urlaub gewesen waren. Wie schnell doch alles ging ...

Am Abend saßen wir zusammen, und ich stellte Papa Fragen. Alles, was ich noch von ihm wissen wollte.

»Muss ich mir finanziell Sorgen machen?«

»Hast du Angst zu sterben?«

»Bereust du viel?«

Immer wieder schrieb er etwas auf die kleine Kindertafel. Seine Antwort war immer dieselbe. »Nein«, schrieb er und »Du brauchst dir um nichts Sorgen zu machen«.

Dann aßen wir gemeinsam.

Am Sonntagnachmittag wurde es Zeit, dass ich meinen Zug zurück nach Reken nahm. Ich umarmte meinen Vater ein letztes Mal. Ich wünschte mir, dass dieser Moment eine Ewigkeit anhielt. Er strich mir mit der Hand über meinen Kopf, sah mir tief in die Augen und schrieb auf seine Tafel, dass er mich sehr lieben würde und stolz auf mich sei. Ich versuchte, nicht zu weinen. Ich versuchte, mich zusammenzureißen. Es gelang mir nicht.

Roberto fuhr mich zum Bahnhof. Er sah mir an, wie es mir ging, und legte mir seine Hand auf die Schulter.

»Hey, Max«, versuchte er mir gut zuzusprechen. »Mach dir keine Sorgen, okay? Wir passen gut auf ihn auf. Es wird schon alles irgendwie gut werden.«

Ich biss die Lippen zusammen und nickte abwesend. Es klang alles ganz verschwommen, ich nahm seine Worte gar nicht richtig wahr. Ich wusste, dass er es gut meinte. Ich wusste aber auch, dass in Bezug auf meinen Vater gar nichts gut werden würde. Ich wusste, dass er sterben würde. Dass ich ihn gerade zum letzten Mal gesehen hatte. Als ich dann in den ICE stieg, brach alles aus mir heraus. Ich weinte die gesamte Zugfahrt. Ich fühlte mich so unfassbar hilflos. Was passiert jetzt nur, dachte ich. Was passiert mit meinem Papa? Was passiert mit mir? Was passiert mit meinen Schwestern? Ich hatte noch nie zuvor jemanden verloren. Und ich kannte auch niemanden, dessen Vater gestorben war. Selbst meine Großeltern lebten noch. Das ist doch verrückt, dachte ich und weinte. Das darf doch so nicht sein.

Als ich einige Tage später am Abend zu Hause saß, klingelte das Telefon. Es war meine Schwester Daniela. Sie war gerade in Berlin, um sich zu ebenfalls von unserem Vater zu verabschieden. Sie musste es gar nicht aussprechen, ich wusste schon, was sie mir sagen würde.

»Papa ist gerade in meinen Armen eingeschlafen, Max.«

Ich war 16 Jahre alt und hatte fast alles verloren, was mir wichtig war. Allem voran meinen Vater, den ich über alles liebte, all das Geld und die Besitztümer und den Status einer reichen, angesehenen Familie mit einer finanziell abgesicherten Zukunft, und am Ende auch meine Perspektive. Was wollte ich eigentlich noch von meinem Leben?

*

Wenige Tage nach seinem Tod fand die Beerdigung statt. Es hatten nur eine Handvoll Menschen den Weg nach Berlin gefunden. Von den Familien, mit denen wir damals unsere Sommer auf Sylt verbrachten, war niemand gekommen. Keine Dullmanns, keine Meyers, keine Stahlbergers waren da. Der Himmel war grau, und es regnete in Strömen. Ich stand neben meinen Schwestern und meiner Großmutter auf dem Friedhof, und alles kam mir so unwirklich vor. Man hatte ein Bild von Papa in der Kapelle aufgestellt und spielte klassische Musik. Chopin, Beethoven, Haydn. Statt den alten Freunden war Herr Moosbacher gekommen, der Rechtsanwalt und Nachlassverwalter meines Vaters. Ein großer Mann mit einem kalten Blick. Als ich ihn sah, musste ich an die grauen Herren aus Michael Endes *Momo* denken. Er versprühte eine unmenschliche Kälte. Nach der Trauerfeier kam er im Regen zu meinen Schwestern und mir gelaufen. Es gab nichts, was ich weniger gerne tun wollte, als mit ihm zu sprechen, aber ich wusste, dass ich mich diesen Verpflichtungen stellen musste. Ich dachte zurück an den letzten Abend mit meinem Vater und an seine Aussage, dass wir finanziell abgesichert seien.

»Wir müssen einmal reden«, sagte Herr Moosbacher und gab uns vor Ort das Testament meines Vaters. Dort waren meine Schwestern und ich als alleinige Erben eingetragen. Seine neue Frau hatte zuvor die Gegenstände aus dem gemeinsamen Haushalt als Schenkung erhalten. Möbelstücke, Bargeld, Antiquitäten.

Der Rest blieb für uns. Der Rest.

Es stellte sich heraus, was ich befürchtet hatte: Mein Vater war im höchsten Maße überschuldet. Er hatte Immobilien- und Privatschulden im siebenstelligen Bereich, sodass ich lediglich eine Armbanduhr im Wert von einigen Hundert Euro erben sollte, den Rest sollte die Insolvenz verschlingen.

»Ich bin für alle Fragen da, ich werde mich um alles kümmern«, sagte Herr Moosbacher und verschwand.

Jetzt musste ich mich neben der nervigen Schule nicht mehr bloß mit meiner Trauerarbeit und meinem traurigen Leben, sondern auch noch mit Insolvenzverwaltern und Rechtsanwälten und der Aussicht auf eine finanziell ungesicherte Zukunft beschäftigen. Auch wenn Mama mir zur Seite stand, war das etwas, was mich belastete. Da mein Vater nie in die Sozialkassen eingezahlt hatte, hatte ich bloß einen Anspruch von 117,19 Euro Teilwaisenrente. Ich hatte die ersten Monate noch die Illusion, dass mein Vater noch Geld versteckt hatte, dass es noch Konten in Luxemburg oder in der Schweiz gab. Doch da war nichts. Da war gar nichts. Mir wurde zu dem Zeitpunkt klar: Ich musste mein Leben selbst in die Hand nehmen.

*

Die Sonne war gerade untergegangen, und ich stand in der kleinen AVIA-Tankstelle in meinem Heimatdorf Reken und füllte die halbleeren Regale wieder auf. Es war kurz nach 20 Uhr. Im Radio las ein Sprecher die Nachrichten des Tages vor. Die Schicht heute war ziemlich anstrengend. Die meisten Kunden waren genervt. Dennoch: Ich liebte meinen Job. Ich arbeitete jetzt seit ziemlich genau einem Jahr hier, aber es fühlte sich gar nicht so an, als sei ich Angestellter. Es fühlte sich mehr so an, als sei ich mein eigener Chef. War ich irgendwie ja auch. Ich war mittlerweile 18 Jahre alt, machte gerade mein Abitur und verbrachte zwei Abende in der Woche in dieser Tankstelle, und zwischen 17.00 und 21.30 Uhr war ich alleine in dem Laden. Mein Weg hatte sich mittlerweile komplett geändert. Das lag auch an den Menschen, die mir das Leben an die Seite stellte. Menschen, die meine Sicht auf die Welt veränderten.

Einer von ihnen war Markus. Markus Hanauer. Markus war der neue Freund meiner großen Schwester Isabelle. Sie hatte gerade eine Ausbildung als Medienkauffrau in einem Start-up-Unternehmen in Erlangen begonnen. Und sich schnell in ihren neuen Chef verliebt. In Markus. Markus war zwar selbst noch recht jung, aber er war mit seinen gerade einmal 25 Jahren schon komplett gefestigt. Er wusste, wer er war, und er hatte eine klare Vision, wo er hinwollte. Markus hatte schon in den Kindertagen des Internets das Potenzial des neuen Mediums erkannt und begonnen, mit seinem Unternehmen Websites zu programmieren. Markus war ein sehr fröhlicher, sehr lebensbejahender Mensch, der schon bei unserer ersten Begegnung einen gewaltigen Eindruck bei mir hinterlassen hatte. Er war erfolgreich mit dem, was er tat, aber er definierte Erfolg nicht so, wie ich es bisher kannte. In meinem Kopf waren Menschen, die erfolgreich waren, Menschen, die mit uns auf Sylt saßen, Wein für 1000 DM tranken und sich gegenseitig Bilder von ihren Yachten zeigten.

Markus war anders. Ihm ging es nicht um Statussymbole oder Ober-flächlichkeiten. Für ihn bedeutete Erfolg in erster Linie, zu tun, was er liebte, sich ein glückliches Leben zu ermöglichen, und dieses Glück koppelte er eben nicht an Statussymbole.

»Du brauchst Werte, Max«, sagte er mir damals, »Werte, an denen du dich orientieren kannst. An denen du dich festhalten kannst.«

Seine Werte waren ziemlich klar: Gemeinschaft, Ehrlichkeit und Verantwortlichkeit. Und das spiegelte sich auch in seinem Charakter wider: Markus war ein lebensfreudiger und selbstloser Mensch, und er liebte meine Schwester bedingungslos. Ich hatte das Gefühl, dass er komplett im Reinen mit sich war. Und dass ihm das erst die Kraft gab, so erfolgreich in seinem Business zu sein. Ich konnte mit Markus stundenlange Gespräche führen. Über alles sprechen, was mich bedrückte, berührte oder auch faszinierte.

Zum ersten Mal sah ich, dass es auch aufrichtige und ehrliche Unternehmer gab. Sein leuchtendes Wesen half mir nach und nach, die Schattenfiguren meiner Vergangenheit verschwinden zu lassen und zu begreifen: Reichtum an sich hat keinen Wert. Ein Mensch kann nur so reich sein, wie seine inneren Werte und sein Charakter es zulassen. Ein rein materieller Reichtum hingegen ist vergänglich – was mir in meinem jungen Leben ja schon mehrfach aufgezeigt worden war.

An einem Abend saß ich mit Markus zusammen, und er stellte mir einen seiner engsten Freunde vor, der gleichzeitig auch sein Geschäftspartner war: Michael Reich. Aber alle nannten ihn nur Richi. Als ich ihn das erste Mal traf, war ich überrascht, dass es so einen Markus noch einmal gab. Denn die beiden waren sich verdammt ähnlich. Sie hatten dieselben Werte, dieselben Überzeugungen.

Richi war eine absolut in sich ruhende Person, er war unfassbar wissbegierig und intelligent. Als ich ihn kennenlernte, bereitete er sich gerade auf sein MBA vor. Den er in Harvard absolvierte. Nicht verwunderlich, dass er mir wieder und wieder sagte, dass der Schlüssel zum Erfolg in meiner Bildung liegen würde, und mich ermunterte zu studieren. Mir ein Fundament zu schaffen, auf dem ich aufbauen konnte. Die beiden nahmen mich mit in den Skiurlaub, mit anderen Freunden. Ich hatte das Gefühl, dass sie zu Vaterfiguren für mich wurden. Ich dachte zurück an die Zeit auf Sylt, und ich sah den alten Weg, den Weg meines Vaters. Und ich sah den Weg, den Markus und Richi mir aufzeigten. Bei ihnen ging es um Selbstverwirklichung. Nicht um Show-off. Um Werte, nicht um Oberfläche. Und mir wurde klar, dass es dieser Weg war, den ich künftig gehen wollte.

Dank Markus und Richi veränderte ich mich. Ich wurde wieder ehrgeiziger, gab in der Schule Vollgas und suchte mir zahlreiche Jobs, um mir etwas dazuzuverdienen. Mein Kindergeld und meine Halbwaisenrente gingen an Jan Jaap und meine Mutter, damit beglich ich die Kosten, die im Haushalt anfielen. Außer dem Taschengeld meiner Oma hatte ich nichts. Also suchte ich mir Jobs. An zwei Tagen die Woche räumte ich bei Edeka die Regale ein. Ich putzte die Praxis von meinem Stiefvater. Freitags und samstags, während meine Klassenkameraden Partys feierten, ging ich in ein portugiesisches Restaurant und schrubbte die Fettreste aus der Fritteuse.

Und zwei Tage die Woche arbeitete ich an einer AVIA-Tankstelle. Ich war komplett für alles verantwortlich. Für die Zufriedenheit der Kunden, für die Vollständigkeit der Waren, für das Funktionieren der Waschanlage und für die Abrechnungen meiner Schicht. Gut, allzu viel konnte man nicht falsch machen, aber die wenigen Fettnäpfchen, die der Job bereithielt, umging ich relativ locker. Mein Handy vibrierte. Ich räumte die letzte Chipstüte ins Regal und zog es aus meiner Jeans.

»Kommst du gleich vorbei?«, schrieb mir Lena. Lena war ein Mädchen, dass ich vor Kurzem kennengelernt hatte. Sie feierte heute ihren achtzehnten Geburtstag. Lena wohnte in einem kleinen Dorf, etwa eine Viertelstunde von der Tankstelle entfernt.

»Klar«, tippte ich in mein Handy. »Bin spätestens 22.00 Uhr da.« Ich war vor meiner Schicht noch schnell ins Dorf gegangen, um ihr ein kleines Geschenk zu besorgen.

Ich ging vor die Tür und atmete tief ein. Der Dieselgeruch von den Zapfsäulen vermengte sich mit der klaren Luft der anbrechenden Frühlingsnacht. Ich mochte diese Kombination, ich assoziierte diesen Geruch mit Freiheit und dem Geld, das ich mir hier hinzuverdiente. Ich streckte mich. Es war ein langer Tag. »Wie schaffst du das nur?«, fragten mich meine Freunde ständig. »Du bist 18. Du bist Schüler. Du machst dein Abitur. Und du hast immer mindestens zwei Nebenjobs.«

Ich zuckte nur mit den Schultern. Ich hatte keine wirkliche Antwort darauf. Ich machte es, weil ich das Gefühl hatte, dass ich es machen musste. Ich musste arbeiten. Um über die Runden zu kommen.

»Max, grüß dich. Wie war der Tag?«

Frau Schmidt betrat die Tankstelle durch die Hintertür. Meine Chefin. »Viel zu tun, Frau Schmidt.« Sie ging zur Kasse und bereitete die Abrechnung vor. Als sie fertig war, verließ ich die Tankstelle, ging zu den Parkplätzen und schloss mein Auto auf. Ich strich einmal mit der rechten Hand über die Karosserie. Das war so eine Angewohnheit. Meine Mutter schüttelte immer den Kopf, wenn sie das sah, aber das hier war halt nicht bloß mein Auto, mein erstes eigenes Auto, es war mein ganzer Stolz. Ein Golf 3, GTI Sonderedition mit den schönsten Sitzen, Porsche-Felgen und frisch lackiert in feinstem BMW-Z4-Graumetallic. Er sah einfach edel aus. Das Geld für den Wagen hatte ich mir zum großen Teil erarbeitet. Den anderen Teil hatte mir Oma dazugegeben. Wir wohnten ziemlich ländlich, und dank dem Auto war ich so mobil, dass es überhaupt erst möglich war, die ganzen Jobs und die Schule unter einen Hut zu bringen.

Ich setzte mich in den Wagen, legte mir den Gurt an und ließ den Motor laufen. Ich griff noch einmal kurz nach meinem Handy und tippte eine SMS an Lena: »Fahre jetzt los. Bin in 20 Minuten spätestens da.« Dann warf ich das Gerät auf die Rückbank und legte eine CD ein. Nirvana. *Nevermind.* Ich ließ das Fenster runter und fuhr über die Landstraße Richtung Lembeck. Eine kleine Ortschaft bei Reken, wo Lena wohnte. Es roch nach Frühling, nach frisch gemähtem Gras. Der typische Landgeruch. Ich fuhr vorbei an den Äckern, auf denen die Kühe standen, an den kleinen Bushaltestellen, an denen tagsüber der Regionalbus im Stundentakt anhielt, vorbei an den Parkplätzen, auf denen vereinzelte Autos standen. Ich schaltete in den fünften Gang und fuhr mit 50 aus der Ortschaft heraus, als ich sah, dass mir am Ende der Straße ein großer Traktor mit Doppelbereifung entgegenkam. Ich fuhr auf den Trecker zu und dachte an die Party, fragte mich, wer noch alles kommen würde und ... Fuck! Ich hörte einen lauten Knall und spürte, wie der Wagen ausscherte. Was passierte hier? Ich hielt den Atem an und klammerte mich an das Lenkrad, aber ich verlor die Kontrolle. Alles ging plötzlich ganz schnell. Ich hatte mich in den Hinterreifen des Traktors verhakt. Das Auto war schon halb unter dem Trecker und wurde zur Seite geschleudert. Ich schaute mich panisch um und sah, wie mein Auto auf ein parkendes Auto zusteuerte. Dann wurde alles schwarz.

*

Ich öffnete langsam die Augen. Ich hatte ein lautes Pfeifen im Ohr und den Geschmack von Blut im Mund. Wo war ich? Was war passiert? Ich brauchte ein paar Sekunden, um mich zu orientieren. Die Tankstelle, die Party, ich war auf dem Weg zur ... verdammt! Auf einen Schlag war ich wieder voll bei mir und realisierte, was gerade passiert war: Die Landstraße! Der Traktor! Mein Wagen! Ich hatte einen Unfall. Ich schaute mich im Innenraum meines Autos um. Zum Glück hatte es sich nicht überschlagen, aber die gesamte Front war komplett deformiert und der Motorblock so weit nach vorne verschoben, dass das Lenkrad nur wenige Zentimeter vor meinem Brustkorb prangte. Die meisten Fensterscheiben waren zersplittert, überall lag Glas herum. Ich merkte, wie ich anfing zu hyperventilieren. Ganz ruhig bleiben, Max, sprach ich mir selber gut zu. Das Pfeifen in meinem Ohr wurde lauter. Die Hintergrundgeräusche nahm ich nur noch als dumpfe Bässe wahr. Atme tief durch, Max, bleib ruhig! Ich versuchte, meine Zehen zu bewegen. Immerhin konnte ich sie noch spüren. Ich wusste, dass das ein gutes Zeichen war, dass es bedeutete, dass ich nicht querschnittsgelähmt war. Dann öffnete ich meinen Gurt und tastete meinen Körper vorsichtig ab. Es schien, als hätte ich keine schweren Verletzungen. Aber alles drehte sich, fühlte sich unwirklich an. Als würde ein Nebel auf meinem Bewusstsein liegen, als wäre ich in einem Albtraum gefangen, der nicht enden wollte. Es roch nach Öl und Benzin, doch der Geruch hatte nun etwas Bedrohliches. Ich versuchte, die Fahrertür zu öffnen, aber sie war so stark verbogen, dass sie nicht aufging. Ich spürte das Adrenalin in meinem Körper.

Spürte, wie langsam die Panik in mir aufstieg. Ich trat mit voller Kraft gegen die Beifahrertür. Zweimal. Dreimal. Viermal. Dann sprang sie auf. Ich kletterte aus dem Autowrack, noch immer das laute Pfeifen in meinem Ohr. Ich schwankte noch, versuchte mein Gleichgewicht zu behalten, nicht umzufallen.

Dann sah ich mein Auto. Totalschaden. Man konnte es kaum noch als Auto erkennen. Es war nur noch ein deformierter Blechhaufen.

»Hey, Junge, ist alles in Ordnung?«, hörte ich eine Stimme. Ein Mann kam auf mich zugelaufen und stützte mich. Ich öffnete meinen Mund, aber ich fand keine Worte.

»Ganz ruhig«, sagte der Mann. »Wer ist noch im Auto? Ist jemand schwerverletzt?«

Der Mann war Mitte 40, recht stämmig und sehr viel aufgeregter als ich.

»Ich ... ich war alleine«, stammelte ich und starrte auf das Autowrack. Ich konnte es immer noch nicht glauben. Das war mal mein Auto gewesen. Jetzt war da nur noch ein silberner Haufen Schrott. Ich drehte mich um und sah den Traktor am Straßenrand stehen. Ein etwa 16-jähriger, ziemlich stabiler Junge saß dort. Wahrscheinlich der Sohn von einem der Bauern hier. Der Junge saß wie versteinert auf dem Fahrzeug und bewegte sich nicht. Er schien unter Schock zu stehen. Aber ihm und dem Trecker war nichts passiert, das Gerät war völlig unbeschädigt, bloß die Hinterachse war weggebrochen.

Zwei weitere Passanten kamen angelaufen. »Ist alles in Ordnung? Geht es dir gut?«, fragten sie mich immer wieder. Ich nickte nur wortlos und starrte traurig auf mein Auto.

»Wie heißt du, Junge?«, fragte mich die Frau.

»Max«, sagte ich mechanisch.

»Wie alt bist du? Und welches Datum haben wir heute?« Sie wollte offenbar testen, ob mein Kopf irgendeinen Schaden genommen hatte.

»18. Und es ist ... der ... 4. April«, sagte ich, und in dem Moment bohrte sich ein Gedanke, ein quälender Gedanke, in meinen Kopf. Der 4. April. Nein! Das konnte doch nicht wahr sein! Am 1. April war meine Vollkasko-Versicherung abgelaufen. Vor drei Tagen! Ich hatte sie bloß für die Wintermonate abgeschlossen. Das durfte nicht wahr sein.

Ich starrte auf den Schrotthaufen, der einmal mein Wagen gewesen war. »Ich habe ... ich habe keine Versicherung mehr«, fing ich an zu stammeln.

»Wie bitte?«, fragte mich die Frau.

Ich spürte, wie Tränen über meine Wange liefen. Ich schluchzte.

»Meine Versicherung ist abgelaufen«, wiederholte ich.

»Junge! Du hast gerade einen schweren Autounfall hinter dir. Freu dich, dass du *das* hier ...«, sie zeigte auf die deformierte Karosserie, »überlebt hast.«

Aber ihre Worte verfingen nicht. Ich weinte. Ich weinte um mein Auto. Meinen ersten eigenen Wagen. Am Horizont sah ich Blaulicht. Feuerwehr, Krankenwagen und Polizeiautos fuhren vor.

»Nicht die Polizei ...«, stammelte ich.

»Was?«, fragte die Frau, die sich jetzt scheinbar doch mehr Sorgen um mein geistiges Wohlbefinden machte.

»Ich ... ich habe meine Seitenscheiben getönt und ... und das nicht eingetragen. Ich will keinen Ärger ...«

Die Frau schüttelte nur den Kopf und legte beide Hände auf meine Schultern.

»Beruhig dich einfach, Junge. Die Polizei hat gerade ganz andere Sorgen, als dir Ärger wegen getönter Seitenscheiben zu machen, das kannst du mir glauben.«

Benommen starrte ich wieder auf den Boden, auf das zersplitterte Glas, auf das Öl auf der Straße. Das Pfeifen in meinem Kopf wurde wieder lauter. Dann setzte ich mich an den Straßenrand und bekam einen Blackout.

*

Als ich wieder zu mir kam, lag ich auf einer Liege in einem Krankenwagen. Um mich herum waren überall medizinische Geräte, zwei Sanitäter hatten sich über mich gebeugt und leuchteten mir mit einer Taschenlampe in die Augen.

»Alles okay«, sagte ich. »Mir geht es gut.«

Ich versuchte, mich aufzurichten, aber die Männer drückten mich sanft zurück.

»Ob das wirklich so ist, werden wir jetzt herausfinden.«

»Wirklich«, sagte ich. »Mir geht es gut.« Das Pfeifen in meinem Ohr war leiser geworden. Es lag noch immer ein leichter Schleier über meiner Wahrnehmung, aber ich hatte das Gefühl, ich war wieder bei mir. »Ich will jetzt nach Hause.«

»Was du möchtest, ist das eine«, sagte der Sanitäter und lächelte mich freundlich an. »Was wir möchten, ist das andere. Und das ist gerade ein bisschen wichtiger, okay?«

Ich nickte. Es hatte keinen Sinn, sich zu widersetzen. Der Sani sagte, dass ich zwar keine großen äußeren Verletzungen hätte, dass aber ein Verdacht auf Milzriss bestünde. Dieser wurde zum Glück durch den Notarzt nicht bestätigt.

»Morgen früh kannst du wieder nach Hause«, sagte der. Ich sah zu, wie mein einstiges Traumauto abgeschleppt wurde. »Könnt ihr meine Mutter anrufen und sie informieren?«, fragte ich. »Natürlich«, entgegnete er.

Dann kamen auch schon zwei Polizisten zu mir, die den Unfallhergang aufnehmen wollten.

»Geht es dem Jungen auf dem Trecker gut?«, fragte ich noch.

»Ja, ihm ist gar nichts passiert.«

Dann fuhren wir ins Krankenhaus.

*

Wieder zu Hause, lag ich in meinem Zimmer und starrte an die Decke. Ich fühlte mich schrecklich. Ich hatte überhaupt kein Zeitgefühl mehr. Ich wusste nicht mehr, wie lange ich hier schon lag. Meine Mutter, Jan Jaap und Oma kamen immer mal wieder, um nach mir zu sehen, sie nahmen mich in den Arm und weinten und sprachen von einem Wunder. Einem Wunder, dass mir nichts passiert sei. Ich freute mich, sie zu sehen. Aber eigentlich musste ich nur an meinen Wagen denken. An die Versicherung, die abgelaufen war. An das Geld, das nun weg war. Ich hatte nichts anderes im Kopf. Das ist doch irre, sagte ich mir selbst. Aber es ging nicht anders. Ich konnte es nicht steuern. Das Gefühl des Verlusts dieses materiellen Werts war größer als meine Freude, dass mir nichts passiert war. Ich wusste rational, dass das Unsinn war, aber emotional war ich komplett gefangen. Irgendwann schlief ich ein und wurde von fürchterlichen Albträumen heimgesucht. Ich träumte von einem großen Feuer, in dem alles verbrannte, unser Haus, unsere Wertgegenstände, die noch verblieben waren – und wachte schweißgebadet auf. Ich richtete mich in meinem Bett auf und schaute mich um. Ich hatte keine Ahnung, wie spät es war. Ich stand langsam auf und ging ins Badezimmer, um mir das Gesicht zu waschen. Ich schaute mich im Spiegel an. Und fasste einen Vorsatz: Nie wieder, nie wieder werde ich mein Leben von materiellen Dingen bestimmen lassen. Ich werde dagegen ankämpfen, dass Dinge wie ein Auto mehr wert sind als mein Leben. Ich werde etwas ändern. Und das wird nachhaltig sein. Ich schaute mich an und ließ mir noch ein wenig kaltes Wasser über das Gesicht laufen. Ich wusste noch nicht, wie ich es anstellen würde, aber mir war klar, dass es gelingen könnte. Ich dachte an Markus. Ja, verdammt, ich brauchte andere und bessere Werte, nach denen ich mein Leben ausrichtete. Es war tatsächlich ein guter Zeitpunkt für eine Neujustierung, denn materiell gesehen war ich sowieso wieder auf null zurückgesprungen.

*

In dieser Zeit machte ich mir viele Gedanken über meine Zukunft. Ich stellte mir immer und immer wieder die Frage, wie es mit mir weitergehen sollte. Mein Abitur hatte ich mit Ach und Krach geschafft. Mit einem Schnitt von 3,3. Aber ich wusste noch nicht, was ich jetzt eigentlich machen wollte. Ich hatte noch immer das Grundgefühl, dass ich irgendwie erfolgreich sein wollte, auch wenn sich meine Definition von Erfolg nach und nach verändert hatte. Aber ich war davon überzeugt, dass Geld nach wie vor ein Schlüssel war, mir ein sorgenfreies Leben zu ermöglichen. Ich wollte nicht materialistisch sein, aber ich wollte Geld verdienen, um mir Türen zu öffnen. Ich hatte das Gefühl, dass ich mich mit einer Entscheidung für ein Studium oder eine Ausbildung gleichzeitig auch für einen vorgefertigten Weg entscheiden würde, den ich dann zwangsläufig zu Ende gehen müsste. Zum Glück musste ich nicht sofort Entscheidungen treffen. Ich hatte noch neun Monate Zivildienst vor mir, die mir eine kleine Schonfrist verschafften. Ich absolvierte ihn im Flash23. Das Flash23 war ein Ort für Kinder und Heranwachsende aus sozial schwachen Familien, die nach der Schule hier eine Anlaufstation hatten. Ein Jugendhaus mitten in Reken. Die Betreuer halfen den Jugendlichen bei ihren Hausaufgaben, hörten sich ihre Probleme an, kochten mit ihnen, machten Sport und boten Workshops und Hilfestellung jeglicher Art an.

Der Chef von dem Laden war Stefan. Stefan war ein Sozialarbeiter mittleren Alters, der für die Kids eine Art Vaterfigur war. Stefan war ein super Kerl, er hatte immer ein offenes Ohr für die Probleme der Jugendlichen, versuchte immer, mit ihnen gemeinsam eine Lösung zu finden, zeigte den Jungs und Mädchen aber auch ganz klar Grenzen auf, die sie bei ihm nicht überschreiten durften.

»Hör mal, Max«, eichte er mich an meinem ersten Arbeitstag auf das, was mich erwarten würde. »Glaub nicht, dass das hier ein Spaziergang wird. Es kann in dem Laden auch mal ein rauer Wind wehen. Die Kinder kommen aus teilweise sehr schwierigen sozialen Verhältnissen und kennen oftmals ihre Grenzen nicht.«

Ich nickte. »Keine Sorge, Stefan, ich habe schon vieles in meinem Leben gesehen, mich stört das alles nicht.«

Ich dachte zurück an meine Schulwechsel, an die Scheidung meiner Eltern, den Tod meines Vaters, die Zeit in Berlin, wo ich auf dem Basketballplatz mit den Jungs von der Straße rumgehangen und mir ihren Respekt erworben hatte, einfach, in dem ich mich nicht verstellte und sie nahm, wie sie waren. Ja, ich hatte tatsächlich schon vieles gesehen. Das Leben ganz oben und das Leben ganz unten. Ich war sozusagen milieuflexibel. Entsprechend machte ich mir keine Sorgen.

»Unterschätz das nicht«, sagte Stefan. »Die werden dich testen.«

An meinem ersten Arbeitstag kam ich dann zur Mittagszeit ins Flash23. Das war einer der großen Vorteile an diesem Job. Ich konnte ausschlafen – oder vormittags in der Tankstelle jobben. Es waren zu diesem Zeitpunkt noch keine Jugendlichen da, also warf ich meinen Rucksack in eine Ecke des Raumes und lief einmal durch das Gebäude, um ein Gefühl für den Ort zu bekommen. Reken war eine sehr wohlhabende Gemeinde, entsprechend gut war auch das Jugendhaus ausgestattet. Im großen Hauptraum standen ein Billardtisch und ein Tischkicker, es gab eine große Theke, an der wir Getränke ausschenken konnten, und in einer Ecke des Raumes gab es sogar drei Computer. Das war für die damalige Zeit hightech. Ich schenkte mir ein Wasser ein und quatschte ein bisschen mit Stefan.

»Und?«, fragte ich. »Was steht heute an?«

»Das ganz normale Programm. Wir kümmern uns um die Kinder mit dem, was so ansteht.«

Ich nickte.

»Komm erst einmal an, Max. Versuch, die Kids ein wenig kennenzulernen und ihr Vertrauen zu gewinnen.«

»Das kriege ich schon hin.«

Gegen 14 Uhr kamen dann die ersten Jungs ins Flash. Mohammed, Sven und Ibrahim. Sie waren 15, vielleicht 16 Jahre alt, trugen Oversize-Klamotten und gaben sich betont cool. Ich versuchte gar nicht erst, mich künstlich einzuschleimen, sondern ging ganz normal auf sie zu, stellte mich ihnen vor und sprach mit ihnen, wie ich mit jedem anderen Menschen auch gesprochen hätte.

»Hey, ich bin Max, ich arbeite jetzt hier. Wenn ihr irgendwas braucht, dann meldet euch einfach.«

»Klar«, sagten sie und gaben sich weiterhin betont cool. Nach und nach füllte sich das Jugendhaus. Ich drehte meine Runden, stellte mich vor und wurde auch von den Kindern immer wieder angesprochen.

»Hey, Max, kannst du mir helfen bei einer Bewerbung?«

»Hey, Max, hast du Lust zu kickern?«

»Hey, Max, kannst du mir bei meinen Hausaufgaben helfen?«

Ich setzte mich zu den Jungs und Mädchen und versuchte mein Bestes. Gegen 17 Uhr machte ich eine kurze Pause und stellte mich zu Stefan, der gerade hinter der Theke stand.

»Und? Wie läuft's?«

»Super, Stefan. Wirklich.«

»Die Jungs und Mädchen hier scheinen dich zu akzeptieren«, sagte er anerkennend.

»Ja, weißt du, ich glaube, sie wünschen sich einfach nur jemanden, der ihnen auf Augenhöhe begegnet und ...«

Ich griff nach meinem Rucksack und fischte mir ein Red Bull heraus, »... dann klappt das schon. Sie haben ja keinen Grund, mich zu testen.« Ich tastete in meinem Rucksack herum und ... Moment. Irgendwas stimmte da nicht! Ich stellte ihn auf den Tisch und riss ihn weit auf.

»Alles okay?«, fragte mich Stefan.

»Verdammt!«, fluchte ich. »Mein Laptop!«

Ich hatte mir erst letzte Woche einen neuen Aldi-Laptop gekauft. Das Geld dafür hatte ich mir ein halbes Jahr lang wirklich mühsam angespart. Seitdem ich so viel mit Markus zu tun hatte, war mein Interesse für die Möglichkeiten des Internets geweckt, und ich dachte, ich bräuchte einen Laptop, um mich da ein wenig einzuarbeiten. Und ich Vollidiot hatte ihn natürlich mitgenommen und den Rucksack die ganze Zeit unbeaufsichtigt stehen lassen. Und irgendwer von den Kids hatte die Chance wohl ergriffen. So viel zum Thema, ich würde nicht getestet werden.

»Ich kläre das«, sagte Stefan streng.

»Nein, lass. Das muss ich selber machen.«

Ich rief alle Jugendlichen, die im Haus waren, zusammen und stellte mich in der Mitte an einen Tisch.

»Okay, Leute«, hielt ich eine kleine Ansprache. »Irgendwer von euch hat meinen Laptop geklaut.« Die Kinder wurden unruhig. Einige flüsterten, die anderen lachten. Ich dachte, die beste Strategie sei es, an ihr Ehrgefühl zu appellieren. »Miese Sache«, sagte ich. »Derjenige, der das gemacht, ist wirklich krass. Keine Frage, einen Betreuer abzuziehen, ist eine krasse Aktion. Glückwunsch. Aber: Wenn du wirklich, also *wirklich* krass sein willst, dann wirst du mir das Ding zurückgeben. Denn das zeugt von echter Größe.«

Ich machte eine kurze dramatische Pause und schaute in die Runde. Die Kinder lachten mich aus.

Also gut. Das klappte nicht so, wie ich es mir vorgestellt hatte. Zeit für Plan B.

»Okay, dann machen wir es anders«, sagte ich. »Mein Laptop hat einen GPS-Tracker, den ihr nicht ausbauen könnt, ohne das Gerät zu zerstören. Ich gebe euch jetzt genau eine halbe Stunde Zeit. In dieser halben Stunde werde ich die Dorfstraße einmal hoch und wieder runter gehen, und wenn ich zurück bin, liegt der Laptop wieder in meiner Tasche. Wenn nicht, dann müssen wir ihn tracken, und dann wird das Konsequenzen haben, und da reden wir dann nicht mehr nur von Hausverbot, okay?«

Plötzlich war es ganz ruhig im Raum. Offenbar hatten sie mir meinen Bluff abgekauft. Natürlich hatte ich keinen GPS-Tracker in meinem Laptop. Aber ich musste ja irgendwie pokern. Ich verließ also das Jugendzentrum, wanderte ein wenig umher, und als ich wieder zurück war, sah ich, dass mein Laptop mitten auf dem Tisch im Nebenraum lag. Ich lächelte und schaute in die Runde. Die Kinder ließen sich nichts anmerken, sie spielten weiter, als sei nichts gewesen, und ich entschied mich dafür, es dabei zu belassen und nicht weiter nachzuhaken.

Am Abend, als die meisten Kids schon wieder zu Hause war, kam ein Junge zu mir. Mohammed.

»Max, ich muss dir was sagen: Ich war das mit dem Laptop.«

Er schaffte es nicht, mir in die Augen zu sehen.

»Okay«, sagte ich und musterte den Jungen. Er war 14, höchstens 15 Jahre alt. »Das finde ich sehr, sehr stark von dir, dass du es zugibst. Das hättest du nicht machen müssen.«

Ich setzte mich zu ihm. Ich spürte, dass ihm etwas auf der Seele lag. Ich sah es an seinem Gesichtsausdruck, und ich fühlte mich an die Zeit erinnert, als ich selbst 14 war und das Gefühl hatte, dass die Last der Welt auf meinen Schultern liegen würde. Wir fingen an zu reden, und Mohammed erzählte mir von seiner Familie, die aus dem Libanon geflüchtet war. Er erzählte mir, dass niemand aus seiner Familie eine Arbeitserlaubnis hatte, dass das Geld knapp war, dass seine Eltern oft stritten, er oft geschlagen wurde und dass er das Gefühl habe, für seine jüngeren Brüder da sein zu müssen. Sie beschützen zu müssen. Aber er wisse nicht, wie er das tun solle.

»Ich fühle mich oft sehr hilflos«, sagte er und schaute mich an. »Und dann baue ich Scheiße, und es tut mir leid. Ich will das eigentlich nicht.«

Das Jugendzentrum hatte schon geschlossen, ich ging mit Mohammed raus, setzte mich mit ihm auf die Treppe und fing an, ihm im Gegenzug meine Geschichte zu erzählen. Das baute ihn auf. Von diesem Tag an hatten Mohammed und ich eine enge Vertrauensbasis.

*

Während ich meinen Zivildienst im Jugendhaus absolvierte, machte ich mir weiter Gedanken über meine berufliche Zukunft, die ich immer und immer wieder mit Richi, Markus und meiner Familie diskutierte. Ich wollte gerne studieren, aber ich hatte diesen ziemlich miesen Abi-Schnitt. Und somit bei den meisten großen Unis keine wirkliche Chance auf irgendeine Form von Wirtschaftsstudium.

»Lös dich von deinem festgefahrenen Denkmuster«, riet mir Markus, mit dem ich viel über meine Zukunftssorgen sprach. »Schau nicht auf die Unis, die dich nicht nehmen, sondern konzentrier dich auf die Unis, die dich haben wollen. Und auf Alternativen.«

»Aber was denn für Alternativen?«

»Was ist mit einem Auslandsjahr? Was ist mit einer Ausbildung? Was ist mit einer Privatuni?«

»Eine Privatuni?«

»Zum Beispiel. Dort interessiert man sich nicht primär für deinen Notenschnitt, sondern dafür, dass du eine gefestigte Persönlichkeit, Social Skills und das nötige Kleingeld mitbringst.«

»Oder ich werde einfach selbstständig, so wie du.«

Markus selber hatte sein BWL-Studium abgebrochen. »Wenn du die richtige Idee hast, kannst du das tun.«

»Alle erfolgreichen Leute haben ihr Studium abgebrochen: Bill Gates, Mark Zuckerberg, Steve Jobs.«

»Sie haben das Studium abgebrochen, weil sie erfolgreich wurden, sie wurden nicht erfolgreich, weil sie das Studium abgebrochen haben: Das verwechseln viele.«

Ich nickte. »Aber das nötige Kleingeld für eine Privatuni habe ich nicht.«

»Dann musst du es eben verdienen«, sagte Markus. »Du bewegst dich wieder in deinem kleinen Frame. Denk doch mal weiter. Es gibt

Förderer und Stiftungen, die für genau solche Fälle bereit sind, ein Stipendium zu vergeben.«

Ich begriff einmal mehr, wie es mich weiterbrachte, immer dann mit cleveren Leuten zu sprechen, wenn ich selber gedanklich nicht weiterkam. Wie wichtig es war, mich von anderen Menschen mit mehr Erfahrungen und Lebensweisheit inspirieren zu lassen.

Eine Privatuni also. Ja, die Idee an sich war ziemlich gut. Die Studiengänge auf einer privaten Uni waren kleiner und exklusiver, die Dozenten meistens spezialisierter und aus der Praxis – für jemanden wie mich war das eine große Chance. Dass mein Abi-Schnitt so schlecht war, lag ja letztendlich auch hauptsächlich daran, dass ich mich auf das fokussierte, was mir am wichtigsten war – und alles andere einfach ausblendete.

»Schau dir ein Ranking der besten Unis nach. Und bewirb dich an den besten zehn. Richi etwa war an der ESB Reutlingen. Die ist gut. Denk nicht darüber nach, wie du es bezahlen kannst. Sondern komm erst einmal rein. Dann kannst du dir immer noch darüber Gedanken machen.«

Markus gab mir einmal mehr ein gutes Gefühl und die nötige Motivation, sodass ich noch am selben Abend anfing, meine Bewerbungen zu schreiben. Ich schickte sie an die Top Ten der Privatunis von Witten/Herdecke bis zur WHU in Vallendar. Dann legte ich mich weit nach Mitternacht ins Bett und freute mich, dass ich endlich eine Perspektive hatte. Die Frage in meinem Hinterkopf, wie ich einen solchen Studiengang eigentlich bezahlen würde, stellte ich erst einmal gekonnt hinten an.

Und es dauerte auch gar nicht lange, bis ich die ersten Rückmeldungen bekam. Einige Unis lehnten mich aufgrund meines Abi-Schnitts sofort ab, andere luden mich zu einem Assessment-Center ein. Genau wie Markus es prophezeit hatte. Besonders über eine Einladung freute ich mich. Über die der EBS in Oestrich-Winkel bei Wiesbaden. Die EBS, die European Business School, die Universität für Wirtschaft und Recht, ist die älteste private Wirtschaftshochschule Deutschlands. Und mit Sicherheit auch eine der renommiertesten. Wer es schafft, dort einen Abschluss zu bekommen, wird sich mit sehr hoher Wahrscheinlichkeit in ein paar Jahren auf einem Spitzenposten in der internationalen Wirtschaft wiederfinden. Der berühmte deutsche Filmproduzent David Groenewold hat dort ebenso studiert wie Ex-Telekom-Chef Kai-Uwe Ricke. Die EBS war ab sofort meine absolute Wunschuni.

Ich sprach am nächsten Tag mit Stefan und nahm mir an dem Tag, an dem mein Assessment-Center war, im Jugendzentrum frei. Ich ging Wochen vorher noch einmal meine Abiturunterlagen durch, um mich zumindest auf den Mathepart ordentlich vorzubereiten. Ich wusste, dass ich ein mehrstufiges Verfahren bestehen musste. Als es endlich so weit war, zog ich meinen Abi-Anzug an, setzte mich in meinen alten, klapprigen VW Polo, den mir meine Schwester überlassen hatte, und fuhr frühmorgens nach Oestrich-Winkel. Die EBS lag wunderschön am Rhein in der Nähe vom Bahnhof Hattenheim. Ich sah schon von Weitem das halbkreisförmige, moderne, in den Weinhängen gelegene Universitätsgebäude und die prunkvolle Gartenanlage. Wow, dachte ich. Wenn ich hier studieren dürfte, das wäre ein absoluter Traum. Ich fuhr auf den Parkplatz und schaute mich um. Ich sah die anderen Studenten und erkannte eine alternative Version von mir selbst in ihnen. Wenn damals nicht unser ganzes Vermögen verloren gegangen wäre, dann würde ich wohl aussehen wie sie, würde ein Ralph-Lauren-Polohemd zu einer sandfarbenen Chino kombinieren, Timberland-Boots tragen, mir die Haare zurückgelen und mit Papas Porsche vorgefahren kommen. So wie das alle hier taten. Ich erinnerte mich an unsere Zeit auf Sylt. An unsere riesigen Anwesen, an unseren Fuhrpark und an die Menschen, mit denen wir dort verkehrten. Ich fühlte mich in eine andere Welt zurückversetzt, in eine Welt, die irgendwann mal meine Welt gewesen war. Dann riss ich mich aus meinen Gedanken los und fand mich in meinem schlecht sitzenden Abi-Anzug vor meinem klapprigen Auto wieder. Und ich erinnerte mich, dass ich ja noch etwas klären musste.

»Hey, du«, sprach ich einen jungen Typen an, der gerade neben mir aus einem dunkelroten Mercedes Kombi stieg.

»Ich bin Max, ich habe heute eine Aufnahmeprüfung ... dürfte ich dich vielleicht um einen Gefallen bitten?«

Der Typ schaute mich etwas skeptisch an.

»Mein Auto ist ... nicht mehr ganz so in Ordnung. Der Kofferraum und die Seitentüren lassen sich nicht abschließen. Und ich habe meinen wertvollsten Besitz dabei, meinen Laptop: Könnte ich den vielleicht bei dir einschließen?«

Der Typ legte seinen Kopf leicht schräg und musterte erst mich, dann mein Auto.

»Meinst du das gerade ernst?«

»Total. Der wurde mir schon mal geklaut. Lange Geschichte.«

Ich hielt ihm meinen Laptop hin und lächelte ihn freundlich an.

Der großgewachsene, gut gekleidete Kerl fing laut an zu lachen. »Abgefahrene Geschichte«, sagte er und gab mir die Hand. »Ich bin Ronald. Aber nenn mich ruhig Ron.«

»Hey, Ron, freut mich, ich bin Philipp Maximilian, aber nenn mich ruhig Max.«

Ronald nahm den Laptop, packte ihn bei sich in den Kofferraum und drückte mir seine Visitenkarte in die Hand. »Ruf mich einfach an, wenn du durch bist. Ich mache den Test auch. Erzähl denen bloß nichts von deinem Auto«, zwinkerte er mir zu.

Dass er noch nicht einmal Student war und schon eine Visitenkarte hatte, beeindruckte mich nachhaltig. Ich ging auf das Unigebäude zu, dort gab es schon Aushänge, denen ich folgte. Die Bewerber trafen sich alle in einem großen Hörsaal, es saßen vielleicht 800 Kandidaten zusammen, von denen etwa 150 genommen wurden. Ich schätzte, die meisten waren in meinem Alter.

Der Dekan hielt eine kurze Ansprache, erklärte uns, dass man sich nur für die Besten der Besten entscheiden würde und aus den Besten dann noch einmal in drei Jahren Studium das Allerbeste herausholen würde. Ich fragte mich in dem Moment, ob der Abi-Schnitt der anderen Bewerber auch so weit von einer Bestmarke entfernt war wie meiner.

»Wie Ihre Abiturleistungen waren, interessiert uns dabei nur am Rande«, sagte der Dekan, als würde er meine Gedanken aufgreifen. »Ihre Leistungen in Biologie, in Sport oder Geschichte sind zweitrangig. Wir wollen Ihnen hier beibringen, wie Sie erfolgreiche Wirtschaftsunternehmer werden. Darum wollen wir Leute haben, die wirtschaftlich denken können. Die geistig zu uns passen. Und das werden wir heute testen.«

Ich war beruhigt. Und motiviert. Ja, dachte ich mir. Das ist jetzt die Gelegenheit zu zeigen, was ich draufhabe. Ich freute mich auf die Prüfungen, ich sah sie als eine Herausforderung, die es zu bestehen galt.

Zunächst blieben wir im Hörsaal und bekamen Blätter ausgeteilt. Ein Englisch-Test. Wir mussten auf Englisch einen kleinen Essay zu einem vorgegebenen Thema schreiben. Für mich kein Problem. Meine Sprachkenntnisse waren ziemlich gut geworden, und ich gab das Ding mit einem guten Gefühl nach einer halben Stunde ab. Dann hatten wir eine Stunde Pause und wurden von älteren Studenten über das Gelände geführt. Alles war so modern, und ich hatte das Gefühl, dass die Studenten untereinander wie eine Einheit waren. Es muss sich toll anfühlen, Teil von so einem Eliteding zu sein, dachte ich. Ich erinnerte mich immer wieder an meine Kindheit. Es war, als würde ich dieses Oberschichtending noch immer fühlen. Nach der Pause gab es den zweiten Test. Dieses Mal wurden unsere Mathe-Kenntnisse abgefragt. Wir mussten Formeln und Gleichungen lösen, was mir ziemlich schwerfiel. Mathe war noch nie mein Fach gewesen, aber ich hatte die Hoffnung, dass mein Englisch-Essay das ausgleichen würde.

Am Nachmittag erwartete uns dann die letzte Prüfung. Wir wurden in Zweier-Gruppen zu einem Gespräch gerufen, wo wir erklären mussten, warum wir ausgerechnet an der EBS studieren wollten. Mir gegenüber saßen die Studiengangsleiterin, ein Professor und ein Unternehmer aus der freien Wirtschaft.

»Herr Scharpenack«, begannen sie das Gespräch. »Erzählen Sie uns doch einmal, was Sie in den letzten Jahren so gemacht haben. Außer in die Schule zu gehen.«

Ich atmete kurz durch und überlegte mir, wie ich diese Frage beantworten sollte. »Nun«, sagte ich. »Das wird wohl eine längere Geschichte werden.«

»Keine Sorge, wir haben Zeit.«

Und dann fing ich an zu erzählen. Ich erzählte von meiner Kindheit und dem Reichtum, den ich kennengelernt hatte. Ich erzählte von der Trennung meiner Eltern, vom Tod meines Vaters und von der Verantwortung, die ich seit diesem Tag für mein Leben übernommen hatte. Ich erzählte von meinen Jobs, die ich machte, um Geld zu verdienen und nebenbei noch mein Abi zu schreiben. Ich erzählte einfach alles ganz offen und ehrlich, so wie ich es erlebt hatte. Ich verschwieg oder beschönigte nichts.

Die drei Prüfer schauten mich mit großen Augen an. Sie hatten wahrscheinlich nicht mit einer solchen Antwort gerechnet.

»Normalerweise erzählen uns die Leute hier, dass sie nebenbei irgendwelche AGs oder Sportvereine besucht haben«, sagte der Professor.

»Dafür hatte ich leider nicht so viel Zeit«, konterte ich.

»Herr Scharpenack, es ist ja sehr beeindruckend, was Sie uns erzählen«, sagte die Studiengangsleiterin mit hochgezogener Augenbraue. »Aber Ihnen ist doch auch bewusst, dass wir hier eine Semestergebühr in Höhe von knapp 5000 Euro haben. Wie stellen Sie sich das bei Ihren wirtschaftlichen Verhältnissen vor?«

Ich entschied mich wieder, ganz ehrlich und transparent zu sein. »Das weiß ich nicht«, sagte ich. »Das weiß ich *noch* nicht. Aber ich werde eine Lösung finden. So wie ich für alles immer eine Lösung gefunden habe.«

Die Studiengangsleiterin wirkte nicht überzeugt, aber der Unternehmer und der Professor nickten anerkennend. »Sie haben eine bemerkenswerte Willensstärke, junger Mann. Behalten Sie sich das bei. In jedem Fall.«

Ich verließ das Gespräch mit einem guten Gefühl. Dann zog ich mein Handy aus der Tasche und rief Ronald an, damit er mir meinen Laptop aus seinem Auto gab. Er wartete dort bereits auf mich.

»Und?«, fragte er. »Wie ist es bei dir gelaufen? Wie waren die Tests, wie war das Gespräch?«

»Ganz gut – und bei dir?«

»Gut, gut. Du hast denen doch hoffentlich nicht gesagt, wie es um deine wirtschaftlichen Verhältnisse steht.«

»Woher weißt du denn, wie meine wirtschaftlichen Verhältnisse aussehen?«

Er zeigte auf mein Auto. Touché.

»Ich habe dennoch ein ganz gutes Gefühl«, sagte ich.

»Das ist gut. Würde mich freuen, wenn ich dich hier bald wiedersehen würde und wir beide Kommilitonen werden. Meld dich gerne mal. Scheinst ja ein korrekter Junge zu sein. Und meine Nummer hast du ja.«

*

Als ich zwei Wochen später abends vom Jugendzentrum nach Hause kam, hörte ich Gespräche aus der Küche. Meine Mutter hatte Besuch. Christiane, eine gute Freundin, und ihr Mann Günther saßen zusammen.

»Hallo, Max«, riefen sie mir entgegen, als ich gerade zur Tür reinkam.

»Hey, Christiane, ich komme gleich«, rief ich zurück. Ich sah, dass auf der Kommode im Flur ein Briefumschlag für mich lag. Mit einem dicken Stempel von der EBS. Ich spürte, wie das Adrenalin durch meinen Körper schoss. Seit Tagen wartete ich darauf. Dann nahm ich den Umschlag, riss ihn auf und überflog das Schreiben. Ich spürte mein Herz schlagen, so nervös war ich.

»Sehr geehrter Herr Scharpenack«, fing ich an zu lesen. »... leider müssen wir Ihnen mitteilen, dass ...«

Verdammt! Es hatte nicht gereicht. Ich war durch den Mathe-Test gefallen. Ich zerknüllte den Brief und schmiss ihn in den Müllcontainer, dann ging ich in die Küche und versuchte, mir nichts von meiner Enttäuschung anmerken zu lassen. Immerhin war gerade einer meiner größten Träume geplatzt – und mit ihm eine neue Perspektive.

Ich setzte mich zu meiner Mum, zu Christiane und Günther und hielt ein bisschen Smalltalk.

»Das ist dein neuer Wagen da draußen?«, fragte mich Günther.

»Ja, ein echter Klassiker, was?«, lächelte ich gequält und dachte an meinen alten, liebevoll gepflegten Golf, den ich geschrottet hatte.

Ich liebte Autos seit meiner Kindheit und fand in Günther einen guten Gesprächspartner. Nachdem ich ein wenig über die Vorzüge meines neuen Polos gefachsimpelt hatte, konfrontierte Günther mich mit einer Frage.

»Aber jetzt mal ein Gedankenspiel, Max, wenn Geld keine Rolle spielen würde, welches Auto ...«

»Einen Brabus«, antwortete ich sofort. Ich feierte diese Autos etwas übertrieben und fing aus dem Stand an, Günther ein kleines Referat zu halten, warum Brabus einfach die eindrucksvollste Marke überhaupt war. Ein imposantes Unternehmen von Weltrang, das sich ein kluger Unternehmer binnen weniger Jahrzehnte aus dem Nichts aufgebaut hatte.

Günther lächelte. »Eigentlich spreche ich ja nicht über meine Patienten, aber du wirst nicht glauben, wer bei mir derzeit in Behandlung ist!«

»Keine Ahnung, Günther, der Papst?«

Günther war Kardiologe. Er war nicht nur irgendein Kardiologe, sondern galt als einer der führenden Herzspezialisten im deutschsprachigen Raum.

»Nein, nein«, sagte er. »Aber Bodo Buschmann. Der Gründer und Kopf von Brabus.«

Ich konnte nicht glauben, was er da sagte.

»Ja, wir haben einen super Draht zueinander. Und ich sehe ihn nächste Woche zur Visite. Soll ich ihm irgendwas von dir ausrichten?«

»Sag ihm, dass ich gerne für ihn arbeiten oder zumindest gerne ein Praktikum machen würde ...«, sagte ich und meinte es eigentlich gar nicht ernst.

Dann dachte ich an die zerknüllte EBS-Absage im Papierkorb.

»Ist kein Problem«, lachte Günther. »Ich richte es ihm aus.« Ich brannte an dem Abend und in der Nacht förmlich vor Hoffnung und Vorfreude, selbst wenn ich mich noch nicht mal beworben hatte. Mein Fokus lag ab diesem Moment nur auf Brabus und wie ich dort reinkommen könnte. Ich war dankbar, dass sich so schnell eine neue Tür in meinem Leben geöffnet hatte.

*

Jeden Tag wartete ich auf eine Rückmeldung von Günther. Immer und immer wieder starrte ich auf mein Handy. Ich wollte ihn aber nicht nerven, also übte ich mich in Geduld. Ich malte mir immer wieder aus, wie es wäre, jeden Tag all diese schönen Autos sehen und hören zu dürfen. Wie großartig das wäre. Dann bekam ich einen Anruf. Es war Montag. Ich hatte gerade eine Vormittagsschicht bei der AVIA-Tanke, noch bevor ich zum Jugendhaus ging. »Herr Scharpenack, hier ist Frau Schmidt, die Assistentin von Herrn Professor Buschmann. Sie mögen mir bitte sagen, wann, wie lange und in welchem Bereich Sie ein Praktikum in unserem Hause machen möchten.« Ich stotterte und war total perplex. Ich war einfach außer mir vor Freude. Sie bat mich, mir bis zum nächsten Tag Gedanken zu machen und sie dann zurückzurufen. Ich war überglücklich und mehr als entschädigt dafür, dass es mit der Uni nicht geklappt hatte. Trotz des Praktikums brauchte ich aber noch irgendeine nachhaltige Zukunftsperspektive. Ich fühlte mich im Zugzwang. Denn ich sah, dass alle meine ehemaligen Klassenkameraden bereits einen Ausbildungsplatz, ein Studium oder eine andere klare Perspektive hatten. Da ich das Gefühl hatte, auf dem klassischen Weg über Universitäten oder einen Ausbildungsplatz einfach nicht weiterzukommen, beschloss ich also, einen kleinen Umweg zu gehen. Immer wieder hatte ich den Gedanken, etwas ganz anderes zu machen. Vielleicht wäre es am besten, etwas Unkonventionelles zu versuchen. Jenseits meines zu klein gehaltenen Frames zu denken. Ins Ausland zu gehen. Wieder holte ich mir Rat bei Markus, Richi und meiner Familie.

Wir besprachen es ganz analytisch.

»Okay«, sagte Markus. »Dein IST-Zustand: An den Unis kommst du nicht weiter. Aber du hast ein Praktikum. Kannst du da nicht eine Ausbildung oder ein duales Studium machen?«

»Ich weiß nicht, das halte ich für unwahrscheinlich. Und abgesehen davon, ich finde, für eine Ausbildung bin ich überqualifiziert.«

»Okay«, warf Richi ein. »Du bist dir gerade zu gut für eine Ausbildung, aber deine Noten sind zu schlecht für eine Uni. Was ist denn, wenn du in eine ganz andere Richtung denkst? Wenn du einen Schritt zur Seite gehst und erst einmal lernst, eigenständig zu sein? Du lebst mit 19 noch zu Hause. Was ist, wenn du ins kalte Wasser springst und einfach mal lernst, alleine klarzukommen?«

Ich legte den Kopf schräg und schaute ihn an.

»Was genau meinst du?«

»Ein Auslandsjahr.«

Ein Auslandsjahr. Warum eigentlich nicht? Ich fand, das war eine tolle Idee.

»Und wohin?«, fragte ich.

»Das finden wir raus. Lass uns eine Liste mit allen Ländern machen, die dich interessieren«, schlug Markus vor, und wir fertigten eine Liste an: Brasilien, China, Indien, Russland, Japan. Alles, nur kein Standard, das war mir wichtig. Dann begannen wir nach und nach, einzelne Länder durch gezielte Fragen auszuschließen. Ich wollte in ein Entwicklungs- oder Schwellenland. Wo fühlte ich mich wohl? Wo passierte was? Wo hatte ich Chancen? Und dann, nach einer guten Stunde Diskussion, blieb China übrig. China? China!

»Und wie soll ich das alles bezahlen?«, fragte ich noch einmal verunsichert.

»Du buchst dir das Ticket und schaust vor Ort, wie du klarkommst«, sagte Markus.

»Vertrau auf das Leben und vertrau auf dich!«, warf Richi ein.

Ich schluckte. Ja, das war der Weg, den ich gehen würde.

*

An einem Freitag im März endete mein Zivildienst, und am darauffolgenden Montag begann bereits mein Praktikum bei Brabus. Ich war sehr aufgeregt und hatte mich gut vorbereitet. Ich hatte meinen alten Abi-Anzug reinigen lassen und am Wochenende meinen klapprigen VW geputzt und ihn im Max-Stil aufgetankt. Da ich wirklich absolut kein Geld hatte und versuchte zu sparen, wo es nur ging, kaufte ich mir seit einiger Zeit bei Aldi ganze Paletten mit Sonnenblumenöl für 49 Cent den Liter. Damit tankte ich ihn dann. Da der Diesel-Motor so uralt war, funktionierte der Trick ganz ohne Probleme. Der Wagen hatte zwar hin und wieder ein paar Probleme anzuspringen, er roch fürchterlich nach Pommesbude, aber im Großen und Ganzen lief er reibungslos.

Um kurz nach sieben Uhr fuhr ich also los nach Bottrop. Als ich das Brabus-Gelände erreichte, fühlte ich mich wie erschlagen. Das Werksgelände war riesig, die Firmenzentrale eine imposante Konstruktion aus Glas und Stahl. Ich parkte meinen rostigen Polo auf dem Mitarbeiterparkplatz zwischen all den teuren und schön gepflegten Autos. Auf dem Weg zum Eingang standen dann auch die Kundenfahrzeuge. S-Klassen, G-Modelle und Maybachs. Es müssen Hunderte gewesen sein. Ich kam aus dem Staunen gar nicht mehr raus. Ich schaute auf die Kennzeichen. Die Wagen kamen aus den entferntesten Ländern – aus Russland, Abu Dhabi, Südafrika. Es war, als wäre ich in meinem eigenen Kindheitstraum gelandet. Ehrfürchtig betrat ich die Firmenzentrale, die für mich wie ein riesiges Schloss wirkte, das ich betreten durfte.

Ich ging zum Empfang und stellte mich vor. »Hey, guten Tag, ich bin Max«, sagte ich. »Ich fange heute mein Praktikum an.«

Die Empfangsdame schaute mich fragend an.

»Welches Praktikum?«

»Na, ein Praktikum hier bei Brabus. Man sagte mir, ich solle mich hier heute um acht Uhr melden.«

Die Frau durchwühlte ihre Unterlagen und schüttelte nur den Kopf. »Scharbarack?«

»Scharpenack.«

»Nein, da finde ich nichts. Also ... von wem haben Sie denn die Bestätigung bekommen?«, fragte sie.

»Von Herrn Buschmann selbst und ...«

»Oh«, sagte sie, und plötzlich veränderte sich ihr ganzer Ausdruck. »Von Herrn Buschmann, ja? Dann ist ja alles in Ordnung, dann ziehen Sie mal Ihre Jacke aus, und nehmen Sie sich erst einmal einen Kaffee, wir kriegen das schon alles organisiert, keine Sorge.«

Ich setzte mich an die Café-Bar im Showroom mit Blick auf all meine Traumwagen, und nach ein paar Minuten kam die Dame zu mir und stellte mir einen wahrscheinlich spontan zusammengestellten Plan vor, nach dem ich alle Stationen im Unternehmen einmal durchlaufen sollte. Heute würde ein Azubi mir erst einmal das Gelände zeigen, dann würde ich bei ihr am Empfang helfen, und ab morgen würde ich dann sämtliche Stationen durchlaufen: Buchhaltung, PR, Lager, Marketing, Verkauf.

»Wäre Ihnen das recht so, Herr Schabernack?«

»Scharpenack. Ja, natürlich.«

Ein Auszubildender holte mich ab, führte mich einmal über das eindrucksvolle Gelände, zeigte mir die Werkstätten, die Waschanlagen, die Lager – das Ganze war noch sehr viel größer, als es auf den ersten Blick gewirkt hatte. Danach gab er mir ein paar Handlangertätigkeiten, um mich zu beschäftigen.

Ab dem zweiten Tag griff dann der Plan, und ich hatte wirklich große Freude daran, die einzelnen Stationen bei Brabus zu durchlaufen.

Aber egal, wo ich war, ich spürte bei manchen Mitarbeitern eine ganz merkwürdige Unzufriedenheit, die ich mir nicht erklären konnte. Wieso waren sie nicht froh, hier zu arbeiten? Das war Brabus! Das wahrscheinlich coolste Unternehmen der ganzen Welt! Aber dennoch ging es hinter den glänzenden Fassaden zu, wie es in jedem anderen Unternehmen auch zugeht. Es wurde gelästert, es wurde getratscht und getuschelt – und einige Mitarbeiter führten Intrigen gegen andere. Dass nicht alles Gold ist, was glänzt, das kannte ich ja schon aus meiner Kindheit. Hier war es scheinbar nicht anders.

Und es lag eine ängstliche Ehrfurcht in der Luft. Eine Ehrfurcht vor dem »Professor«. Der Professor war Bodo Buschmann, aber jeder nannte ihn in einer Mischung aus Respekt und Pflichtschuldigkeit nur »Herr Professor«. Buschmann bestand darauf. Er war sehr stolz auf seinen Honorartitel. Vielleicht, weil er sein Studium frühzeitig abgebrochen hatte, um sich seiner Firma zu widmen.

Und schließlich, an einem Freitag, verstand ich auch, warum die Leute so ehrfürchtig waren. Ich stand gemeinsam mit Jan im ersten Obergeschoss an der Zentrale, und er zeigte mir gerade die Ausgangspost und die Frankiermaschine. Jan war etwas jünger als ich und einer der Azubis im Unternehmen. Er schien auch ein ziemlich kluger Kopf zu sein. Wir standen also zusammen und fachsimpelten ein wenig über die neuesten Modelle, als Bodo Buschmann persönlich den Raum betrat. Es war meine erste direkte Begegnung mit ihm. Er nickte uns kurz zu und rauschte weiter. Doch als er gerade die große Lobby fast verlassen hatte, blieb er stehen, drehte um und kam zurück.

»Sie da«, sagte er mit absoluter Bestimmtheit und zeigte auf Jan. »Kommen Sie mal her.«

Jan drückte seinen Rücken durch und ging mit schnellem Schritt auf seinen Chef zu.

»Ich habe eine Frage an Sie: Was verkaufen wir hier?«

Jan war extrem nervös, ich sah, wie er zitterte.

»Wir verkaufen Luxusautos im gehobenen Segment«, antwortete er dennoch wie aus der Pistole geschossen.

»Vollkommen richtig. Wir verkaufen hier aber keine Surfbretter. Also fahren Sie nach Hause und ziehen Sie sich um. Aber ganz schnell!«

Dann zog Buschmann ab. Jan stand bedröppelt im Raum und schaute an sich herunter. Er hatte irgendwo aufgeschnappt, dass es etwas wie einen Casual Friday gab, an dem es nicht notwendig sei, einen Anzug zu tragen. Darum hatte er ein Hawaiihemd an.

Ich musste mir das Lachen verkneifen. »Kannst du derweil hier die Stellung halten, Max?«

»Klar.«

Dann zog er geknickt ab.

*

Bodo Buschmann hatte zwei Töchter und einen Sohn, Constantin Buschmann. Constantin war in meinem Alter und arbeitete neben seinem Studium auch ab und an im Unternehmen. Ich hatte eigentlich nichts mit ihm zu tun, aber ich nahm ihn natürlich wahr. Jeder nahm ihn wahr. Jeder wusste, wer er war. Er war auch eine echte Erscheinung, wenn er mit seinem schwarzen SL-Cabrio mit den mattschwarzen 20-Zoll-Felgen, und tief wummerndem Sound vorfuhr. Er war groß, sportlich, trug jeden Tag perfekt sitzende Anzüge und war einfach jemand, zu dem ich aufblickte. Er lebte ein Leben, das für mich unerreichbar schien. Was hätte ich nicht alles getan, um er zu sein, fragte ich mich immer wieder, wenn ich ihn sah.

In der letzten Woche meines Praktikums saß er an der Theke im Verkauf. Es war ein ruhiger Tag, nicht viel los, und ich dachte mir, dass das vielleicht meine letzte Gelegenheit sein würde, ihn einmal anzusprechen. Ich überlegte hin und her. Sollte ich wirklich? Oder wäre das nicht vielleicht zu dreist? Ich meine, er war Constantin Buschmann. Ihm würde bald Brabus gehören. Und ich?

Ich wischte die Gedanken beiseite, fasste all meinen Mut zusammen und ging auf ihn zu.

»Hey«, sagte ich. »Ich will gar nicht lange stören, ich wollte mich nur einmal kurz vorstellen. Ich bin Max und mache hier ein Praktikum.«

»Hey, Max, grüß dich, ich bin der Constantin.«

Ich überlegte, was ich sagen sollte, was ich fragen könnte, irgendwas, um das Gespräch aufrechtzuerhalten.

»Auf welche Uni gehst du denn?« Es interessierte mich eigentlich nur am Rande, auf welche Uni er ging. Ich hatte mit der Hochschulsache ja schon gedanklich abgeschlossen, aber ich musste ja irgendwas fragen.

»Witten/Herdecke.«

»Ach, spannend«, sagte ich. »Ich habe mich auch für ein paar Privatunis beworben.«

Constantin schaute mich an, er schien jetzt ein bisschen aufzutauen. »Witten kann ich dir wirklich empfehlen«, sagte er. »Soll ich dir das mal zeigen?«

Ich schaute ihn skeptisch an. Hatte er mich das gerade wirklich gefragt? Ich konnte es gar nicht glauben. Der Typ will ausgerechnet mir etwas zeigen? Er kennt mich doch gar nicht.

»Na klar, gerne«, stotterte ich etwas ungläubig.

»Also, ich gebe nächstes Wochenende bei mir eine Hausparty. Komm doch einfach rum. Du kannst bei uns pennen, wir haben eine coole WG, und am nächsten Tag führe ich dich über den Campus.«

Ich konnte es nicht fassen. Constantin Buschmann hatte nicht nur gerade mit mir gesprochen, sondern mich auch gleich noch zu sich nach Hause eingeladen.

Und ich nutzte die Chance, die mir das Leben schenkte. »You miss 100 percent of the shots you don't take« hatte ich mal irgendwo gehört, und so war es auch hier mal wieder.

Und es dauerte nur zwei Tage, da schenkte mir das Leben gleich auch noch eine zweite Chance. Ich saß gerade im Vertrieb, wo ich ein paar Tabellen nachrechnen und überprüfen sollte, als das Telefon klingelte. Janosch, ein Vertriebsmitarbeiter, wurde ganz verhalten, als er den Hörer an sein Ohr hielt. Unsicher schaute er zu mir herüber.

»Ja«, sagte er. »Ja, der Herr Scharpenack, der sitzt bei uns. Ja.«

Ich schaute zu ihm rüber und begriff nicht, was eigentlich los war. »Natürlich. Das werde ich ihm ausrichten. Natürlich ... Ja. Ja. Er kommt dann gleich.«

Langsam legte er den Hörer auf und starrte mich mit einer Mischung aus Mitgefühl und Angst an.

»Was ist denn los? Du bist ja ganz blass.«

»Das war Herr Professor Buschmann ...«

»Okay?«

»Er ...« Janosch schüttelte den Kopf. »Er will dich sprechen.«

»Okay.« Ich begriff noch nicht ganz, wo das Problem lag.

»Du verstehst wohl nicht, wo das Problem liegt! Der Professor will nie irgendwelche unwichtigen Leute sprechen. Und schon gar keine Praktikanten. Was hast du angestellt?«

Ich hatte keine Ahnung. Langsam wurde ich auch unsicher. Hatte ich etwas falsch gemacht? Ich war mir keines Fehlers bewusst.

»Geh besser sofort rüber, man lässt den Professor nicht warten.«

Ich ging vom Vertrieb durch die Glashalle ins Hauptgebäude zum Sekretariat. Die Dame rief durch und meldete mich an. Ich klopfte ehrfürchtig an die Tür vom großen Chef.

»Ja?«, brummte eine tiefe Stimme, und ich öffnete die Tür und war beinahe erschlagen – von der Größe seiner Aura und dem imposanten Büro. Vor einer riesigen, raumhohen Fensterfront stand ein Schreibtisch aus massivem Holz, überall standen Auszeichnungen, ich sah eine vergoldete Felge, und der Boden war mit feinstem Brabus-Teppich ausgelegt. Hinter dem perfekt aufgeräumten Schreibtisch saß Professor Buschmann. Buschmann war die für mich mächtigste Erscheinung, die ich je gesehen hatte. Er war perfekt gekleidet im Brabus-Hemd, mit goldener Uhr und goldenem Montblanc-Füller im Revers. Alles mit Stil – so wie seine Autos, dachte ich mir. Dennoch hatte ich Angst. Und verstand auf einen Schlag den Respekt, den jeder, wirklich jeder Mitarbeiter ihm gegenüber aufbrachte.

»Kommen Sie rein, nicht so schüchtern«, sagte er und gab mir zu verstehen, dass ich mich ihm gegenüber setzen solle.

»Wollen Sie was trinken? Kaffee? Tee? Wasser?«

»Nein danke, Herr Buschmann.«

»Professor Buschmann!«, entgegnete er. »So viel Zeit muss sein.«

Ich nickte. »Professor Buschmann«, wiederholte ich pflichtschuldig.

»Ich wollte mich einmal erkundigen, wie es Ihnen denn hier so gefällt? Vier Wochen sind Sie schon da, richtig?«

»Fast genau vier Wochen, Herr Busch ... Herr Professor Buschmann«, sagte ich und erzählte, dass ich sehr glücklich mit dem Praktikum sei. Alles andere hätte ich mich bei Bodo Buschmann auch nicht getraut.

»Das ist doch schön. Ich höre viel Gutes von Ihnen. Und darum wollte ich Sie fragen, ob Sie nicht noch eine Weile bleiben möchten. Nebenan bei Smart-Brabus haben wir nämlich noch Bedarf an einem tüchtigen Praktikanten.«

Ich dachte kurz nach. Das war ein tolles Angebot, und ich fühlte mich wirklich geehrt. Ich hatte nicht damit gerechnet, dass mich ausgerechnet Bodo Buschmann persönlich einladen würde, noch länger zu bleiben, aber das hatte wahrscheinlich etwas mit meinem persönlichen Draht zu tun. Ich war überwältigt und sortierte kurz meine Gedanken.

»Nein«, antwortete ich ihm und war selbst ein bisschen geschockt, als ich hörte, wie ich dieses Wort aussprach, wie es aus meinem Mund kam. Ich ließ eine kurze Pause. Das Gesicht von Buschmann verzog sich für einen Sekundenbruchteil zu einer verständnislosen Grimasse.

»Nein, Herr Buschmann, Professor Buschmann, auch wenn ich Ihnen für das Angebot sehr, sehr dankbar bin. Aber: Ich will nach China. Und ich muss Geld verdienen.«

»China?«, blaffte Buschmann mich an. »Was wollen Sie denn in China?«

»Das ist mein Traum«, sagte ich. »Ich möchte ins Ausland.« Ich lächelte zufrieden bei dem Gedanken.

»Das ist Ihr Traum? Nach China zu gehen?«

»Ja«, sagte ich und entschied mich dafür, einfach ganz offen und aufrichtig zu sein. »Ich kann leider nicht auf den Universitäten studieren, auf denen ich gerne studieren würde, weil mir das Geld fehlt.

Mein Vater ist vor einigen Jahren verstorben, und meine Mutter hat nicht die finanziellen Mittel, um mich zu unterstützen. Und darum will ich nach China. Und schauen, was ich dort erreichen kann.«

Buschmann war während meiner Ausführungen auffällig ruhig geworden. Er lehnte sich in seinem schweren, schwarzen Bürostuhl zurück, faltete seine Hände zusammen und legte sie sich ans Kinn.

»Hm. Aha. So ist das ...«, sagte er. »Und was brauchen Sie da? Haben Sie etwas gespart?«

Ich dachte einen kurzen Moment nach und rechnete alles in meinem Kopf durch.

»Ich habe leider nichts gespart. Ich denke, ich brauche 5000 Euro.« Buschmann zog die Augenbrauen hoch.

»Ich brauche einen Flug, ein Visum, etwas zu essen und ein Dach über dem Kopf. Nach meiner Kalkulation komme ich nach Flug und allen Kosten sechs Monate aus. Danach muss ich in China weiterschauen ...«, führte ich aus.

»Ja, ja«, unterbrach er mich. »Ich zahle Ihnen das. Hier ist der Deal: Sie arbeiten noch vier Monate für uns und bekommen dafür die 5000 Euro.«

»Wie?«

»Sie haben mich schon verstanden. Und jetzt gehen Sie rüber zum Kollegen Schneider, der macht Ihnen einen ordentlichen Arbeitsvertrag, und dann bleiben Sie uns noch etwas erhalten. Und sagen Sie jetzt besser nichts, sonst überlege ich es mir anders. Sie sind der erste Praktikant, den ich bezahle«, scherzte er und lachte laut. »Und jetzt raus«, blaffte er plötzlich wieder und zeigte entschieden Richtung Ausgang. Als ich gerade aus der Tür heraus war, rief er mich noch einmal ins Büro zurück. »Sie müssen mir nur eins versprechen«, sagte er.

»Klar«, antwortete ich.

»Wenn Sie mal die Möglichkeit haben, jemandem zu helfen, denken Sie an diese Situation, und tun Sie das Gleiche, verstanden?« Ich nickte, und Professor Buschmann winkte mich weg.

Ich konnte es nicht glauben. Ich hatte mit allem gerechnet, aber nicht damit, dass man mir einen richtigen Job anbieten würde. Oder zumindest ein hochbezahltes Praktikum. Je nach Sichtweise.

Ich setzte mich nach Feierabend in meinen klapprigen alten Polo, drehte die Musik voll auf und fuhr überglücklich nach Hause.

*

Ich streifte durch die große Wohnung, ging durch die Küche auf den Balkon und zog mir eine Flasche Bier aus einem der dort für die Gäste aufgestellte Kästen. Hier war ich also. Auf der WG-Party von Constantin Buschmann. In der Wohnung von Constantin Buschmann. Ich konnte es noch immer nicht fassen, dass er mich eingeladen hatte. Die Stereoanlage war aufgedreht, es liefen ein paar Rock-Platten im Hintergrund und es waren gut 50 Gäste da. Alles coole, junge Menschen. Die Stimmung war ausgelassen. Es wurde über das Studium oder die letzte gute Party gesprochen.

»Alles okay?«, fragte Constantin und legte seine Hand um meine Schulter.

»Ja, es ist fantastisch. Wirklich. Die Wohnung ist super. Die Leute hier sind super. Alles ist so toll.«

Er zuckte mit den Schultern.

»Erzähl mir was von dir, was machst du so?«

Ich fühlte mich unwohl. Nicht wegen der Party, nicht wegen den Menschen hier, die alle supernett waren – sondern weil ich noch immer einen Minderwertigkeitskomplex hatte. Ich dachte mir, dass ich hier irgendwie nicht reinpassen würde. Dass ich es nicht wert sei, hier zu sein. Ich tankte meinen Wagen mit Sonnenblumenöl. Constantin war der künftige Erbe des Brabus-Imperiums. Und die anderen hier? Sie studierten unter anderem an den elitären Unis, die mich abgelehnt hatten. Ich war auf der einen Seite wahnsinnig froh, hier zu sein, auf der anderen Seite wusste ich nicht genau, wie ich mich verhalten sollte. Was hatte ich denn zu erzählen? Was hatte ich zu sagen? Ich fühlte mich so klein, gegenüber all diesen Menschen hier.

Also verstellte ich mich. Ich fing an, Constantin nach dem Mund zu reden.

Er erzählte mir, dass er in einer Band spielte, und ich plapperte etwas davon, dass ich die Musik, die seine Band spielte, wohl mögen würde.

Er erzählte mir von seinem Studium und ich sagte, wie toll das alles klingen und wie gerne ich doch auch in Witten/Herdecke studieren würde. Ich benahm mich wie ein Idiot. Ich verstand nicht, dass Constantin mich eingeladen hatte, weil er mich mochte. Max Scharpenack. Er hatte kein Interesse, jemanden an seiner Seite zu haben, der ihm nach dem Mund redete. Davon gab es in seinem Leben nämlich genug, wie ich später noch herausfinden sollte.

Constantin nahm mein geheucheltes Interesse dennoch sehr ernst. Er führte mich am nächsten Tag noch über den Campus und zeigte mir alles, jedoch spürte ich, wie er sich ein Stück weit von mir distanzierte. Das machte mich nachdenklich. Ich versuchte zu ergründen, warum ich mich so verhalten hatte, wie ich mich verhalten hatte. Ich kam zu dem Schluss, dass ich mich durch Markus und Richi zwar gedanklich und menschlich schon ein gutes Stück weiterentwickelt hatte, mich aber innerlich noch immer gegen meinen Willen an alten Rollenbildern festhielt. Reichtum und Status imponierten mir tatsächlich noch und schüchterten mich dadurch ein. Während die Monate bei Brabus vergingen, begann ich an mir zu arbeiten.

LEARNINGS ZU KAPITEL 1

- Akzeptanz in jeder Lebenssituation schafft dir Ruhe und Gelassenheit. »Et is wie et is«, sagt der Kölner. »Hakuna Matata«, sagen Timon und Pumba. Sag »Ja« zum Leben.

- Finde deine Werte und arbeite immer an dir. Materieller Erfolg oder als erfolgreich angesehene Menschen können dich leicht verführen, sind aber kein Garant für eine saubere Ethik. Höre nur auf dein Herz und dein Gefühl und lasse dich von deinem inneren Kompass leiten.

- Das Leben kann oftmals nur in der Retrospektive verstanden, muss aber immer nach vorne gelebt werden.

- Eine verschlossene Türe hat immer einen tieferen Grund. Versuche sie nicht krampfhaft zu öffnen, sondern sieh es als Zeichen dafür, dass du weiterziehen sollst. Geh den Flur des Lebens entlang und probiere andere Türen aus. Es wird sich genau die richtige öffnen.

- Wenn du fliegen willst, lerne loszulassen. Loslassen ist eine Kunst. Dazu gehört ein gesundes Vertrauen in das Leben. Egal wie schlimm die Umstände zu seien scheinen, nach der Ebbe kommt die Flut. Verlass dich darauf, dass es auch für dich einen Plan gibt.

- Übe dich in Dankbarkeit. Wir nehmen in unserem Leben alles so lange als Selbstverständlichkeiten wahr, bis wir darauf verzichten müssen.

KAPITEL 2
AUFSTEHEN

Ich saß in meinem Zimmer und starrte auf den gepackten Koffer, der neben meinem Kleiderschrank stand. Ich hatte die letzten Tage kaum geschlafen. Ich war einfach viel zu aufgeregt. Mir gingen tausend Gedanken gleichzeitig durch den Kopf. Ich würde es also machen. Ich würde es wirklich machen. Nach China reisen. Ganz alleine und einfach so. Verrückt. Ich starrte weiter auf den hässlich großen Metallkoffer, in dem mein gesamter Besitz verstaut war, die materielle Summe meines bisherigen Lebens. Oder das, was davon noch übrig war. Es fühlte sich unwirklich an. Aber gerade das machte es so aufregend.

Sehr viel mehr und sehr viel weiter dachte ich zu diesem Zeitpunkt noch gar nicht. Ich hatte mir tatsächlich keinen großen Plan gemacht. Eigentlich war mein Plan, alles auf mich zukommen zu lassen. Immerhin hatte ich die Basics geklärt. Ich wusste, dass ich mit meinem einfachen Touristen-Visum bloß 30 Tage in China bleiben durfte, aber ich hatte eine Lösung für das Problem. Und zum Glück ein paar gute Connections. Eine alte Freundin meiner Mutter war die Geschäftsführerin eines Werkzeugunternehmens aus Remscheid. Ein Werkzeugunternehmen, das international aufgestellt und glücklicherweise kurz davor war, auch eine Zweigstelle in Shanghai zu eröffnen. Die Freundin meiner Mum war so nett, mir dort ein Praktikum zu verschaffen, sodass ich zusätzlich auch noch ein sechsmonatiges Arbeitsvisum bekam. Das verschaffte mir sehr viel mehr Spielraum und gleichzeitig einen Job. Außerdem hatte ich über sie auch gleich die Adresse einer Immobilienmaklerin bekommen, die mir vor Ort ein kleines möbliertes Appartement und ein paar Ansprechpartner für die wichtigsten Fragen besorgen könnte.

Und dann war es so weit. Zwei Tage nach meiner Abschiedsparty machten wir uns auf den Weg. Meine Mutter brachte mich zum Flughafen Düsseldorf. Als wir aus dem Auto stiegen und noch ein paar Minuten auf dem Parkplatz standen, kämpfte ich zum ersten Mal seit langer Zeit wieder mit meinen eigenen Gefühlen. Auf der einen Seite war ich wahnsinnig aufgeregt, ich freute mich auf das Abenteuer, das vor mir lag. Auf der anderen Seite war ich aber auch ein bisschen wehmütig, mich von meiner Mutter und von meinen Freunden und meiner Familie hier verabschieden zu müssen. Der Abschied hatte auch etwas Bitteres, weil er mich daran erinnerte, wie ich meinen Vater das letzte Mal gesehen hatte. Wenngleich dies auch nur ein Abschied für einen überschaubaren Zeitraum war. Was hätte ich dafür gegeben, dass er jetzt hier sein und mich sehen könnte.

Es schien, als hätte meine Mutter meine Gedanken erraten. Sie strich mir über den Arm.

»Geh deinen Weg, mein Sohn!«

Dann umarmten wir uns zum Abschied.

»Hab Vertrauen in das Leben. Aber begib dich nicht unnötig in Gefahr.«

»Versprochen.«

Mein Umfeld fand es immer noch verrückt, dass ich so ganz ohne konkretes Ziel nach China reiste, aber meine Mutter verstand mich, und sie war überzeugt, dass das Leben für jeden Menschen irgendwie doch einen Plan bereithält. Darum wirkte sie auch relativ entspannt.

Ein letztes »Hast du alles?« brachte sie noch hervor.

»Ich denke schon.«

Es war ja auch durchaus übersichtlich. Ich hatte meinen schweren, unfassbar hässlichen Metallkoffer, in den ich alle meine Klamotten gepackt hatte, und ich hatte meinen Eastpak-Rucksack aus der Schulzeit. Mein Handgepäck. Da waren die wichtigsten Sachen drin: mein Reisepass, mein 30-Tage-Touristenvisum, mein 180-Tage-Arbeitsvisum, ein bisschen Cash, zwei EC-Karten und mein Laptop, der mittlerweile schon so einiges mitgemacht hatte.

»Also dann, mein Sohn, gute Reise.«

»Bis bald, Mama.«

Ich trug meinen schweren Koffer in Schräglage, winkte meiner Mutter noch ein letztes Mal zum Abschied und ging dann zu meinem Terminal.

Als ich mein Gepäck aufgegeben und die Sicherheitsschleuse durchquert hatte, spürte ich, wie eine große Last von mir abfiel. Aber erst als ich mit meiner British-Airways-Maschine für einen Zwischenstopp in London landete, hatte ich das Gefühl, dass meine Vergangenheit in genau diesem Moment endete. Genau jetzt, wo der Flieger die Landebahn antippte, brach die Zukunft an. Ein neues Kapitel in meinem Leben. Ich war nicht mehr in Deutschland. Ich war auf der Reise. Und plötzlich war die Wehmut verschwunden, und was blieb, war ein euphorisches Gefühl. Ich streifte mir meinen Rucksack über die Schulter und ging mich frisch machen. Als ich die Toiletten verließ, steckte ich mir die Kopfhörer von meinem MP3-Player ins Ohr und pushte mich selber. Ich hörte Eminem, 50 Cent und Dr. Dre und fühlte mich wie ein König. Ich stolzierte mit geschwellter Brust durch den Flughafen – mit einem Gefühl von Unsterblichkeit. Ich war jetzt komplett auf mich gestellt! Es gab niemanden mehr, der mir irgendetwas sagen konnte, niemanden mehr, nach dem ich mich richten musste. Irgendwann ging ich an das Gate, von dem aus ich weiterfliegen würde, setzte mich auf eine der Bänke und beobachtete die Menschen dort. Die meisten waren Geschäftsleute. Oder asiatische Familien, die vielleicht ihre Verwandten besuchen wollten. Aber es gab hier niemanden wie mich, niemanden in meinem Alter, der gerade einfach so nach China zog, um dort zu leben. Ich war ein international traveller! Immer noch völlig von mir selbst berauscht, griff ich nach meinem Rucksack und ... Moment! Oh nein! Mein Rucksack!

Ich konnte es nicht fassen. Max, du Idiot! Du hast ihn einfach in den Toilettenräumen stehen lassen! Ich spürte, wie mir der kalte Schweiß den Rücken herunterlief. Mein Magen zog sich zusammen. Panisch sprang ich auf und rannte zurück. Innerlich malte ich mir schon aus, dass ich jetzt die ganze Reise canceln konnte. Ohne Visum, ohne Reisepass, ohne Ausweisdokumente ...

Ich war von jetzt auf gleich völlig geerdet. Wie hatte ich nur so überheblich sein können? Was hatte ich denn schon geschafft, außer von Düsseldorf nach London geflogen zu sein. Es war lächerlich. Aber Hochmut kommt ja bekanntlich ... Ich öffnete die Tür der Herrentoilette und ... atmete tief aus. Unter dem Waschbecken stand mein Eastpak. Ich konnte mein Glück kaum fassen. Ich öffnete ihn und schaute nach, ob etwas fehlte. Nichts. Niemand hatte ihn angerührt. Ich atmete tief durch. Okay, Max, sprach ich mir selber zu. Du bist gerade ein bisschen durchgedreht. Ab sofort: Fokus. Konzentrier dich und sei achtsam. Sonst geht die Sache wirklich noch schief. Ich ging zurück zu meinem Gate und wartete demütig mit den anderen, bis mein Flugzeug kam.

*

Nach über zehn Stunden Flug landete ich endlich in Shanghai Pu Dong International Airport, zehn Uhr vormittags, Ortszeit. Eigentlich hatte ich mir vorgenommen, in der Maschine ein wenig zu schlafen, aber daran war überhaupt nicht zu denken. Ich war viel zu aufgedreht. Als ich das Flugzeug verließ, fühlte ich mich zunächst wie erschlagen. Ich dachte, London sei ein eindrucksvoller Airport. Aber das hier! Das war viel, viel größer, viel moderner. Gegen dieses futuristische Hightech-Konstrukt aus Glas und Stahl war London ein Kindergeburtstag. Vielmehr noch der Nebenschauplatz von einem Kindergeburtstag.

Ich versuchte mich zu orientieren und folgte den anderen Passagieren, bis ich zur Gepäckausgabe kam. Über das Fließband rollten schon die ersten Koffer. Um mich herum standen noch rund 70 oder 80 Menschen, die sich nach und nach ihr Gepäck herunterzogen und Richtung Ausgang gingen. Ich lehnte mich gegen eine der großen Säulen und starrte auf das Band. Es vergingen zehn Minuten. Alles um mich herum war einfach nur hektisch und laut. Und mein Koffer kam nicht. Es vergingen weitere zehn Minuten. Mein Koffer war immer noch nicht zu sehen. Von den 70 Leuten waren mittlerweile nur noch vier Männer übrig. Wieder kamen ein paar Gepäckstücke über das Rollband. Einer der Typen griff sich die rote Sporttasche, ein anderer seinen Rimova-Koffer. Schließlich hatte auch der letzte Kerl, der noch mit mir wartete, sein Gepäck gefunden. Ich blieb alleine zurück und starrte auf das Fließband, auf dem einfach nichts mehr kam. Ich wartete noch drei Minuten, fünf Minuten, sieben Minuten. Und dann stoppte das Förderband, und die Anzeige switchte von London/Heathrow auf Kalkutta/Indien. Verdammt. Das konnte doch nicht wahr sein! Mein Koffer war einfach nicht da. Und jetzt? Ich wusste nicht, was ich machen sollte, also suchte ich den Informationsschalter von British Airways. Auf einmal spürte ich eine große Müdigkeit in mir aufsteigen.

»Entschuldigung«, fragte ich jemanden. »Wissen Sie, wo ...?«

Die Frau schüttelte nur den Kopf und ging weiter. Ich versuchte es bei jemand anderem. »Entschuldigung, wissen ...« Nichts.

Ich biss mir auf die Lippe und schlug mich alleine durch. Endlich hatte ich einen Schalter als Informationsstand identifiziert. Und lernte meine erste harte Shanghai-Lektion: Kein Mensch, kein einziger Mensch hier sprach vernünftiges Englisch.

»Mein Gepäck ist verlorengegangen«, versuchte ich es ganz einfach. Die kleine Asiatin zuckte nur mit den Schultern und antwortete mir auf Chinesisch, was ich wiederum nicht verstand. Ich versuchte, mich mit Händen und Füßen zu verständigen. Ich nahm sogar ein Blatt Papier und malte ein Koffer und ein Fragezeichen drauf. Vergeblich. Die Frau zuckte nur mit den Schultern. Sie hatte überhaupt keine Ahnung, was ich von ihr wollte. Auch ihre Kollegen sprachen kein richtiges Englisch. Irgendwann zog ich meinen Bordpass raus und zeigte auf das British-Airways-Logo. Ich wusste nicht, was ich sonst noch tun sollte. Die Mitarbeiter nickten sich zu, und einer der Männer gab mir zu verstehen, dass ich mitkommen sollte. Er führte mich quer durch den Flughafen, direkt an den British-Airways-Schalter. Ich fühlte mich von der Masse der Menschen und der Situation komplett überfordert. Endlich fand sich eine Mitarbeiterin, die Englisch sprach. Ich erklärte ihr die Situation, und sie schaute in ihren Computer.

»Herr Scharpenack, es tut uns sehr leid, aber ihr Gepäck wurde falsch verladen und befindet sich ...« Sie stockte kurz. »... auf dem Weg nach Australien.«

»Nach Australien? Ans andere Ende der Welt? Wie kommt es dahin?«

Ich spürte, wie eine Wut in mir aufstieg.

»Das passiert manchmal. Eher selten. Genau genommen in weniger als einem Prozent der Fälle.«

»Aha.«

»Wenn Sie uns Ihre Adresse geben, dann senden wir Ihr Gepäck nach, sobald es aus Australien zurückgekommen ist.«

»Ich habe noch keine Adresse«, sagte ich jetzt schon etwas aggressiver. Sie gab mir ein kleines Kärtchen und tippte auf die Telefonnummer, die dort verzeichnet war. »Sobald Sie eine haben, rufen Sie dort an. Wir liefern Ihnen Ihr Gepäck nach.«

»Okay, und das war es jetzt?«

»Auch wenn Ihr Koffer nicht da ist, freuen Sie sich doch, dass Sie angekommen sind.« Sie gab mir einen 200-Pfund-Gutschein von British Airways und wünschte mir noch einen guten Tag. Dann ging sie weg. Ich blieb etwas perplex zurück. Und dachte nach. Die Frau hatte ja recht. Ich hatte zwei Möglichkeiten. Entweder ich regte mich auf, schrie herum und machte eine Szene, was auch nichts ändern würde. Oder ich entspannte mich und akzeptierte die Situation, wie sie war. Es stimmte ja: Ich wollte nach China, und jetzt war ich in China. Ich war jung und mir ging es gut, und alles, was in meinem Koffer war, wäre problemlos ersetzbar. Davon abgesehen, war es eh nicht viel wert. Jetzt hatte ich immerhin umgerechnet mit meinem Koffer die ersten 250 Euro in China verdient. Ich atmete einmal tief durch und nahm mir vor, einfach ein wenig gelassener zu sein.

*

Ich fuhr mit der Magnetschwebebahn, der Maglev, mit 430 Sachen in die Innenstadt und begriff endgültig, dass ich in einer ganz anderen Welt war. Die Straßen waren völlig überfüllt. Sie waren regelrecht verstopft. Man konnte sich nur im Schritttempo vorwärtsbewegen. Obwohl ich selbst nicht sonderlich groß bin, überragte ich die Menschen hier alle um mindestens einen halben Kopf und blickte auf ein Gewusel von schwarzen Haaren. Die meisten Männer, die unterwegs waren, brüllten entweder komische Laute in ihr Handy oder sie rotzten vor sich auf den Boden. Oder sie rotzten auf den Boden, während sie auf ihr Handy starrten. Während ich mich durch die

Menschenmassen schob, schaute ich in den Himmel und bemerkte, dass ich die Sonne nicht sehen konnte. Ich war von einer Bergkette aus Wolkenkratzern umgeben, über denen ein grauer Nebel aus Smog hing. Ich fühlte eine komplette Reizüberflutung. Es roch nach scharfen Gewürzen, Abwasser und gleichzeitig aggressiv-chemisch nach Abgasen. Wie benommen ließ ich mich vom Strom der Menschenmassen mittreiben.

Okay, Max, komm schon, konzentrier dich, sprach ich mir gut zu und versuchte wieder, meinen Fokus zu finden. Ich schaute auf eine Karte mit englischen Bezeichnungen, die ich mir noch am Flughafen gekauft hatte, und versuchte, mich so gut es nur irgendwie ging zu orientieren. Google Maps gab es ja noch nicht. Das war extrem mühsam, auch weil ich niemanden, wirklich niemanden um Hilfe fragen konnte. Aber irgendwie bekam ich es hin, und nach zwei Stunden, in denen ich verloren durch die Innenstadt geirrt war, stand ich endlich vor einem riesigen Glasturm. Ich glich noch einmal die chinesischen Zeichen auf dem Straßenschild mit meinen Notizen ab. Ja, das musste es sein. Das war die Adresse der Maklerin, die mir die Freundin meiner Mutter notiert hatte. Ich stieg in den Aufzug, drückte die »39« und fand mich in einem Büro wieder, wo ich von einer jungen Frau im eleganten Businesskleid freundlich begrüßt wurde. Miss Hong bot mir einen Kaffee und ein Glas Wasser an, fragte mich nach meinem Flug und kam nach dem Smalltalk auch gleich zur Sache.

»Was ist Ihr Budget?«, fragte sie.

»Nicht so viel wäre gut.«

»Diese drei Wohnungen könnte ich Ihnen anbieten«, sagte sie und legte mir drei Exposés auf den Tisch. Ich schaute sie mir genau an.

»Warum ist die Wohnung hier so viel billiger als die beiden anderen?«, fragte ich und tippte auf eines der Blätter.

»Die Verkehrsanbindung ist nicht so gut«, erklärte Miss Hong. »Es gibt keine direkte U-Bahn-Linie, die in der Nähe liegt. Sie müssten erst einmal ein paar Stationen mit dem Bus fahren.«

»Wie teuer ist so ein Bus hier?«, fragte ich.

Die Maklerin lächelte. »Für eine Langstrecke? 20 Cent. Bis zur nächsten U-Bahn? Etwa die Hälfte.«

»Ich fahre gerne Bus«, sagte ich. »Ich nehme die Wohnung.«

Sie kostete umgerechnet etwa 200 Euro im Monat zuzüglich Strom, Internet und Wasser. Da ich wirklich auf mein Budget achten musste, wollte ich so sparsam wie möglich leben.

»Wann kann ich sie beziehen?«, fragte ich.

»Sofort«, lächelte Miss Hong. »Kommen Sie, ich bringe Sie hin.«

Sie zog einen Schlüssel aus einer Schublade, und wir fuhren mit dem Aufzug wieder aus dem Büro hinunter. Vor dem Turm stiegen wir in ein Taxi.

Es war eine längere Fahrt. Wir fuhren etwa eine halbe Stunde lang bis an den Fluss Nan Pu. Als wir angekommen waren, schaute ich auf das Taxameter. Wir bezahlten umgerechnet keine drei Euro. Wow, dachte ich. In China konnte sogar ich mir Taxifahren leisten. Doch meine Euphorie verging, als wir ausgestiegen waren. Der Grund, warum die Wohnung so günstig war, lag ganz offensichtlich nicht bloß in der schlechten Verkehrsanbindung. Die Gegend, in der sie lag, war ein Ghetto. Wir waren in einem Elendsviertel, im Schatten der großen, imposanten Wolkenkratzer. Es gab ein paar hohe Häuser, die allesamt baufällig wirkten. Draußen waren große, brummende Klimaanlagen montiert. Auf der Straße standen einfache Leute herum, die ein wenig Gemüse, Süßigkeiten oder »Sonstiges« verkauften. Vor mir liefen ein paar Ratten, und überall standen kleine Garküchen.

Direkt vor mir stand ein kleineres, 20-stöckiges Hochhaus, das wahrscheinlich in den 1980er-Jahren gebaut worden war. Dafür, dass es noch nicht so alt war, wirkte es ziemlich schäbig.

»Bitte folgen Sie mir«, sagte die Maklerin und lächelte gequält. Vielleicht hatte sie ein schlechtes Gewissen. Wir fuhren in den dreizehnten Stock, wo die Wohnungen in einzelne Parzellen aufgeteilt waren. 13A, 13B, 13C.

Wir liefen den langen Flur entlang, und Frau Hong schloss die Tür bei 13F auf.

»So«, sagte die Maklerin und breitete die Arme aus. »Da sind wir.«

Und da waren wir. Sie musste mir keine Führung geben, weil man alles, was es zu sehen gab, sofort sehen konnte. Die Wohnung war noch sehr viel kleiner, als ich es mir vorgestellt hatte. Es gab nur einen Raum und eine Nasszelle, die sie liebevoll »Badezimmer« nannte. Das »Badezimmer« war vielleicht eineinhalb Quadratmeter groß. Es war im Prinzip eine Raumdusche, in welche auch eine Toilette integriert war. Es stank so sehr nach Chlor, dass ich würgen musste. Der Hauptraum war genauso spartanisch eingerichtet. Da standen ein Stuhl, ein Schreibtisch und ein Hochbett, unter dem sich der Kleiderschrank befand. Die Fenster waren vom Smog beschlagen.

»Sie finden sich zurecht?«, fragte die Maklerin.

»Ja«, sagte ich, »... ich denke schon.« Dann fiel mir noch etwas ein. »Könnten Sie mir vielleicht einen kleinen Gefallen tun?«, fragte ich und zog das Kärtchen von British Airways raus. »Mein Koffer ist verloren gegangen. Ich spreche leider kein Wort Chinesisch. Und die Leute von der Fluggesellschaft nur fürchterliches Englisch. Könnten Sie vielleicht unter dieser Nummer anrufen und denen meine Adresse durchgeben? Damit sie meinen Koffer zuordnen können, sollte er jemals wieder auftauchen?«

Die Maklerin nickte und steckte das Kärtchen ein. Dann zog sie die Tür hinter sich zu, und ich war alleine in meiner Achtquadratmeter-Zelle.

Ich atmete tief durch und setzte mich auf den Stuhl. Jetzt war ich da. Zu Hause. In meinem neuen Zuhause. Es fühlte sich merkwürdig an. Ich schob das einfach verglaste Fenster auf, um das muffige Apartment ein wenig durchzulüften. Als ich aus dem Fenster schaute, blickte ich auf die großen, schweren Türme der Stadt, die vor meinem Viertel aufragten.

Dann stieg ich unter die Dusche und hätte mich wegen des extremen Chlorgeruchs erneut fast übergeben. Okay, das sind ein paar Anfangsschwierigkeiten, dachte ich. Aber hey, sieh es positiv, du hast immerhin ein Dach über dem Kopf, und das ist doch schon einmal ziemlich großartig.

Ich zog meinen Laptop aus meiner Tasche, schloss ihn an das Ethernet an und öffnete Skype. Dann rief ich meine Familie an.

»Max? Weißt du, wie spät es ist?«, fragte meine Mutter und wirkte völlig verschlafen. Ach verdammt, das hatte ich ja völlig vergessen. Die Zeitverschiebung!

»Mama, das tut mir leid. Habe ich dich geweckt?«

»Schon okay«, sagte sie mild. »Schön, dass du dich meldest. Geht es dir gut?«

Ich erzählte ihr in ein paar Minuten von den Dingen, die ich in den letzten Stunden bereits erlebt hatte, und sagte ihr, dass sie sich keine Sorgen um mich machen müsse. »Grüß die Familie und sag Oma, dass sie sich nicht sorgen muss.«

»Pass gut auf dich auf.«

Ich klappte den Laptop zu und legte mich in mein kleines, noch nicht bezogenes Bett und starrte an die Decke. Ich versuchte, die Eindrücke, die ich in den ersten Stunden gesammelt hatte, in meinem Kopf zu sortieren. Verdammt, ich hatte es geschafft. Du bist jetzt hier, sprach ich mir selbst zu. Du hast es wirklich geschafft. Du bist ganz alleine nach China gereist, hast eine Wohnung gefunden und wirst jetzt hier leben! Alles ist möglich. Die Ängste, die du hattest, sind völlig unbegründet gewesen. Für mein damaliges Ich war das ein unglaubliches Gefühl, eine wahnsinnig wichtige Erkenntnis.

*

Am nächsten Tag ging ich mit einem fürchterlichen Jetlag auf Erkundungstour. Da ich noch immer keinen Koffer hatte, musste ich mir die wichtigsten Sachen neu zusammensuchen, also tingelte ich durch die Geschäfte in meiner Nachbarschaft. Ein paar Klamotten zu organisieren, war überhaupt kein Problem. Ich deckte mich komplett mit gefälschten Ralph-Lauren-Klamotten ein, die man an jeder Straßenecke bekam. Für 20 Euro hatte man ein komplettes Fake-Outfit von den Schuhen bis zum Poloshirt. Bei den klassischen Alltagsgegenständen war die Sache hingegen schon sehr viel schwieriger. Ich irrte durch die Mini-Märkte und erkannte gar nichts. Ich war völlig verloren. Die Zeichen auf den Pappverpackungen gaben nicht den geringsten Hinweis darauf, welches Produkt sich in ihnen verbarg. Ich musste wirklich raten. Irgendwann ging ich einfach zu einer Kassiererin und versuchte, ihr mit Händen und Füßen begreiflich zu machen, dass ich ein Shampoo bräuchte. Ich simulierte eine Kopfwasch-Bewegung, und sie nickte wild und schien verstanden zu haben, was ich wollte. Sie ging mit mir zu einem Regal, zog eine pinke Hello-Kitty-Packung mit chinesischen Zeichen heraus und drückte sie mir in die Hand. Dann imitierte sie meine Kopfwaschbewegung und tippte mit dem Zeigefinger auf die Packung. Super, dachte ich und freute mich über die Erkenntnis, dass wir Menschen auch über jede kulturelle und sprachliche Grenze hinaus in der Lage waren, einander zu helfen.

»Danke!«, sagte ich, faltete die Hände und verneigte mich leicht vor der Frau. Ohne sie wäre ich verloren gewesen.

Erst eine Woche später fand ich heraus, dass sie mir eine Fußwaschcreme angedreht hatte. Warum auch immer.

Als ich von meinem ersten Shopping-Trip nach Hause kam, sah ich meinen Nachbarn, der gerade aus seiner Wohnung kam. Er war ein ziemlich merkwürdiger Typ, aber er war Franzose, und ich wollte um jeden Preis so schnell wie möglich soziale Kontakte aufbauen. Also sprach ich ihn einfach an und verbredete mich mit ihm auf ein Bier. So, wie ich das in dieser Zeit mit nahezu jedem machte, der ein westliches Erscheinungsbild hatte. Es war vollkommen egal, wo ich jemanden sah, egal ob im Zug, im Bus oder auf der Straße – ich sprach ihn einfach an. Ich wollte um jeden Preis Anschluss finden. Und mit Chinesen lief das eher stockend. Ein paarmal verabredete ich mich zwar auch mit irgendwelchen Locals, aber wir scheiterten schnell an der Sprachbarriere. Ich konnte nur ein paar Brocken Chinesisch, sie nur wenige Worte Englisch, und wohin das führte, hatte ich ja bereits im Supermarkt erfahren.

Ich versuchte mich, so gut es ging, in diesem gigantischen Großstadtlabyrinth, das sie Shanghai nannten, zurechtzufinden. Möglichst viel zu sehen. Möglichst viel zu entdecken. Möglichst viel zu lernen. Eines begriff ich sehr schnell: die Sache mit dem chinesischen Street Food. In jedem Winkel der Stadt, auch direkt vor meinem Apartmenthaus, poppten zu den unterschiedlichsten Tages- und Nachtzeiten kleine Ein-Mann-Garküchen auf. Es gab dort die verschiedensten Variationen von Reis- und Nudelgerichten mit exotischen Gewürzen, für mich fremdartigem Gemüse und keinem Tier direkt zuzuordnenden Fleisch. Aufgrund meiner finanziellen Lage und meiner natürlichen Neugierde probierte ich von jedem mir halbwegs attraktiven Stand eine Kleinigkeit. So etwas hatte ich noch nie erlebt: fremdartige Geschmäcker, neue Schärfedimensionen, die jedes mir bis dahin bekannte Gericht auf der Scoville-Skala sprengten, und mindestens ebenso exotische Hygienestandards. Das Gemüse und das Fleisch wurden in ausrangierten und vom langjährigen Gebrauch gezeichneten XXXL-Mayonnaise-Eimern gelagert und die Pfannen in einer bräunlichen Brühe ausgespült, die vor sehr vielen Spülgängen einmal so etwas wie Wasser gewesen sein musste. Ich war so ziemlich der einzige Westler, der hier aß. Ich fühlte mich wie ein richtiger Local. So verging meine erste kulinarische Woche. Belohnt wurde ich mit einer weiteren Woche Magen-Darm.

Ich erkundete auch das Verkehrsnetz, die Infrastruktur, versuchte mir begreiflich zu machen, wie ich von A nach B kam, und meldete mich an einer Universität an, die eine große Auswahl an unterschiedlichen Chinesisch-Kursen im Angebot hatte. Und so fand ich langsam in meinen Alltag. In mein neues Leben. An einem dieser Abende in den ersten Wochen klingelte es an meiner Tür. Ich erschrak, weil es bisher noch nie bei mir geklingelt hatte. Wer konnte das sein? Um diese Zeit? Vielleicht hatte irgendwer Wind davon bekommen, dass hier ein Europäer wohnte, bei dem es was zu holen gab, dachte ich kurz, verwarf den Gedanken aber sofort wieder. Wer sollte mich hier beklauen? Und vor allem: Wer sollte denken, dass es bei mir etwas zu holen gab, wenn ich in so einem Loch wohnte? Ich ging zur Tür und öffnete sie. Da stand ein Junge, der noch keine 16 zu sein schien, mit meinem riesigen Koffer, der ihn fast überragte. Der Koffer! Ich hatte ihn in den letzten Tagen schon ganz vergessen gehabt und mir wirklich nicht vorstellen können, dass er jemals zu mir zurückkommen würde. Ich schaute den kleinen Jungen an, der mir wortlos ein Blatt Papier hinhielt, das ich offenbar unterschreiben sollte. Ich nahm einen Stift, setzte meine Unterschrift und gab dem Kleinen ein Trinkgeld. Dann zog ich den schweren Koffer, der viel zu groß für die kleine Bude war, herein und stellte den Klotz zwischen Bett und Wand. Die einzige Freifläche, die ich hatte. Ich starrte den hässlichen Metallfremdkörper an. Er wirkte wie ein Relikt aus meinem alten Leben. Ich beschloss, ihn vorerst nicht zu öffnen.

*

Nach ein paar Wochen ging ich zum ersten Mal richtig wild aus. Es hatte sich mittlerweile eine kleine Clique von Europäern gebildet, die sich über die Sprachkurse an der Uni kennengelernt hatte, und nun standen wir hier, neun internationale Studenten, direkt am People's Square im Herzen von Shanghai, und wollten das pulsierende Nachtleben der Stadt erfahren. Wir waren ein kleines, heterogenes Grüppchen: Russen, Engländer oder Amis, und fast alle waren ein kleines Stück älter als ich, aber es gab trotzdem eine gute Verbindung zwischen uns. Uns einte, dass unsere Herkunftsländer allesamt mehrere Tausend Kilometer entfernt lagen. Damals gab es in Shanghai noch keine richtige europäische Community, die sich vernetzt hatte. Das kam erst später über soziale Netzwerke wie StudiVZ oder Facebook. Wir waren einfach froh, dass wir uns irgendwie gefunden hatten. Wir teilten ja alle ähnliche Erfahrungen: Man stieg aus der Bahn und wurde angestarrt, einfach weil man aus der Masse herausragte. Keiner von uns fühlte sich diskriminiert, aber wir spürten doch schon, dass wir irgendwie anders wahrgenommen wurden.

Für den Abend hatten wir einen Plan. Der Typ, der uns alle zusammengebracht und die Location vorgeschlagen hatte, war Sean. Sean war 25, kam aus Bulgarien und lebte schon einige Jahre in Shanghai. Er kam hier in jeden Club rein, schien alle wichtigen Menschen in dieser Stadt zu kennen und sprach zu unserem Erstaunen neben Russisch und Englisch auch noch fließend Chinesisch. Ich hielt mich gerne an Sean, denn er hatte sich nicht bloß ein beeindruckendes Netzwerk aufgebaut, er war auch einfach ein verdammt guter Typ. Wir hatten uns an der Sprachschule kennengelernt, wo er selbst Englisch-Kurse gab. Sean war ein großgewachsener, sympathischer Typ aus dem Osten, der wusste, wie man ein Netzwerk aufbaute. Und wie man feierte.

Wir folgten ihm durch die belebten Seitenstraßen der Stadt zu einem der unzähligen großen Glastürme eines luxuriösen Wolkenkratzers, wo in einem der oberen Stockwerke eine hochexklusive Opening-Party standfand. Für 20 Euro alles inklusive. Ich schaute aus dem gläsernen Aufzug hinunter. Mein Blick schweifte über das nächtliche, erleuchtete Shanghai. Ich sah die teuren Autos, die vor dem Turm parkten: Ferraris, Bentleys, Maybachs. Der Aufzug fuhr höher und höher, und als er im fünfzigsten Stock anhielt, schaute ich herunter auf die Skyline der Stadt.

Daran könnte ich mich schon irgendwie gewöhnen, dachte ich.

Als wir ausstiegen, wurden wir mit feinstem Champagner begrüßt. Man erwartete uns bereits. Genau genommen erwartete man Sean + acht. Er hielt sofort ein wenig Smalltalk mit Hostessen, Türstehern und dem Veranstalter. Auf der Party selbst hatte ich das Gefühl, ausschließlich von erfolgreichen Geschäftsleuten, Models und der jungen Oberschicht der Metropole umgeben zu sein. Oder von Menschen wie mir, die zwar völlig pleite waren, sich aber als Glücksritter auf die Suche nach Erfolg, Macht und Reichtum begeben hatten.

An diesem Abend wurde meine Party-Zeit eingeläutet. Ich ging nun so oft wie möglich aus, und auf jeder Feier lernte ich neue, interessante Leute kennen, die mein Netzwerk in der Stadt erweiterten. Ich sprach mittlerweile auch schon die ersten Sätze Chinesisch, die zwar niemand verstand, weil ich die Aussprache nicht hinbekam, aber ich gab mein Bestes und hatte das Gefühl, dass es vorwärtsging. Bis ich an einem Freitag zur Bank ging, um Geld abzuheben.

»Was ist?«, fragte mich Sean, der bemerkte, dass ich etwas zu lange auf den kleinen Monitor des Geldautomaten starrte. Es war noch früher Abend, und wir wollten zu zweit noch ein bisschen was vortrinken, bevor die anderen dazukamen. Sean und ich verstanden uns wirklich gut. Er war einfach ein klasse Kerl.

»Es geht bergab«, sagte ich.

»Was?«, fragte er und lachte.

»Ich bin nach Shanghai mit einem festen Budget gekommen. Und bislang hatte ich nur Ausgaben und keine Einnahmen. Und ich habe gerade gesehen, dass mein Kontostand so langsam ... na sagen wir mal, eine kleine Auffrischung gebrauchen könnte.«

»Na, dann mach es doch wie alle anderen. Und ruf deine Eltern an«, sagte er. »Sie können dir doch sicher schnell etwas überweisen, oder?«

Ich schüttelte den Kopf. »Sean, mein Vater ist tot, und meine Mutter hat selbst nichts. Ich bin auf mich allein gestellt.«

»Verstehe. Und wenn du jetzt kein Geld mehr auftreiben kannst? Du wüsstest nicht mal, wie du zurückkommst?«

»Nein«, sagte ich. »Aber es wird sich schon ein Weg finden. Wie immer, oder?«

»You're one sick dude«, sagte Sean in seinem breiten osteuropäischen Akzent und klopfte mir auf die Schulter. Er schaute ein wenig in die Ferne und schien über etwas nachzudenken. Er nahm einen Zug an seiner Zigarette, pustete den Rauch in die kalte Abendluft und fixierte irgendetwas am Horizont. »Vielleicht wüsste ich einen Job für dich«, sagte er dann. »Ich kenne da so einen Kerl, der hat ein Restaurant mitten in der Stadt und ist immer auf der Suche nach Hilfskräften.«

Ich zögerte kurz. Ich hatte ja nun schon einige Zeit als Hilfskraft in einem Restaurant gearbeitet, und ich wusste, dass der Job nicht nur beschissen, sondern auch noch mies bezahlt war. Dennoch wollte ich nicht direkt absagen. Ich brauchte Geld.

»Ich kann es mir ja mal ... anhören?«

»Warum nicht jetzt gleich? Der Laden ist nicht weit von hier. Und ich habe eh noch nichts gegessen«, schlug Sean vor.

Ich willigte ein. Tatsächlich war das Restaurant nur ein paar Straßen entfernt. Ein kleiner, ziemlich schäbiger Laden. Es gab nur wenige, ziemlich verdreckte Tische, die mit Chilipulver, einem Becher mit Einweg-Essstäbchen und Servietten vollgestellt waren, und anstelle von Stühlen saß man auf gestapelten Bierkisten.

Während ich ein wenig in der Karte blätterte, die ich nicht verstand, weil sie komplett auf Chinesisch war, ging Sean in einen Hinterraum und besprach etwas mit dem Chef. Als er wieder zurückkam, bat ich ihn, mir eine vegetarische Suppe mitzubestellen. Ich fühlte mich ziemlich unwohl. Der Laden war wirklich alles andere als einladend. Und es wurde nicht besser, als ein kleiner, alter Mann mit listigem Blick mit unserem Essen an den Tisch kam und mich von oben bis unten musterte. Er zog sich eine Bierkiste rüber, setzte sich zu uns und steckte sich eine Zigarette an.

»Max, das ist der Chef von dem Laden hier. Mister Chao.«

Ich nickte dem Mann zu und versuchte, mit meinem Blick nicht an der riesigen Warze in seinem Gesicht hängenzubleiben, aus der ein paar lange, schwarze Haare herauswuchsen.

»Du suchst Arbeit?«, fragte mich Mister Chao. Sean übersetzte.

»Ja.«

»Wir brauchen einen Tellerwäscher. Einen zuverlässigen Teller-wäscher. Und du bist Europäer, das ist lustig.« Dann verzog er seine Lippen zu einem breiten Lächeln, das seine vergammelten Restzähne freilegte. Oh Mann, dachte ich. Der Typ war komplett unseriös.

»Tellerwaschen kann ich.«

»Ich biete dir 80 Cent die Stunde. Und ein Essen je Schicht gratis!«

Ich überlegte kurz. Dann schüttelte ich den Kopf. »Ich danke Ih-nen für das Angebot. Aber das mache ich nicht.« Ich freute mich fast schon, dass er mir einen so miesen Deal vorgeschlagen hatte, dass ich ihn mit gutem Gewissen ablehnen konnte. Mir war in diesem Moment sofort klar: Ich musste cleverer werden. Tellerwäscher – das war eine Arbeit, die ich früher gemacht hatte, aber jetzt war ich in China. Ich wollte Millionär werden. Oder zumindest nicht Tellerwäscher bleiben. Das würde mir für den Anfang schon reichen. Ich war hier, um mich weiterzuentwickeln. Und ich musste einen ersten Schritt machen.

»Danke trotzdem für Ihre Zeit«, sagte ich in meinem holprigen Chinesisch.

Der kleine Mann blickte mich an, nickte kurz und verzog sich wortlos wieder in die Küche.

»Max, dein Chinesisch ist wirklich katastrophal«, sagte Sean und nahm einen Schluck Bier. »Aber dein Englisch dafür umso besser. Ziemlich perfekt sogar.«

»Das bringt mich auch nicht weiter«, sagte ich und löffelte meine Suppe aus. »Vielleicht aber doch«, überlegte er. »Ich glaube, ich habe da noch eine Idee ...«

»... solange sie mehr als 80 Cent die Stunde wert ist?«

»Was ist, wenn wir der Sprachschule irgendwie verklickern, dass du gar kein Deutscher bist, sondern Brite?«

»Was?«, lachte ich. »Das meinst du nicht ernst ...«

»Doch! Wir sagen denen, du bist gebürtiger Brite, der in seiner Kindheit nach Deutschland gezogen ist. Das macht dich zum ›native speaker‹. Zum englischen Muttersprachler. Und als native wirst du wirklich gut verdienen.«

»Aber das ist doch absurd«, warf ich ein. »Wie soll ich denn ei-nem Chinesen Englisch beibringen, ohne Chinesisch im Ansatz und Englisch in Perfektion zu beherrschen?«

»Das funktioniert schon. Du unterrichtest einfach ausschließlich auf Englisch. So lernen es die Chinesen ja auch besser.«

Das schien mir wirklich eine total abstruse Idee zu sein. Aber sie war so abstrus, dass sie es wert war, ausprobiert zu werden. Was sollte schon passieren? Ich dachte an meinen Kontostand. Und daran, welche Wahl ich hatte.

*

Am nächsten Montag traf ich Sean zur Mittagszeit auf dem Campus. Er führte mich in das Office der Sprachschule, wo ich mich erst vor einigen Wochen selbst als Schüler angemeldet hatte. Sean stellte mich direkt der Rektorin vor.

»Überlass mir das Reden«, flüsterte er mir zu und begann in seinem perfekten Chinesisch, die Verhandlungen für mich zu führen. Ich verstand kaum ein Wort von dem, was er sagte. Aber er sprach ohne Punkt und Komma und redete lange und wild gestikulierend auf die Rektorin ein, die immer wieder beeindruckt nickte.

»Sie haben ja für Ihre jungen Jahre einen ganz schön erfolgreichen Weg hinter sich«, sagte sie schließlich auf Englisch zu mir, und ich nickte, obwohl ich keine Ahnung hatte, was Sean ihr vorgelogen hatte. »Wir würden sehr gerne mit Ihnen arbeiten«, sagte sie freundlich. »Wir bieten Ihnen zehn Euro die Stunde an. Bar auf die Hand.«

Das war ein wahnsinniger Preis im Verhältnis zu dem, was man sonst so in China verdiente.

»Ja, also ... das ist ein fairer Preis«, sagte ich und schaute zu Sean rüber, der mir zunickte.

»Möchten Sie denn lieber die Anfänger-, Fortgeschrittenen- oder Master-Kurse machen?«

»Ach«, sagte ich. »Für den Einstieg reicht erstmal der Anfänger-Kurs.«

»Super, dann können Sie gleich morgen beginnen. Wir suchen nämlich noch einen Lehrer für unsere 19-Uhr-Talking-Class. Sean wird Ihnen alles erklären, ich mache den Arbeitsvertrag fertig.«

Diesen Vertrag habe ich bis heute nicht gesehen. Mit einem breiten Grinsen verließen wir das Büro der Rektorin, und Sean klopfte mir freudig auf die Schulter. »Wir haben es geschafft, gratuliere, mein Freund! Immerhin schon mal vom Tellerwäscher zum Englischlehrer.«

»Hey, Sean, echt, tausend Dank! Ich schulde dir wirklich was.«

»Ach Quatsch, wir halten hier doch zusammen. Mach dir keinen Kopf.«

»Aber ... was genau sind denn nun diese Talking Classes?«

»Die sind das Beste, was dir nur passieren konnte«, lächelte er und bereitete mich auf alles vor. Das Wichtigste, sagte er, sei, dass ich formell auftrete. Als ich am Abend nach Hause kam, stieg ich also mal wieder über meinen sperrigen Koffer, öffnete ihn zum ersten Mal seit meiner Ankunft und zog meinen alten Abi-Anzug heraus. Ich strich ihn glatt und betrachtete ihn. Er war eines der wenigen Relikte aus der alten Zeit, die mich in mein neues Leben begleiten würden.

*

Am nächsten Abend fand ich mich dann um 18.50 Uhr in Seminarraum 21.B3 ein und war wirklich auf überhaupt gar nichts vorbereitet. Sean sagte mir, dass ich mir einfach nur ein Thema aus dem Talking-Class-Ordner heraussuchen und die Leute dann darüber sprechen lassen sollte. Um dann im moderierten Gespräch ihre Fehler zu korrigieren. Das sei der Sinn dieser Klasse. Ich beschloss, alles auf mich zukommen zu lassen. Ich betrat also ziemlich unsicher und aufgeregt den Raum, der ganz genau wie mein damaliger deutscher Klassenraum aussah: Es gab eine Tafel, ein Lehrerpult und Zweiertische, an denen lauter erwachsene Chinesen in Anzügen saßen. Ich begrüßte sie, stellte mich kurz vor und bat dann der Reihe nach jeden Teilnehmer, mir ein bisschen was über sich zu erzählen. Es war wirklich, wie Sean prophezeit hatte, es lief von diesem Moment wie von alleine. Die erwachsenen Schüler besaßen wirklich nur rudimentäre Sprachkenntnisse. Ich grätschte immer wieder in ihre Beiträge hinein, verbesserte sie oder schrieb passende Vokabeln an die Tafel. Ich versuchte, mit ihnen ins Gespräch zu kommen. Es machte sogar richtig Spaß. In der nächsten Stunde brachte ich ein paar englische

Texte mit, die ich mir vorlesen ließ. Hin und wieder warf ich eine chinesische Floskel ein, die ich schon gelernt hatte, und alle, wirklich alle in diesem Raum dachten, ich sei ein echter Lehrer. Ich kam mir vor wie der größte Hochstapler aller Zeiten. Wie Leonardo di Caprio in *Catch me if you can*. Nur dass mich noch keiner jagte.

Aber es funktionierte. Und ich spielte meine Rolle immer sicherer. So entwickelte sich nach und nach eine Art Alltag für mich in Shanghai. Von Montag bis Freitag war ich selbst Student und lernte an der Uni Chinesisch, sprach weiterhin jeden Europäer an, egal ob morgens in der U-Bahn, mittags auf der Straße oder nachts im Club, um neue Kontakte zu knüpfen, und sooft es ging, arbeitete ich als falscher Lehrer. Wenn ich es neutral von außen betrachtet hätte, dann hätte ich festgestellt, dass sich eigentlich gar nichts im Vergleich zu meinem Leben in Deutschland geändert hatte. Außer dem Setting. Klar, ich war jetzt in Shanghai. Aber ich machte dasselbe, was ich damals schon gemacht hatte. Ich lernte zwar für mich, arbeitete aber dennoch für jemand anderen. Nur, dass sich in meiner neuen Umgebung alles ein deutliches Stück cooler anfühlte.

In dieser Zeit bat mich Constantin Buschmann um ein Gespräch. Seit wir uns bei Brabus kennengelernt hatten, standen wir in losem Kontakt. Wir hielten uns auf dem Laufenden, und er wusste ja noch von unserem letzten Gespräch, dass ich nach Shanghai gehen wollte. Wir verabredeten uns für einen Donnerstagnachmittag, und weil die Internetverbindung in meinem Apartment so miserabel war, ging ich in ein Internetcafé. Ich hatte mir sogar extra ein neues Headset besorgt. Immerhin sprach ich hier mit Constantin Buschmann und nicht mit irgendwem. Ich setzte mich in die hinterste Ecke, wo ich ein klein wenig Ruhe hatte, stöpselte mein Headset in den PC und öffnete Skype. Wir unterhielten uns per Videochat.

»Max, alter Chinese. Wie ist die Lage?«

»Ich habe mich gut eingelebt und eine Karriere als Lehrer begonnen. Das Übliche halt.«

»Na klar, das Übliche halt.« Dann wurde er ernster. »Hör mal, ich wollte mit dir über meinen ehemaligen Mitbewohner sprechen. Kai Spenger. Der hat auch in Witten/Herdecke studiert, wirklich ein klasse Typ.« Constantin sprach über Kai in den höchsten Tönen. Was für ein umtriebiges Kerlchen er sei und welch unbändigen Willen er besäße, Dinge nach vorne zu bringen. Ich dachte zurück an Constantins WG-Party und überlegte, ob ich ihn schon irgendwo kennengelernt hatte, aber der Name sagte mir einfach nichts.

»Er fliegt jedenfalls in vier Wochen auch nach Shanghai. Er will da irgendein Business aufziehen. Und da du ja auch vor Ort bist, dachte ich, es wäre vielleicht ganz cool, euch beide zu connecten. Ich könnte mir vorstellen, dass ihr einen guten Draht zueinander findet.«

»Na klar«, sagte ich und fühlte mich geschmeichelt. »Gib ihm einfach meine Kontaktdaten. Er soll mich bei Skype anschreiben, und ich treffe mich mit ihm, wenn er hier ist.«

»Korrekt von dir, Max.«

»Was genau macht er denn hier?«

»Soweit ich weiß, will er ein Start-up gründen. Und er betreibt auch noch so eine kleine Firma.«

Wow, dachte ich, nachdem wir unser Telefonat beendet hatten. Constantin war für mich ja schon eine große Persönlichkeit. Dass ausgerechnet er mir jemanden vorstellte, war schon etwas ganz Besonderes für mich. Aber dass der Typ, den er mir vorstellte, auch noch so alt war wie ich – und sich anscheinend schon ein Business aufbaute, das toppte für mich alles. Ich war wahnsinnig gespannt, diesen Kai kennenzulernen.

*

Die Sprachkurse, die ich als Fake-Lehrer gab, liefen derweil überraschend gut. Und so übernahm ich nach und nach auch ein paar Klassen für Fortgeschrittene. Das war zwar schon etwas anspruchsvoller, aber immer noch so Basic, dass ich nicht groß Gefahr lief, dass man mich als Nicht-Muttersprachler hätte entlarven können. Einer der Kurse war speziell auf Business-Englisch zugeschnitten. Jeden Sonntag um 16 Uhr hatte ich rund 15 erwachsene Chinesen in Anzügen vor mir sitzen, mit denen ich über Dinge debattieren sollte, die irgendeinen Unternehmensbezug hatten. Ich überlegte mir ein grobes Thema für jede Sitzung, und an einem Sonntag im Frühsommer sprachen wir über das Thema Bewerbungen. Ich stand vor der

Tafel und schaute in die Gesichter von 15 aufrecht sitzenden Männern und Frauen, die alle an meinen Lippen hingen und hochkonzentriert jedem Wort folgten, als würde ich eine höhere Wissenschaft betreiben, während ich in Wahrheit doch nur so gut improvisierte, wie es eben ging. Ich skizzierte die Situation eines ersten Vorstellungsgesprächs und fragte meine Schüler, worauf es in so einem Moment alles ankäme.

»Self confidence«, warf einer in den Raum. Selbstsicherheit

»Sehr gut«, lobte ich. »Was noch? Was ist wichtig?«

»Eine gute Vorbereitung. Sich auf seinen Arbeitgeber einzustellen«, sagte jemand.

Ich nahm ein Stück Kreide und schrieb einige Worte, die man mir zurief, an die Tafel und umkreiste sie. *Preparation. Charisma. Persuasiveness.*

»Was ist denn mit der Kleidung?«, fragte ich und schrieb ein paar weitere Vokabeln an die Tafel, die ich meinem Spickzettel entnahm.

»Man sollte immer perfekt gekleidet, mit Anzug oder Kostüm und sauberem Erscheinungsbild auftreten«, sagte ich und zeigte beispielhaft an mir herunter, weil es keine Wortmeldungen gab. »Oder?«, fragte ich in den Raum.

Einer der Schüler, Han, schaute mich skeptisch an. Er war noch sehr jung, etwa in meinem Alter, und musterte mich von oben bis unten.

»Han?«, fragte ich ihn, als ich seine prüfenden Blicke bemerkte.

»Sir«, sagte er. »Your suit doesn't fit at all.«

Ich schaute an mir herunter. Schaute auf meinen geliebten Armani-Outlet-Anzug. Er hatte für mich eine ganz besondere Bedeutung. Ich hatte ihn mir vor meiner Abi-Feier mit größter Mühe zusammengespart und sogar Mama und Oma hatten mitgeholfen, ihn zu finanzieren. Ich hatte mir damals in den Kopf gesetzt, unbedingt einen Armani-Anzug zu besitzen. Für mich war ein Armani-Anzug das größte und edelste Kleidungsstück, das es gab, und tatsächlich hatten wir auch einen gefunden, den ich mir mit dem gesparten und zusammengeworfenen Geld leisten konnte. Ein stark reduziertes Modell für 400 Euro. Ich war extrem stolz auf die Marke. Und jetzt das? Der Typ griff gerade den wortwörtlich wertvollsten Besitz an, den ich hatte. Ich sammelte mich innerlich, atmete tief durch und blieb cool. Schließlich war ich der Lehrer.

Ich legte den Kopf leicht seitlich und schaute Han fragend an.

»Entschuldigen Sie meine Worte«, sagte er sofort unterwürfig. »Sie müssen verstehen: Meine Mutter ist Schneiderin, weswegen ich einen sehr peniblen Blick für so etwas habe.«

Ich schaute ihn immer noch schweigend an. Man merkte, wie unangenehm ihm die Situation war. »Wenn Sie möchten, dann macht sie Ihnen einen für Sie wirklich perfekt sitzenden Anzug. Maßgeschneidert!«

»Vielen Dank«, winkte ich ab. »Ich mag Anzüge, die nicht perfekt sitzen. Die haben mehr Spielraum.«

Ich lenkte das Gespräch mit Nachdruck wieder auf das Thema der heutigen Lektion. Wir sprachen jetzt über einige konkrete Bewerbungssituationen.

Als die Stunde vorbei war und sich die Klasse langsam leerte, kam Han zu mir an den Schreibtisch.

»Es tut mir wirklich sehr leid«, sagte er. »Ich habe sichtlich die falschen Worte gewählt. Das möchte ich wiedergutmachen. Ich möchte Sie zu uns nach Hause einladen«, sagte Han. »Auch wenn Sie keinen Anzug wollen.«

Ich wollte erneut dankend ablehnen, aber dann stockte ich. Warum eigentlich nicht? Es war ja nichts dabei, sich mit einem Sprachschüler zu treffen. Wir waren schließlich beide erwachsene Männer. Und außerdem war ich ja nach China gekommen, um das Land, die Kultur und die Menschen besser kennenzulernen. Das war doch jetzt eine ganz großartige Chance, nachdem mein Freundeskreis und mein soziales Netzwerk bislang fast ausschließlich aus Europäern und Amerikanern bestanden hatte.

»Ja, Han, sehr gerne nehme ich deine Einladung an«, sagte ich, und er machte eine leichte Verbeugung und lächelte.

»Jetzt gleich?«

Wieder stutzte ich kurz. »Gerne«, antwortete ich ihm. Und warum denn auch nicht? Ich hatte an dem Abend ja wirklich nichts vorgehabt. Wir verließen die Schule, und ich begleitete Han zur einer nahegelegenen Bushaltestelle. Es war bereits früher Abend, und er erzählte mir von dem Viertel, in dem er wohnte. Ich hatte den Namen noch nie gehört. Als wir auf den Bus warteten, wurde es langsam dunkel.

»Der Bus kommt nur zweimal die Stunde«, sagte Han entschuldigend. »Ist nicht das beliebteste Viertel«, setzte er nach.

»Das kenne ich nur allzu gut.«

Irgendwann kam dann der Bus. Wir stiegen ein und quetschten uns zwischen die Menschenmassen und versuchten, uns irgendwo festzuhalten. Es war eine ruppige Fahrt. Wir schwiegen uns an. Ich schaute aus dem vom Smog verdreckten Fenster, und ich sah, wie die Stadt an uns vorbeizog. Wir entfernten uns weiter und weiter vom Zentrum. Immer mehr Menschen stiegen aus, und immer wieder stiegen neue ein. Wir waren bereits eine gute Stunde unterwegs, als wir endlich Hans Haltestelle erreichten. Ich hatte überhaupt keine Orientierung mehr. In diesem Teil der Stadt war ich noch nie zuvor gewesen. Die prunkvollen Hochhäuser mit ihrer glänzenden Fassade und ihren Lichtern waren plötzlich ganz weit weg. Hier gab es nur kleine schäbige Hütten, denen man ansah, dass sie provisorisch zusammengebaut waren. Sie wirkten extrem einsturzgefährdet. Auf den Straßen herrschte noch große Betriebsamkeit. Überall standen kleine, mobile Garküchen, alte Chinesen liefen barfuß und mit zerschlissenen Klamotten herum, an einer Straßenecke stapelte ein Verkäufer winzige Holzkäfige mit Hühnern. Es stank nach totem Tier und asiatischen Gewürzen, die ich nicht zuordnen konnte. Lose Stromkabel baumelten überall offen herum. Und ich hatte schon gedacht, mein Viertel sei mies. Das hier aber, das toppte alles. Obwohl Han und ich ziemlich aus der Menge herausfielen, allein schon weil wir Anzüge trugen, beachtete uns niemand. Den Leuten schien einfach egal zu sein, was um sie herum passierte.

Ich folgte Han zu seinem Haus. Na ja, eigentlich war das kein Haus. Es war eher eine Baracke. Die Decken in dem heruntergekommenen Gebäude waren so niedrig, dass ein etwas größerer Mitteleuropäer sich nur geduckt in der Wohnung hätte bewegen können. Es gab keine richtigen Fenster, die Eingangstüre war verbogen und ließ sich nicht schließen. In der Ecke stand ein TV-Gerät aus den 1990ern, und es lief das Staatsfernsehen.

»Es ist nichts Besonderes hier«, sagte Han, und ich hatte das Gefühl, dass er sich ein klein wenig schämte. »Bitte setz dich doch.«

Er zog mir einen gelben Plastikklappstuhl rüber, auf dem ich Platz nahm. Ich schaute mich um. Das Wohnzimmer war sehr spartanisch eingerichtet. Es gab einen großen Esstisch, auf dem eine durchsichtige Plastikschutzfolie ausgebreitet war. Und ein paar Klappstühle. Ich realisierte, dass der Raum Wohn-, Ess- und Schlafzimmer zugleich war.

»Möchtest du etwas trinken?«, fragte Han und drückte mir eine kleine Plastikflasche Wasser in die Hand, ohne meine Antwort abzuwarten.

Im selben Moment betrat eine kleine, ältere Frau das Wohnzimmer und sprach sofort wild auf mich ein. Ich verstand kaum ein Wort und schaute hilfesuchend zu Han.

»Das ist meine Mutter«, sagte er. »Sie ist Schneiderin.«

»Ja, ich erinnere mich.«

Die beiden wechselten ein paar Worte, die kleine chinesische Lady nickte wild und musterte mich, dann kam sie auf mich zu, gab mir zu verstehen, dass ich aufstehen und mich gerade hinstellen solle. Ich schaute hilfesuchend zu Han, aber er zog sich nur eine Zigarette aus seiner Packung und steckte sie sich an. Die alte Frau begann derweil, mich ungefragt zu vermessen.

»Han! Ich will wirklich kein Maßanzug«, sagte ich, während die alte Frau die Maße meiner Beine nahm. Sie sagte ein paar undeutliche Worte auf Chinesisch zu mir.

»Wie bitte?«, fragte ich, und sie gab mir zu verstehen, dass ich meine Arme ausbreiten solle. Ich tat, was sie sagte, und geriet ein wenig ins Schwitzen.

»Han, wirklich. Kein Maßanzug.«

»Wir bestehen darauf«, sagte er, legte den Kopf in den Nacken und blies den Qualm aus.

Ich fühlte mich unwohl. Es war mir extrem unangenehm, ihm zu sagen, dass ich mir so einen Maßanzug einfach nicht leisten konnte. Ich wollte seine Mutter und ihn allerdings auch nicht brüskieren und das Ganze abbrechen. Ich wusste, welchen Stellenwert Höflichkeit in der chinesischen Kultur hatte, und nichts wäre unhöflicher gewesen, als diese alte Dame jetzt einfach auszubremsen. Ich hatte das Gefühl, ich sei in eine Falle geraten und käme aus der Nummer jetzt nicht mehr raus.

»Wie teuer wird das?«, fragte ich ihn.

»Mach dir keine Sorgen, Max.«

»Nein, Han. Im Ernst. Wie teuer wird das?«

»500 Renminbi«, sagte er entschlossen und nahm einen tiefen Zug von seiner Zigarette.

»Moment ... was hast du gesagt? Wie viel?«

»500 Renminbi«, wiederholte er und blies den Qualm langsam im ohnehin schon verrauchten Wohnzimmer aus. Das konnte doch gar nicht sein. Das waren damals gerade einmal umgerechnet etwa 50 Euro. Ich konnte es nicht glauben. »Für den ganzen Anzug?«

»Ja, aber keine Sorge, wir machen dir auch noch ein passendes Hemd dazu.«

Hans Mutter legte nun das Maßband um meine Brust, und ich sah ihre langen, schwarzen Fingernägel. Nach jeder Messung notierte sie die Werte mit einem kleinen Bleistift auf ihrem verknüllten Zettel. Fertig. Die Vermessung hatte keine fünf Minuten gedauert.

Ich setzte mich zurück auf meinen Klappstuhl und bekam ein Bier und ein Stoffbuch gebracht. Ein dickes Büchlein, in das Stoffproben eingeklebt waren. »Such dir einen aus«, sagte Han. Ich nahm einen Schluck von dem kühlen Bier und blätterte in aller Ruhe die dicken Muster durch.

»Den hier«, sagte ich entschlossen und tippte auf einen dunkelblauen, leichten Stoff.

Die alte chinesische Lady machte sich eine kurze Notiz und reichte mir ein zweites Buch. Dort waren Fotos von verschiedenen Designeranzügen eingeklebt. Modelle von Calvin Klein, Hugo Boss und sogar Armani. Wahrscheinlich waren sie aus irgendeiner chinesischen GQ ausgeschnitten.

»Such dir einen Style aus«, sagte Han. Ich blätterte die Fotos durch und entschied mich für einen scharf geschnittenen italienischen Armani-Anzug. Eng anliegend, versteht sich. Ich begriff aber eigentlich noch nicht genau, was hier passierte.

»Hast du sonst noch irgendwelche Sonderwünsche? Farbliche Abstufungen? Deine Initialen eingestickt? Innenfutter farbig?«

Langsam fand ich Gefallen an dem Spiel. Und dachte mir einfach spontan ein paar Details aus. »Es wäre toll, wenn der letzte Knopf mit einem roten Faden angenäht wird.« Han übersetzte und rauchte eine Kippe nach der anderen, während seine Mutter hektisch nickte und ein paar chinesische Zeichen auf ihren Zettel schrieb. Dann verschwand sie im Hinterzimmer.

»Komm«, sagte Han. »Sie braucht nicht lang. Gehen wir zwei etwas essen.«

»Wofür braucht sie nicht lang?«

Aber ich bekam keine Antwort. Wir zogen ein wenig durch die Straßen und setzten uns dann in eine kleine improvisierte Suppenküche. Wir nahmen auf umgedrehten leeren Plastikeimern Platz, die hier als Stühle fungierten, und ich ließ mir von Han irgendetwas bestellen. Ich weiß nicht genau, was mir gebracht wurde – es sah aus wie heißes Wasser, in dem undefinierbares Gemüse schwamm. Aber es schmeckte extrem lecker, und mein Magen war mittlerweile von Shanghais Straßengastronomie so weit abgehärtet, dass mir auch eine Suppe wie diese nichts mehr anhaben konnte. Wir stießen mit einem Tsing-Tao-Bier an.

»Was machst du eigentlich beruflich, Han?«

»Akquise«, antwortete er und schlürfte seine Wassersuppe aus. »Meine Mutter und ein paar andere Schneider haben sich zusammengetan, und ich versuche, ihnen Aufträge von Westlern zu verschaffen.«

»Das hätte ich mir fast denken können.«

Wir liefen durch die kleinen, verwinkelten Gassen des Viertels. Ich hatte das Gefühl, wir würden uns in einer Kleinstadt am Rande der eigentlichen Stadt befinden. Alles hier folgte einer eigenen Logik. Es war zwar unfassbar hektisch, aber dennoch komplett organisiert. Han erzählte mir von seinem Leben. Er kam vom Land und suchte mit seiner Familie das große Glück in Shanghai – wie Millionen von Chinesen. Wie ich.

Nach etwa zwei Stunden kehrten wir in seine Baracke zurück.

»Sie sollte jetzt fertig sein«, kündigte er an, was ich noch immer nicht so richtig verstand.

»Aber womit denn?«

Noch bevor er mir antworten konnte, kam seine Mutter schon ins Wohnzimmer. In der rechten Hand hatte sie einen fertig geschneiderten Anzug, in der linken Hand ein strahlend weißes Hemd.

Ich lachte. »Das kann nicht sein. Das hat sie ... gerade eben gemacht? Innerhalb von zwei Stunden?«

»Na klar.«

Ich konnte es wirklich nicht glauben, nahm den Anzug und schaute ihn mir an. Er war exakt aus dem Stoff gemacht, den ich mir ausgesucht hatte. Und der letzte Knopf war sogar mit einem roten Faden vernäht.

»Na los, probier ihn an«, sagte Han und führte mich in das winzige Badezimmer, in dem ich mich umzog.

Als Han mich sah, lächelte er und streifte mit der Hand einmal über meinen rechten Arm. »*Das hier* ist ein perfekt sitzender Anzug«, zwinkerte er mir zu. »Jetzt kennst du den Unterschied.«

Ich konnte das alles gar nicht so richtig begreifen, erst als ich wieder im Bus nach Hause saß, wurde mir klar, was ich da für ein Schnäppchen gemacht hatte. Für einen Maßanzug in dieser Qualität, wäre ich – vorausgesetzt, ich hätte das nötige Kleingeld – bereit gewesen, ein Vielfaches zu bezahlen. Irgendwie war mir klar, dass dahinter ein unglaublich gutes Geschäftsmodell stecken könnte, ich wusste nur noch nicht, wie genau das aussehen würde.

*

Eine Woche später saß ich an einem heißen Freitagabend auf dem Dach einer Tequila-Bar, dem Zapatas, einem der angesagtesten Läden der Stadt. Ich trug mein neues maßgeschneidertes Hemd und wartete auf Kai Spenger, den angekündigten Freund von Constantin Buschmann. Kai war mittlerweile in Shanghai angekommen, und wir waren hier verabredet, um uns kennenzulernen und, nun ja, sicherlich auch ein wenig zu feiern. Die Sonne ging langsam unter, und der Himmel tauchte sich in ein dunkelblaues Smog-Kleid. Ich saß auf der Außenterrasse und schaute in die Ferne. Unter mir versammelten sich im lampionbeleuchteten Garten zunehmend mehr Gäste. Ich nippte an meinem Bier. Dann schweifte ich mit meinem

Blick rüber in die Bar. Noch war alles relativ gesittet, es liefen ein paar Latino-Songs im Hintergrund, die Gäste, jung, schön und halbwegs wohlhabend, saßen an ihren Tischen und führten ihre Gespräche gegen die langsam lauter werdende Musik an. An der Decke drehten sich ein paar übergroße Ventilatoren. Obwohl es schon spät am Abend war, war es noch immer ungewöhnlich heiß. Mein Blick schweifte in Richtung Eingang, wo gerade ein großer junger Europäer hereinkam, der dem Bild von Kais Skype-Account ziemlich ähnlich sah. Als er mich auf der Empore sah, kam er direkt auf mich zu.

»Na, du musst doch der Max sein.«

»Kai?«

Er schlug brüderlich ein und umarmte mich zur Begrüßung, setzte sich an meinen Tisch und bestellte ein Bier. Uns beiden war wohl vom allerersten Moment an klar, dass wir komplett auf einer Wellenlänge waren. Nicht nur, weil wir zwei Deutsche waren, die es nach Shanghai verschlagen hatte, sondern auch, weil Kai einfach ein wahnsinnig interessanter Typ war, mit dem man toll reden konnte. Wir fanden sofort eine Ebene, auf der wir uns verstanden.

»Was ist das hier für eine Bar?«, fragte er mich.

»Eine wilde Bar«, antworte ich, und wenige Augenblicke später wurden die Lichter heruntergedimmt, die Musik richtig aufgedreht und die Tequila-Girls drehten ihre erste Runde. Das war die Besonderheit des *Zapata'*. Einmal in der Stunde liefen leicht bekleidete Kellnerinnen durch die Bar und schütteten den Gästen Tequila in den Mund. Die Stimmung begann bald zu kochen, und alle Gäste, besonders die alkoholunverträglichen Asiaten, verloren schnell alle Hemmungen. Es dauerte nicht lange, bis die Tische und auch die gesamte Bar zur Tanzfläche umfunktioniert wurden und Kai und ich eine heiße Party mitfeierten.

»Du weißt ja scheinbar, was hier abgeht«, sagte er und bestellte noch eine Runde für uns. Es wurde eine lange, tequilagetränkte Nacht. Die Zeit verflog wie im Nu. Und irgendwann schaute ich aus dem großen Panorama-Fenster und sah, dass die Sonne bereits wieder aufging. Was? Das kann doch nicht sein, dachte ich und guckte auf mein Handy. Tatsächlich, es war schon fünf Uhr morgens. Wahnsinn!

»Hey Kai, die Nacht ist wohl schon rum«, sagte ich, und wir fingen beide an zu lachen.

»Ich brauche ein bisschen frische Luft«, sagte er, und wir wankten gemeinsam aus der Bar.

»Ich habe eine Idee«, sagte ich und brachte Kai in ein Hostel, das nur ein paar Straßen entfernt lag, denn ich hatte das Gefühl, der Abend war noch nicht ganz beendet.

Der Laden war ein totaler Hotspot. Ein auf China-vor-3000-Jahren gemachtes Gebäude, wo Menschen aus der ganzen Welt ankamen. Egal zu welcher Tages- oder Nachtzeit, hier war immer was los. Da wir als Europäer nicht weiter auffielen, gingen wir einfach in die Duschräume und machten uns frisch. Jeder hier dachte wohl, dass wir ganz normale Gäste seien. Dann legten wir uns in die Lobby und schliefen ein wenig. Als wir wieder aufwachten, war es noch immer Vormittag, und wir bestellten uns ein Frühstück.

»Was genau machst du eigentlich hier?«, fragte ich Kai, und er musste lachen, weil diese Frage tatsächlich relativ spät kam.

»Geschäfte«, sagte er. »Ich habe mit einem Kommilitonen aus Witten ein Import-Export-Geschäft mit Gartenmöbeln hochgezogen. Das läuft auch über China. Und wo ich jetzt schon einmal hier bin, möchte ich auch eine andere Idee umsetzen, die meinen Bruder und mich umtreibt.«

»Worum geht es?«

»Fotos, Bilder, Leinwände«, sagt er mystisch.

»Und konkret?«

Er richtete sich auf. »Stell dir vor, du hast ein Familienfoto. Wir machen dir aus deinem Familienfoto einen hochwertigen Druck. Ganz einfach. Ganz unkompliziert. Du schickst uns das Bild und kannst entscheiden, ob wir es auf Alu Dibond, Leinwand oder Glasacryl drucken. In jeder gewünschten Größe. Ein richtiges Kunstwerk. Und das zu einem absolut fairen Preis.«

»Und wie schicke ich das?«

»Ganz einfach: Du machst mit deiner Digitalkamera ein Foto und schickst uns die Datei per E-Mail.«

»Klingt gut«, sage ich und war überrascht, dass noch niemand vorher auf eine so einfache wie brillante Idee gekommen war.

»Aber das ist nur der Anfang«, sagte Kai. »Nur der Grundstein für das, was noch kommen wird.« Er wirkte ganz aufgeregt. »Die Entwicklung der Technik verläuft exponentiell. Nicht linear«, führte er weiter aus. »Das bedeutet, in fünf Jahren wird jedes einzelne Handy genügend Speicherplatz, immer schärfere Kameras und flächendeckend mobiles Internet haben. Dann kannst du an jedem Ort der Welt etwas fotografieren und uns schicken – und es in deiner Wunschgröße von uns gedruckt zurückbekommen. Ist das nicht genial?«

Ich musste lächeln. Wenn er recht behält, dann ist es mehr als genial, dachte ich. Und Kai sollte recht behalten. Heute macht seine Firma viele Millionen Euro Jahresumsatz und ist weltweit aktiv im Bereich Fotoprodukte.

Ich lehnte mich zurück. Ich spürte, dass mir Constantin da nicht irgendeinen x-beliebigen Kommilitonen vorgestellt hatte, der nur große Reden schwang. Sondern einen echten Unternehmer mit großen Visionen. Jemand, der für seine Idee brannte. Und jemand, der seiner Zeit weit vorausdachte. Als ich Kai gespannt zuhörte, wuchs in mir der Wunsch, mit Menschen wie ihm mehr Zeit zu verbringen, vielleicht sogar Geschäfte zu machen oder im besten Fall eines Tages zusammenzuarbeiten. Es war so inspirierend. Und als wir so zusammensaßen, in der Lobby eines Hostels, nach einer langen, durchgefeierten Nacht und mühsam ausgenüchtert, da begriff ich, was mich an diesem Gespräch so faszinierte. Wir sprachen über Ideen. Es war das erste Mal, dass ich mit einem anderen, quasi gleichaltrigen Menschen wirklich über Ideen sprach. Über etwas, was man in ein Geschäftsmodell verwandeln könnte.

»Und du?«, fragte Kai plötzlich. »Was ist mit dir? Was ist deine Vision?«

Ich dachte einen kurzen Augenblick nach. Dann schaute ich auf mein maßgeschneidertes Hemd hinunter und grinste.

»Ich glaube, ich habe da auch eine Idee.«

*

Und meine Idee war ganz simpel. Ich wollte in Deutschland maßgeschneiderte Anzüge zu Stangen-Preisen anbieten, die ich in Shanghai herstellen lassen würde. Es klang trivial. Aber das war es natürlich nicht. Mir war klar, dass es nicht ausreichen würde, eine gute Geschäftsidee zu entwickeln. Ich musste auch in der Lage sein, sie umzusetzen. Aber konnte ich das? War ich wirklich in der Lage, ein eigenes Unternehmen zu gründen? Oder wäre es nicht sehr viel klüger, sich jemanden wie Kai dazuzuholen, der sicherlich mehr Ahnung hatte als ich? Ich dachte darüber nach, wen ich als Partner gewinnen könnte. Wer geeignet wäre, mit mir so ein Business hochzuziehen. Kai war mit seinen Projekten neben dem Studium mehr als ausgelastet, das war mir klar. Und dann dachte ich an Ron. Den Typen, den ich damals auf dem Parkplatz der EBS kennengelernt hatte. Ich wusste zwar kaum etwas über ihn, aber ich hatte das Gefühl, dass er ein verdammter smarter Kerl war. Wahrscheinlich einer der smartesten Kerle, die ich kannte. Oder: der smarteste Kerl, den ich zwar nur flüchtig kannte, aber nach einem Business fragen konnte. Ron und ich hatten nach unserer Begegnung Kontakte ausgetauscht und waren unregelmäßig per E-Mail im Austausch. Ich beschloss, ihm von meiner Idee zu erzählen.

Also schrieb ich ihn an und fragte ihn, ob wir mal skypen können.

»Klar, Max, worum geht es denn?«

»Um das Geschäft deines Lebens«, teaste ich an.

»Na, dann kann ich wohl kaum nein sagen, was?«

Ron war gerade nach Reims in Frankreich gezogen, wo er ein Doppeldiplom absolvierte. Erst eins in Reims, dann eins in Reutlingen – smarter ging es wohl kaum. Wir verabredeten uns für einen der folgenden Abende, und ich erzählte ihm von meiner Vision.

»Ron, pass auf, es ist ganz simpel«, sagte ich. »Ich will eine Modemarke gründen. Für maßgeschneiderte Anzüge und Hemden zu Preisen von der Stange.«

»Und wie willst du das umsetzen?«, fragte er nüchtern.

Ich erzählte ihm die ganze Geschichte. Von der Schneiderin, die ich kennengelernt hatte, von meinem ersten Anzug mit Hemd und vor allem von den Preisen, die sie nahm. »Da ist jede Menge Gewinn für uns drin«, sagte ich, von meiner eigenen Idee beschwingt.

Und es brauchte auch nicht viel mehr, um Ron zu überzeugen.

Er bat mich, ihm alles zu erzählen, was ich an Infos hatte. Er war direkt professionell und erklärte mir, dass er jetzt gleich meinen mündlichen und eher intuitiv vorgetragenen Businessplan in Excel und PowerPoint darstellen werde, um das Geschäft für uns beide klarer zu machen. Ich merkte sofort, dass er eine Menge ausgleichen konnte von den Dingen, die mir schwerfielen. Ich hatte die Vision, er die Struktur, es umzusetzen. Er war in der Theorie stark – ich in der Praxis.

Und er schaffte es tatsächlich, meine Vision perfekt auf Papier zu bringen, Zahlen und Märkte zu analysieren sowie Chancen und Risiken für uns auszuarbeiten. Auch wenn ich das bewunderte, mir war das alles gleich. Ich wollte Unternehmer sein. Sofort. Jetzt!

*

»Okay, wir brauchen einen Namen.«

»Einen Namen?«

»Für unsere Firma! Wie nennen wir sie?«

Ich dachte nach. Ich hatte wirklich keine Idee. »Wie wäre es mit ... Philipp & Ron's?«, warf ich ein. Philipp war eigentlich mein erster Name. Und Ron war eben Ron. Ich fand, die Kombination klang irgendwie edel. »Klingt irgendwie edel, oder?«, sagte ich dann auch laut.

»Es ist nicht sonderlich kreativ, Max, aber ... es hat was. Ich könnte mich dran gewöhnen.«

»Ich mich auch. Und: Es hat einen internationalen Klang: Philipp & Ron's ...«

»... Taylormade Businesswear«, ergänzte Ron.

»Sag mal, was rauscht denn bei dir da so?«, fragte ich.

»Es regnet.«

Ron befand sich in einer Telefonzelle, weil auf seinem Campus das Internet noch nicht ausgebaut war und ich ihn aufgrund der Zeitverschiebung immer nur morgens erreichen konnte. Also wählte ich per Skype die Nummer der Telefonzelle an.

»Ach so«, sagte ich.

»Hast du meine Präsentation gesehen?«

»Ja«, sagte ich. Sie war perfekt. Ron hatte meine Gedanken wirklich zu Papier gebracht. Wir einigten uns noch mündlich darauf, dass wir alle Profite und Verluste 50/50 teilen würden. Hierauf gaben wir uns unser Wort. Und dann legten wir los.

Es dauerte nur ein paar Wochen, bis mein Traum zur Realität wurde. Ich war jetzt Geschäftsmann. Zumindest fühlte ich mich so. Phillipp & Ron's war geboren. Taylormade Businesswear. Mein erstes eigenes Unternehmen.

Es war natürlich ein Unternehmen auf Sparflamme. Wir hatten so gut wie kein Startkapital. Wir hatten kein Büro. Wir hatten eigentlich gar nichts, außer einer Idee, an die wir glaubten. Aber die war Antrieb genug. Wir klärten, was es zu klären gab, über Skype. Und bauten uns in kleinen Schritten alles auf. Wir hatten einen entscheidenden Vorteil: Wir konnten unser Produkt on demand herstellen. Also auf Nachfrage. Das bedeutete, dass wir keine Vorkosten hatten und auch nichts einlagern mussten. Wenn jemand etwas bestellte, wurde bei Ron angezahlt, dann wurde es produziert und verschickt. Fertig. Die Stoffe hatten unsere Schneider, mit denen wir zusammenarbeiteten, alle vorrätig. Alles, was wir brauchten, waren ein Stylebook, ein Stoffbuch und eine Anleitung, wie man richtig Maße nimmt. Ich kümmerte mich darum. Ich kaufte alle Herrenmodemagazine, die ich am Bahnhofskiosk finden konnte. Von der GQ bis zur FHM. Dann schnitt ich die Werbeanzeigen der großen Anzughersteller aus, kopierte alles zu einem Heftchen zusammen, scannte es ein und schickte es Ron.

»Das hier ist unser Stylebook«, sagte ich. Dann besuchte ich die Mutter von meinem Sprachschüler Han, die Schneiderin, die mir ein paar Stoffproben zur Verfügung stellte. Ich klebte sie alle in ein kleines leeres Büchlein und schickte es Ron per Post. »Das ist unser Stoffbuch.«

»Jetzt brauchen wir nur noch eine Vermessungsanleitung.«

Ich setzte mich hin und versuchte mich an ein paar Zeichnungen. Ich ergänzte sie um ein paar Pfeile, an die ich schrieb, von wo bis wo die Maße genommen werden mussten. Das war das Beste, was mir einfiel. Damals war es noch nicht so einfach möglich, per Smartphone ein Tutorialvideo zu drehen. Dann schickte ich auch diese Anleitung per Skype an Ron, der sie wiederum in die perfekte Form brachte.

»Sehr gut, dann haben wir alles. Ich denke, es wird Zeit für einen Testlauf«, sagte er. »Ich werde ein paar Jungs aus meinem Freundeskreis nach deiner Anleitung vermessen und sie ihre Anzüge zusammenstellen lassen. Die Daten schicke ich dir per Mail rüber. Du kümmerst dich um die Produktion in Shanghai.«

»Deal.«

Es dauerte nur ein paar Tage, und Ron schickte mir tatsächlich die allerersten Daten rüber. Es waren vier Anzüge. Alle ganz unterschiedlich. Blauer Stoff, schwarzer Stoff, grauer Stoff, unterschiedliche Maße, unterschiedliche Schnitte. Ron hatte alles in Perfektion in einer Excel-Tabelle dargestellt, wie ich es von ihm gewohnt war. Ich brachte die Daten zu Hans Mutter und fragte, ob sie damit arbeiten könne?

»Jaja«, nickte sie wild, nahm meine Papiere und verschwand in ihrem Schneiderkabuff.

»Morgen sind die Sachen fertig«, lächelte Han, der im Wohnzimmer saß und eine Kippe nach der anderen rauchte.

Voller Euphorie holte ich die Waren am nächsten Tag ab und schickte sie zu Ron nach Frankreich. Die Sprachschule vernachlässigte ich mehr und mehr, ich unterrichtete nur noch halbherzig. Dafür war ich sehr viel mehr auf mein Business aus. Nach weniger als einer Woche waren die Anzüge bei Ron in Frankreich angekommen. Wir verabredeten uns am Abend zum Skype-Gespräch.

»Und?«, fragte ich aufgedreht.

»Es ... ist schwierig.«

»Wie schwierig.«

»Na ja ... das sind keine Anzüge.«

»Wie keine Anzüge. Was denn sonst?«

»Na ja. Mehr so ... Clownskostüme.«

»Clownskostüme?«

»Ja, Mann. Sie sind viel zu groß, viel zu weit, sie passen vorne und hinten nicht. Meine Kumpels haben mich ausgelacht! Warte ...«

Ron lud ein Bild hoch und schickte es mir über Skype. Ich öffnete es und sah einen Freund von ihm ... nun ... in einem Clownskostüm. Ich erkannte den Anzug wieder, den ich nach Frankreich geschickt hatte, den blauen Stoff, die wunderschönen Knöpfe, rein theoretisch sah er aus, wie er aussehen musste, nur … er war komplett unförmig. Der Anzug war so weit, dass Rons Kumpel darin völlig verlorenging, man konnte nicht mal mehr seine Hände sehen, so lang waren die Ärmel. Auch die Hose war viel zu weit. Es sah einfach lächerlich aus.

»Fuck! Was ist denn da bloß schiefgegangen?«

»Ich weiß auch nicht, Max. Vielleicht sind deine Schneiderinnen doch nicht so gut, wie du gesagt hast?«

»Nein, nein, nein, das glaube ich nicht. Wirklich. Ich habe doch selbst gesehen, was sie draufhaben. Die haben mir einen perfekt sitzenden Anzug geschneidert. Daran kann es nicht liegen. Der Fehler muss woanders sein.«

Wir waren an einem neuralgischen Punkt. Wir hatten zwei Möglichkeiten: entweder die Idee zu verwerfen oder sie anzupassen. Zu optimieren. Aber wir wollten beide nicht aufgeben.

»Hm.« Ron überlegte. »Dann muss es an den Daten gelegen haben. Die Messungen müssen fehlerhaft sein.«

»Richtig. Es ist unsere Vermessungsanleitung. Wir müssen sie präzisieren.«

»Max, ich habe eine Idee. Schau mal, es muss doch Richtwerte geben, oder?«

»Wie meinst du das?«

»Na ja, wenn du etwa 1,83 Meter groß bist, dann muss die Ärmellänge irgendwie zwischen 69 und 72 Zentimeter liegen. Ich bastel uns einfach eine Excel-Tabelle, in der ich diese Normwerte angebe. Wenn ein Wert weit über dem Normalmaß liegt, wird eine Fehlermeldung angezeigt. Damit können wir die Gefahr von falschen Abmessungen minimieren.«

»Das ist genial«, sagte ich. »Kriegst du das hin?«

»Klar. Gib mir zwei Nächte.«

*

Und es funktionierte. Nach zwei Nächten hatte Ron in ständiger Rücksprache mit mir eine Excel-Matrix gebaut, mit der wir Fehler minimieren konnten. Ich hatte währenddessen mit einer Digitalkamera Fotos von mir machen lassen, wie ich gerade vermessen werde. Immer mit

Anfangs- und Endpunkt. Das war präziser als bei meinen Zeichnungen. Wir versuchten es also erneut. Und dieses Mal klappte es. Dieses Mal passten die Anzüge. Es machte wahnsinnig Spaß, Schritt für Schritt unser eigenes Business hochzuziehen. Wir waren ja total naiv. Wir machten einfach alles nach dem Trial-and-Error-Prinzip. Ausprobieren und sehen, was funktioniert. Und was nicht. Wir zahlten damals auch keinen Cent Steuern, hatten kein Gewerbe angemeldet, und das Wort Zoll war für uns ein Fremdwort. Wir legten einfach los. Als wir sahen, dass es vom Prinzip her funktionierte, fing Ron an, Akquise in seinem Uniumfeld zu betreiben. Er holte alle paar Tage neue Aufträge rein. Wir ließen den Anzug für 50 Euro produzieren, verkauften ihn entweder an Freunde für 349 Euro oder an Unternehmer für 500 Euro – und machten fifty-fifty beim Gewinn. Es lief alles glatt. Ich gab die Daten an unsere Schneider weiter, die nähten alles zusammen, ich brachte den Anzug in die Reinigung, kontrollierte ihn zum letzten Mal und versandte ihn dann nach Deutschland, Frankreich oder sonst wohin.

In dieser Zeit merkte ich zum ersten Mal, dass ich anders wahrgenommen wurde. Plötzlich war ich ein Unternehmer. Ich erkannte, dass es einen riesigen Unterschied machte, ob ich mich als Mitarbeiter einer Sprachschule oder als selbstständiger Unternehmensgründer einer Firma vorstellte. Ich merkte, dass andere Leute, die interessanten Geschäften nachgingen, plötzlich Lust hatten, sich mit mir zu treffen und mit mir Zeit zu verbringen. Mir wurde bewusst, dass ich als Selbstständiger Einfluss habe. Als Angestellter bin ich immer nur ein Rädchen im System. Ganz egal, wie groß die Firma ist, für die ich arbeite. Ich arbeite immer für jemanden. Ich bin nicht der Entscheider. Unternehmer aber umgeben sich gerne mit anderen Unternehmern. Mit Menschen, die Entscheidungen treffen können. Und ich war jetzt imstande, das zu tun.

*

Am liebsten hätte ich mich jetzt komplett auf mein neues Business konzentriert. Ich war hochmotiviert und hatte richtig Spaß an der ganzen Arbeit, die auf mich zukam. Aber ich hatte neben der Sprachschule auch noch eine andere Verpflichtung, um die ich nicht herumkam: mein Praktikum in der Werkzeugfirma, die der Freundin meiner Mutter gehörte. Dank ihr hatte ich damals mein Arbeitsvisum für China bekommen. Damals schien es mir eine gute Sache zu sein, dort ein Praktikum zu machen. Auch weil mir die Firma eine Wohnung in ihrem Firmensitz bereitstellte. Die Realität war allerdings nicht ganz so toll. Die Firma lag am anderen Ende der Stadt, in einem Industriegebiet. Es kostete mich jedes Mal weit über eine Stunde, um nach Downtown zu kommen. Auch die Arbeit war alles andere als erfüllend. Ich machte dort ein paar einfache Hilfsarbeiteraufgaben. Irgendwelche Daten abgleichen, Tabellen ausfüllen, Akten einordnen. Ich hatte wirklich keine Lust, aber da ich mein Wort gegeben hatte, konnte und wollte ich das Praktikum auch nicht schleifen lassen. Wenigstens verstand ich mich mit den Angestellten dort. Besonders mit Miss Ming. Miss Ming war die gute Seele im Büro, die Assistentin vom Chef. Sie war noch recht jung, vielleicht Ende 20, Anfang 30, trug immer ein perfekt sitzendes Business-Kostüm und sprach ein nahezu perfektes Englisch, was wirklich sehr selten in China war.

»Hey«, begrüßte ich Miss Ming an einem Nachmittag, als ich mal wieder im Haus war, um meinen Praktikumsdienst abzuleisten.

»Max«, strahlte sie mich an. »Was kann ich für dich tun?«

»Ich hätte da mal eine Bitte. Ich bin jetzt fast genau ein halbes Jahr in Shanghai. Und mein Visum läuft langsam aus. Meinst du, ihr könntet das hier für mich verlängern lassen?«

»Klar, das ist überhaupt kein Problem«, sagte sie. »Hast du deine Unterlagen dabei?«

Ich schob ihr meinen Reisepass rüber.

»Ist eine Routinesache«, sagte Miss Ming. »Ich kümmere mich darum und gebe dir Bescheid, sobald es erledigt ist.«

Alleine dafür, dass sie mir diese ganze Bürokratiesache abnahm, war ich mit dem langweiligen Praktikumsdienst versöhnt. Ich ging an meinen Arbeitsplatz, klappte meinen Laptop auf und überprüfte irgendwelche Handelsbilanzen in ewiglangen Excel-Tabellen.

»Max?«

Ich schaute von meinem Laptop auf. Miss Ming stand vor mir und starrte mich mit offenem Mund an. Sie war noch blasser, als sie es ohnehin schon war.

»Hey«, sagte ich und stand sofort auf. »Ist alles in Ordnung?«

»Max«, wiederholte sie stockend. »Es gibt ein Problem.«

»Was denn für ein Problem?«

»Wir müssen reden.«

Ich wurde nervös. So hatte ich Miss Ming noch nie gesehen. Irgendetwas musste passiert sein. Irgendetwas Ernstes.

Wir gingen in ihr Büro. Sie schloss die Tür hinter mir. »Es geht um dein Visum. Um dein Arbeitsvisum«, flüsterte sie.

»Was ist damit? Kann es nicht verlängert werden?«

»Nein. Doch. Also ... darum geht es nicht. Dein Visum wurde gar nicht abgestempelt.«

»Was meinst du? Natürlich wurde es abgestempelt. Direkt am Flughafen. Als ich gelandet bin.«

»Nein, Max. Sie haben nur dein *Urlaubsvisum* abgestempelt. Nicht dein Arbeitsvisum. Damit ist es ungültig.«

Ich schaute Miss Ming verständnislos an. Was sollte das bedeuten? Sie legte meinen Reisepass auf den Tisch.

»Hier. Schau.« Sie zeigte auf mein Urlaubsvisum. »Das ist gestempelt.« Dann blätterte sie ein paar Seiten um. »Hier ist dein Arbeitsvisum. Das ist nicht gestempelt.«

»Ja ... und?«

Ich verstand die Aufregung nicht. Das war doch ganz offensichtlich ein Missverständnis. Beide Visa waren ja da, aber die Zollbeamten hatten einfach nur eins von beiden gesehen. Ich versuchte, Miss Ming zu erklären, wie das hatte passieren können. Ich hatte damals, als ich plante, nach China zu reisen, ein ganz normales Touristenvisum beantragt. Das galt für 30 Tage und war ganz vorne in meinem Pass eingetragen. Erst später brachte mich meine Mutter auf die Idee, über ihre Freundin auch noch ein Arbeitsvisum zu beantragen. Das galt für 180 Tage. Damit hätte ich mehr Zeit im Land. Das Arbeitsvisum war auch in meinem Reisepass. Allerdings ein paar Seiten weiter hinten.

Ich hatte am Flughafen natürlich nicht kontrolliert, was genau abgestempelt wurde. Warum auch? Ich hatte mich darauf verlassen, dass alles richtig lief.

»Es wurde halt falsch abgestempelt«, sagte ich. »Das können wir den Behörden hier doch erklären.«

»Max, du verstehst das nicht. Du hältst dich gerade illegal in China auf. Seit beinahe einem halben Jahr. Seit 147 Tagen. Das kann weitreichende Konsequenzen haben.«

»Was denn für Konsequenzen?«

»Illegale Einreise und illegaler Aufenthalt werden hier als schweres Verbrechen behandelt. Wir müssen den Chef dazurufen.«

So langsam begriff ich, dass die Lage vielleicht doch ernster war, als ich es zunächst wahrhaben wollte.

Der Chef des Unternehmens, Herr Nuang, kam dazu und ließ sich von Miss Ling alles erklären. Er runzelte die Stirn und sah sehr besorgt aus.

»Was machen wir denn jetzt?«, fragte ich ihn.

»Wir müssen jetzt Guanxi spielen lassen, Max. Kontakte. Verstehst du?« Der Chef war zwar echt ein widerlicher Typ, dennoch musste ich ihm jetzt vertrauen. Und das tat ich auch. Immerhin zahlte die Freundin meiner Mutter sein Gehalt, und das sah ich als eine Art Versicherung an.

Die beiden zogen sich zurück und fingen an zu telefonieren. Ein Anruf nach dem nächsten. Es verging eine Stunde, zwei Stunden, drei Stunden, und ich wurde immer nervöser.

Nach vier Stunden kamen die beiden zu mir. »Okay, Max«, sagte Herr Nuang und legte seine Hand auf meine Schulter. »Ich habe jemanden gefunden, der bereit ist, dich vor dem Gefängnis zu bewahren.«

»Moment ... Gefängnis? Da haue ich doch eher ab!«

»Ja, Gefängnis. Ich habe dir doch gesagt, dass es sehr ernst ist. Und aus China ohne einen gültigen Pass abzuhauen, das dürfte sehr schwierig werden, meinst du nicht?«

Ich wurde blass und spürte, wie sich langsam meine Kehle zuschnürte und meine Beine schwach wurden.

»Das Strafmaß hier ist 500 Renminbi pro Tag, an dem du dich illegal aufhältst. Das sind rund 50 Euro. Oder wahlweise ein Tag im Gefängnis.«

Ich rechnete nach. »Das sind ja knapp ... 7500 Euro?«

Ich ließ mich in einen Stuhl fallen.

»Wie viel Geld hast du gespart?«

Ich dachte kurz nach. Es war nicht viel. Ich hatte ja alles in unser Business investiert. In die Stylebooks und das ganze Zeug. Zwar kam auch langsam Geld rein, aber damit mussten wir erst einmal die Unkosten decken.

»Ich habe vielleicht noch ... 1000 Euro übrig.«

»1000 Euro ... das sind gerade mal 20 Tagessätze.«

»Mehr habe ich nicht ...«

»Okay. Okay. Wir schauen, was wir machen können. Ich habe da jemanden, mit dem wir morgen reden können. Der Bruder von einem Freund von einem Geschäftspartner. Er ist in der Partei und hat viel zu sagen. Wir fahren morgen gemeinsam hin. Bring alles an Geld mit, was du noch hast.«

Ich nickte und ging völlig gedrückt nach Hause. Am Abend rief ich meine Mutter und meine geliebte Oma an. Zum ersten Mal seit langer Zeit. Ich wollte ihnen keine Angst machen, sondern einfach ihre Stimme hören. Ich wusste ja nicht, wie der morgige Tag ausgehen würde, und so hielt ich es für besser, einfach nur von meinem Alltag und den positiven Dingen zu erzählen.

*

Am nächsten Tag wachte ich mit Bauchschmerzen auf. Ich schaute aus dem Fenster. Es war grau und diesig. Ein kühler, unangenehmer Tag. Der Smog hing noch tiefer als sonst. Wie eine Bleiwolke, die die Stadt zu erdrücken schien. Ich hoffte wirklich, dass wir das irgendwie hinbekommen würden. China war ein extrem korruptes Land. Die Kommunistische Partei schien omnipräsent. Und Regierungsbeamte waren bekannt dafür, dass sie für den richtigen Preis auch mal ein Auge zudrückten. Ich ging in die Firma, wo Miss Ming und Herr Nuang schon auf mich warteten. Sie hatten bereits einen Fahrer gerufen.

»Mach dir keine Sorgen, Max. Das wird schon. Hast du alles dabei?«

Ich nickte.

Unser Fahrer kämpfte sich langsam durch die völlig verstopften Straßen. Ich schaute auf die Uhr. Es war halb zwölf. Wir hatten noch eine halbe Stunde Zeit, aber der Wagen bewegte sich keinen Zentimeter. Mein Kopf war völlig leer. Phillipp & Ron's – vergessen. Die Sprachschule – vergessen. Mein Praktikum sowieso. Ich hatte bloß noch im Kopf, dass ich hier irgendwie rauskommen musste. Bloß nicht ins Gefängnis, dachte ich. Ich kannte die Geschichten über chinesische Gefängnisse. 40 Menschen in einer Zelle, mit nur einem Loch in der Mitte. Für Exkremente. Alle hier kannten diese Storys. Um kurz vor zwölf kam der Fahrer endlich am Ziel an.

»Hier sind wir«, sagte Herr Nuang. Ich schaute auf ein riesiges graues Bürogebäude, das sich vor mir aufbaute. Es sah aus wie ein Bunker. Ich war extrem aufgeregt. Wir gingen in den Betonkomplex und wurden von bewaffneten Soldaten von oben bis unten gemustert. Nach einer Kontrolle ließen sie uns passieren. Herr Nuang schien sich halbwegs gut auszukennen. Er steuerte den Fahrstuhl an und drückte die »12«, dann folgten wir ihm durch einen scheinbar endlos langen Flur, bis er anhielt und an eine der unzähligen Türen klopfte.

»Ja«, hörte ich eine unfreundliche Stimme. Ich schaute Herrn Nuang an, und er nickte mir zu. Wir betraten den Raum. Ein kleines Bürozimmer, in dem drei Chinesen arbeiteten. Sie hatten graue Anzüge an, trugen Brillen und saßen an ihren Schreibtischen, die mit Akten überladen waren.

Einer der Männer schaute mich an. Er schien Bescheid zu wissen. Er raunte seinen beiden Kollegen etwas Unverständliches zu, sie verbeugten sich vor ihm und verließen dann den Raum.

»Herr Scharpenack, nehme ich an. Setzen Sie sich.«

Ich nahm am großen Schreibtisch Platz, meinen Reisepass war mit den 10.000 zusammengekratzten Renminbi gefüllt. Ich hielt ihn zitternd in der Hand. Er schaute mich streng an. »Was ist passiert?«

Ich versuchte, ihm konzentriert in meinem Basis-Chinesisch die Lage zu erklären. Dass ich zwei gültige Visa hatte, aber das falsche Touristenvisum abgestempelt wurde, dass ich …

»Moment!«, unterbrach mich der Mann und schlug auf den Tisch. »Willst du damit sagen, dass die Schuld bei uns liegt?«

Ich fing an zu schwitzen. Ich schaute den Typen an. Er hatte keine richtigen Zähne, nur gelbe, widerliche Stummel im Mund. Hinter ihm prangte ein riesiges Gemälde des chinesischen Staatsgrunders Mao Zedong.

»Nein, natürlich nicht.« Mir wurde klar, dass ich hier wirklich auf jedes einzelne Wort ganz genau achten musste.

Ich schaute hilfesuchend zu Miss Ming und Herr Nuang rüber, aber die beiden standen nur am Rand und schauten auf den Boden. Ich war auf mich allein gestellt.

»Du hast zwei Visa. Warum hast du zwei Visa?«, fuhr mich der graue Mann an. »Bist du jetzt Arbeiter? Oder bist du jetzt Tourist?«

»Es tut mir wirklich leid«, sagte ich. Ich versuchte, möglichst demütig zu wirken. Ich merkte auch, dass ich mit meinen Erklärungen nicht weiterkam. »Ich habe einen Fehler gemacht. Ich habe meinen Pass und den passenden Strafbetrag für meinen Fehler dabei. Ich hoffe, das passt so. Das ist alles, was ich habe. Ich will nur bloß nicht ins Gefängnis.

Der graue Mann nahm den Pass und öffnete ihn. Er ließ demonstrativ das Geld herausfallen und auf dem Tisch liegen. Mein Herz schlug wie verrückt. Ich spürte meinen Puls rasen. Niemand sagte etwas. Totenstille im Raum. Ich fixierte den chinesischen Regierungstypen, versuchte, anhand seiner Mimik irgendetwas abzuleiten. Hoffentlich würde er gnädig sein und den Betrag akzeptieren. Hoffentlich würde er ...

Er blätterte ohne irgendeine erkennbare Gefühlsregung wieder und wieder den Pass durch. Nach einer gefühlten Ewigkeit nickte er, nahm einen Stempel, drehte an den Zahnrädchen herum, mit denen er offenbar ein Datum einstellte – und stempelte ab. Dann unterschrieb er den Pass.

Ich atmete tief durch. Geschafft! Ich lächelte und spürte, wie der Druck von mir abfiel. Der graue Mann nahm meinen Pass und legte ihn vor sich auf den Tisch. Dann lächelte er und schaute mich an.

»Das wäre erledigt. Aber ich sehe ... Du brauchst ja ein neues Visum.«

Was für ein Fuchs! Damit hatte ich nicht gerechnet. Ich schaute zu Miss Ling und ihrem Chef, die beiden zuckten nur mit den Schultern.

Ich hatte noch meine wirklich allerletzten 50 Euro in der Tasche, zog sie raus und legte sie auf den Tisch.

Ich schaute ihn an. »Mehr habe ich leider nicht.«

Das Gesicht des grauen Mannes verfinsterte sich und er schwieg mich an.

»Wirklich. Das ist alles.«

Jetzt erst mischte sich Herr Nuang ein. Zum ersten Mal. »Hören Sie, Eure Exzellenz, er sagt die Wahrheit. Er hat wirklich kein Geld. Er hat seine Lektion gelernt und seine Strafe bekommen. Geld hat er ohnehin keins, da er nur ein Praktikum bei uns macht.«

Der graue Mann, der Herrn Nuang irgendwoher zu kennen schien, wirkte nun wieder etwas gelöster. »Dann musst du den Jungen künftig ein bisschen besser bezahlen. Was bietet ihr denn für miese Praktika an?«

Verkrampftes Lachen im Raum. Er schaute mich ein paar Sekunden schweigend an. »Okay«, sagte er schließlich. »Wir machen es.«

Er behielt meine Unterlagen bei sich. »Wir lassen Ihnen das neue Visum zukommen. Er grinste mich mit seinem falschen Lächeln an.

Ich zögerte. Jetzt gehen, ohne meinen Pass mitzunehmen? Das erschien mir doch sehr schwierig. Ich schaute zu Herrn Nuang, aber der nickte mir nur zu, und wir verließen gemeinsam zumindest etwas beruhigt das Gebäude.

Am übernächsten Tag kam per Kurier mein Pass mit dem verlängerten Visum. Jetzt erst konnte ich wirklich wieder ruhig schlafen.

*

Nachdem ich meine Visa-Probleme geklärt hatte, hatte ich meinen Kopf wieder frei für mein Unternehmen. Wir brachten Philipp & Ron's ordentlich nach vorn. Wir investierten jede freie Minute in unser Baby und versuchten, es an allen möglichen Stellen zu optimieren. Und es funktionierte. Ich verdiente plötzlich Geld. Richtig viel Geld. Zum ersten Mal hatte ich einfach mal ein paar Tausender im Monat zur Verfügung. Das waren für einen Anfang Zwanzigjährigen wie mich enorme Summen. Summen, mit denen ich zu Beginn nicht wirklich umzugehen wusste. Und so gab ich natürlich alles komplett wieder aus. Die Preise in China waren ziemlich merkwürdig. Zwar waren die ganz normalen Alltagsgegenstände wahnsinnig günstig, dafür waren Luxusprodukte hier spürbar teurer. Die Preisspanne war immens. Ein iPhone oder ein MacBook kosteten in China etwa 50 Prozent mehr als in Deutschland. Und ich gönnte mir hier mehr als nur ein iPhone und ein MacBook. Auch das wilde Nachtleben hatte seinen Preis. Einen Großteil des Geldes investierten wir allerdings wieder in unser Unternehmen

Auf einer der unzähligen Partys lernte ich Martin Kläser kennen. Ich war mit ein paar Deutschen in einem ziemlich heruntergekommenen Club, der allerdings recht teuer war. Und unter ihnen war Martin. Ein eher unscheinbarer Typ. Er trug eine normale Jeans, einen einfachen Hoodie, aber er zog die Blicke des ganzen Clubs auf sich, weil er einfach wahnsinnig viel Geld zum Fenster rauswarf. Hier eine Flasche Wodka, da eine Flasche Champagner. Das Ganze brachten die Kellner mit Tischfeuerwerk. Im Stundentakt. Er ließ es so richtig krachen. Ich kam mit ihm ins Gespräch.

»Und was machst du so?«, fragte ich ihn. Ich sprach in dieser Zeit eigentlich jeden Menschen, der aussah, als hätte er Geld, darauf an, weil ich einfach verstehen wollte, woher er es hatte.

»Poker«, sagte er nüchtern und grinste. Ich schaute ihn fragend an.

»Klar«, sagte ich. »Ich spielte auch ganz gerne Poker. Aber ich meine, was machst du beruflich?«

»Poker!«

Martin erklärte mir kurz, dass er gerade die Million-Euro-Challenge gewonnen hatte und somit um 350.000 Euro reicher war. Eine Summe, die alle meine Vorstellungen überstieg. Mir war nicht ansatzweise bewusst gewesen, dass man mit Poker so viel Geld verdienen konnte.

»Ach ja, und dann war ich in Vegas und habe noch ein Bracelet gewonnen. Und nochmal ... hmmm, ich glaube so 250.000 Euro.«

Die Party wurde immer wilder. Wir feierten die ganze Nacht durch, und Martin war so gut dabei, dass er es irgendwie schaffte, sein Portemonnaie zu verlieren. Das war eine kleine Katastrophe, denn in seinem Portemonnaie war auch sein Reisepass, und er musste in der nächsten Woche nach Australien zu einem wichtigen Pokerturnier. Unmöglich ohne Reisepass. Da ich ja mittlerweile ein paar Erfahrungen in solchen Sachen hatte, konnte ich ihm ganz gut helfen, mit meinen neu gewonnenen Connections schnell einen Ersatzpass zu bekommen.

Da es auch nicht ganz so teuer wurde wie in meinem Fall, war mir Martin ziemlich dankbar. »Du hast was gut bei mir«, sagte er, und ich wusste noch nicht, wie sehr sein Versprechen meinen weiteren Lebensweg beeinflussen sollte.

*

Irgendwann begannen die Partys in Shanghai mich aber zu langweilen. Ich hatte das Gefühl, ich hätte schon alles gesehen. Alles erlebt. Und das mit Anfang 20. Also überlegte ich mir etwas Neues. Ich wollte meine eigenen Partys. Meine eigenen Veranstaltungen. Mein eigenes Netzwerk. Und gründete eine deutsche Community in Shanghai. Da wir uns 2007 noch in der Prä-Facebook-Zeit bewegten, war das gar nicht so einfach. Damals gab es noch den deutschen Vorgänger: StudiVZ. Dort gründete ich die Gruppe »Deutsche Community in Shanghai« und meldete mich bei allen anderen China- und Shanghai-Gruppen an, um Werbung für meine Gruppe zu machen. »Hey, kommt alle rüber, wir sind die beste, die coolste und die exklusivste Community«, warb ich die Mitglieder ab. Und es funktionierte. Wir wuchsen wahnsinnig schnell und begannen uns zu vernetzen. Wir trafen uns nun regelmäßig in einem deutschen Wirtshaus, dem »Max und Moritz«. Ich organisierte die Veranstaltung, kassierte von jedem Besucher fünf Euro – und hatte mir so ganz nebenbei einen dritten Nebenerwerb aufgebaut.

Plötzlich kannte ich mehr und mehr Leute aus den unterschiedlichsten Bereichen, Kontakte, die Gold wert waren. Und ich lernte Dennis kennen. Dennis war Arztsohn aus Hamburg, der ein Auslandssemester in Shanghai machte. Er bekam von seinem Vater jede Menge Geld, hatte aber große Schwierigkeiten, Anschluss zu finden. Er war ziemlich schüchtern und zurückgezogen. Dennoch: Dennis war ein feiner Kerl. Ich mochte ihn.

»Hey, Dennis«, sprach ich ihn bei einem unserer Treffen an, nachdem er mich in der vergangenen Woche zu sich nach Hause eingeladen hatte. »Ich habe eine Idee. Es geht um deine Wohnung.«

»Um meine Wohnung?«

»Ja, um diese unfassbar riesige Wohnung!«

»Was ist damit.«

»Du suchst doch Kontakte hier, oder? Wie wäre es, wenn wir einfach bei dir eine Party schmeißen würden?«

»Ich weiß nicht.«

»Glaub mir, Dennis. Danach wärst du der absolute King.«

Er dachte nach. »Ich habe wirklich Probleme, Anschluss zu finden.«

»Eben! Darum machen wir es ja.«

»Und wen laden wir ein?«, fragte er.

Ich dachte kurz nach. »Einfach alle«, sagte ich dann. »Komm doch heute Abend einfach mal bei mir vorbei. Dann erkläre ich es dir.«

Am Abend setzten wir uns an meinen Laptop, und ich designte mit Word einen einfachen Flyer. »Diesen Freitag: Hausparty. Ab 20 Uhr. Frauen: kostenloser Eintritt. Männer: ein Kasten Bier oder eine Flasche Schnaps.«

»Was meinst du, Dennis?«

»Ich weiß nicht ... und wo hängen wir das auf?«

»In jedem Hostel von Shanghai.«

»Meinst du, das funktioniert?«

»Keine Ahnung«, entgegnete ich. »Aber wir können es ja versuchen.«

Ich hatte wirklich keine Ahnung, ob es klappen würde, und ich war gespannt, wer zu uns finden würde. Aber ich fand die Idee so gut, dass ich sie zumindest einmal ausprobieren wollte. Es war ja nicht meine Wohnung. Also bereiteten wir Dennis' Wohnung für die Party vor. Wir kauften ein paar Snacks, stellten ein paar Getränke kalt und legten uns einige gute Platten zurecht. Dann warteten wir gemeinsam, bis es Abend wurde. Ein Kumpel, den ich über Sean kennengelernt hatte, kam als DJ vorbei und brachte mit ein paar Chinesen im Schlepptau seine riesige Anlage mit

Um 19.45 Uhr klingelte es. Zwei Amerikaner mit jeweils einer Flasche Whiskey standen an der Tür.

»Ist hier die Party?«, fragten sie.

»Ganz genau, kommt rein!«, bat ich sie und nahm ihnen ihre Jacken ab. Wenige Sekunden später klingelte es wieder an der Tür.

Und wieder. Und wieder. Und wieder. Und wieder. Um 21 Uhr war es so voll, dass sich unten am Aufzug schon eine Schlange bildete. Dennis wirkte überglücklich. »Hey, hast du noch die Nummer von diesem Lieferservice? Ich glaube, es wird Zeit«, schlug ich vor. Es gab einen ganz besonderen Party-Lieferservice. Shanghai war da allen anderen Städten Jahre voraus. Man konnte alles, wirklich alles bestellen. Zu jeder Tages- und Nachtzeit. Also ließen wir uns noch ein paar Vorräte extra kommen, bestellten zehn große Pakete mit Eiswürfeln, leerten sie in der Badewanne aus und packten dort den gesamten mitgebrachten Alkohol rein, weil Kühlschrank und Eisfach aus allen Nähten platzen. Ich sammelte mit einem Hut von jedem männlichen Gast etwas Cash ein und nutzte die Hälfte für die Bezahlung des Partyservices – und die andere, na ja, sagen wir mal, als eine Art Aufwandsentschädigung für mich. Ich war ja nun ein Unternehmer. Und es war ein gutes Geschäft. Je später es wurde, desto wilder wurde auch die Party. Und sie wurde verdammt wild.

Ich streifte ein wenig durch die Wohnung und beobachtete die Gäste. Dennis schien überglücklich in ein Gespräch mit drei Mädels vertieft zu sein. Auf der Couch neben ihm saß ein Kerl, der mir ins Auge fiel. Er sah ziemlich interessant aus. Auffällige Uhr. Perfekt sitzender Anzug. Schlangenlederschuhe. Ich beschloss, ihn einfach anzuquatschen.

»Hey, schön dass du auf *meiner* Party bist, ich hoffe, es gefällt dir.«

Die perfekte Opening-Line, mit der man wirklich jedes Gespräch eröffnen kann. Nicht nur bei Frauen.

»Nette Party, gute Wohnung«, lobte mich der Typ.

»Ich will euch gar nicht stören. Worüber sprecht ihr gerade?«

»Ach, nur über Business«, sagte er. »Ich heiße übrigens Khal. Khal Dorschi.«

Khal erzählte, dass er aus London kam und indische Wurzeln hatte.

»Und was genau ist dein Business?«, fragte ich neugierig nach.

Er grinste und nahm einen Schluck Whiskey. »Ich arbeite ein paar Stündchen in der Woche und mache 50.000 Renminbi pro Monat für meine Tasche.«

Ich musste lachen. »Das ist nicht dein Ernst?«

»Mein voller Ernst.«

Ich fixierte Khal. Irgendwie kam mir das, was er da erzählte, bekannt vor. Ich versuchte mich zu erinnern. Dann fiel es mir ein. Na klar, das war Tim Ferriss. *Die Vier-Stunden-Woche.* Dieses Buch, das ich nach meiner Abi-Zeit gleich mehrmals verschlungen hatte. Richi hatte es mir empfohlen. Aber damals dachte ich, das sei alles nur schöne Theorie.

»Nein«, sagte Khal, als könnte er meine Gedanken lesen. »Das funktioniert auch in der Praxis. Im Prinzip hänge ich ein paar Stunden in der Woche auf irgendwelchen Netzwerk-Veranstaltungen und Partys rum und spreche Europäer darauf an, ob sie Eigentumswohnungen besitzen. Immer mehr Leute kaufen gerade in Shanghai Eigentum. Und dann biete ich ihnen eine perfekte Lösung für ihr Eigentum an.«

»Was für eine Lösung?«

»Ich verspreche ihnen, dass ich ihre Wohnung ordentlich vermiete. Und nicht nur das. Darüber hinaus garantiere ich, Khal Dhadoshi, dass sie jeden Monat ihre Miete bekommen. Von mir persönlich. Egal, ob die Mieter zahlen oder nicht! Hundertprozentige Sicherheit für die Eigentümer. Das Risiko liegt bei mir.« Er wischte sich über seine Schlangenlederstiefel und richtete sich sein Einstecktuch.

»Und wie machst du das?«, bohrte ich nach.

Khal lächelte. »Ich kenne den Markt hier. Ich kann internationale Mieter finden. Jederzeit!«

»Okay, das verstehe ich. Aber wie kannst du *garantieren*, dass deine Leute ihre Miete auch zahlen?«

»Erstens«, sagte er und richtete sich auf, » weiß ich, wie die Menschen hier ticken.« Er tippte zweimal auf seine goldene Rolex. »In Shanghai würden die Locals eher verhungern, als Schulden nicht zu begleichen. Denn dann verlieren sie ihr Gesicht. Aber darauf ziele ich gar nicht ab. Mein Augenmerk gilt den Expats und den internationalen Studenten. Die bekommen ihre Wohnung nämlich entweder vom Arbeit- oder vom Stipendiengeber bezahlt. Zuverlässiger geht es nicht. Das Geld kommt da an, wo es hingehört.« Er zeigte auf seine Hosentasche und lächelte.

»Und wie funktioniert das in der Praxis?«

»Okay, mein Freund«, sagte er. »Für diese geile Party hier«, er machte eine ausladende Handbewegung durch den Raum, »verrate ich dir als Dankeschön mein Geschäftsgeheimnis. Ich hatte eigentlich gar kein Geld, als ich begonnen habe. Dennoch habe ich es irgendwie geschafft, mir eine Wohnung anzumieten. Sagen wir für 500 Pfund. Ich habe mir ein paar Möbel zusammengegaunert. Und dann habe ich diese Wohnung vermietet.« Er lächelte, verschränkte seine Arme hinterm Kopf und lehnte sich auf dem Sofa zurück. »Für 700 Pfund. Das mache ich, wie du dir sicher denken kannst, heute nicht mehr nur mit einer Wohnung.«

»Und was machst du, wenn du Leerstand hast?«

»Einfach keinen Leerstand haben.« Er lächelte. »Ich erkläre es dir. Du bist Deutscher, oder?«

»Ja.«

»Stell dir mal vor: Du bist frisch in China. Und du lernst zwei Leute kennen. Einer ist Deutscher. Einer ist Chinese. Beide bieten dir eine nahezu identische Wohnung an. Bei wem würdest du unterschreiben?«

»Wahrscheinlich bei dem Deutschen«, sagte ich, ohne dabei rassistisch klingen zu wollen.

»Genau. Schau mal, ich habe indische Wurzeln. Aber ich bin Engländer. Habe einen britischen Pass. Jeder andere Brite, Inder oder Europäer, der auch nach Shanghai kommt, vertraut mir um einiges mehr als einem Chinesen. Ist doch ganz normal. Ich spreche seine Sprache. Ich teile seine Kultur. Darum gibt es keinen Leerstand. Ich finde immer jemanden, der sich bei mir einmieten würde.«

Es schien mir vollkommen logisch zu sein, was dieser Mann mir da gerade offenbarte.

»Wie lange machst du das schon?«

»Sechs, vielleicht sieben Jahre. Ich habe mir das langsam aufgebaut. Schritt für Schritt. Und schau: Jetzt kann ich davon leben. Ich brauche nichts anderes mehr.« Er griff in sein Revers, zog sich eine Zigarre heraus und steckte sie an. Ich verstummte. Heftig. Für mich hatte sich dieser merkwürdige Typ innerhalb weniger Sekunden in ein unternehmerisches Vorbild verwandelt. Der Kerl war nicht mal sonderlich sympathisch, aber die Party war mir mittlerweile völlig egal. Ich wollte von dem Typen lernen. Denn alles, was er sagte, klang so einfach. Und so logisch. Seine Idee hatte sich in meinem Kopf festgesetzt.

Gleich am nächsten Morgen setzte ich mich hin und schrieb alles auf.

Schritt für Schritt. Das gesamte Gespräch in einem Schaubild: Ich miete eine Wohnung an. Möbliere sie. Und suche einen internationalen Untermieter. Der Eigentümer bekommt von mir eine Garantie: Er bekommt jeden Monat pünktlich die Miete. Der Mieter bekommt von mir eine coole Wohnung. Er muss sich um gar nichts weiter kümmern und zahlt dafür einen gewissen Aufschlag auf die Miete. Win-win-win – der Mieter hat eine Wohnung, der Vermieter sein sicheres Geld und ich verdiene jeden Monat mit. Mindestens 100 Euro pro Mieter. Das klang an diesem verregneten Samstagmorgen noch viel zu schön, um wahr zu sein.

*

Die nächsten Monate ließ mich der Gedanke nicht mehr los: ein passives Einkommen generieren. Ohne großartiges Startkapital. Und eines Tages an den Punkt zu kommen, wie Khal Dhadoshi. 5000 Euro im Monat. Für ein paar Stunden Arbeit. 5000 Euro im Monat. Das waren mindestens 50 Anzüge, die ich mit Ronald verkaufen müsste, um auf eine vergleichbare Summe für mich zu kommen. Das war alles andere als ein Selbstläufer, das war richtig harte Arbeit. Ich besorgte mir in einer europäischen Buchhandlung noch einmal das Buch von Tim Ferriss und studierte es. Die Grundidee der Vier-Stunden-Woche hatte sich seit dem Abend mit Khal bei mir eingebrannt. Jetzt war ich an dem Punkt, an dem ich genug darüber nachgedacht hatte. Jetzt wollte ich handeln. Es für mich ausprobieren. Mein eigenes Vier-Stunden-Wochen-Business starten. Khals Idee einfach kopieren, verbessern und auf den deutschen Markt übertragen. So richtig China-Style.

Ich dachte, es sei einen Versuch wert. Ich hatte vor Kurzem eine Nachricht bekommen. Zwei Jahre nach meiner Bewerbung wurde ich von der Uni Köln für BWL angenommen. Per Nachrückverfahren. Da gab es noch eine Uni mit Herz für 3,3-ler. Als ich einen Heimatbesuch machte, um mich mit meinem Geschäftspartner Ronald zu treffen, meine Familie in Reken zu besuchen und auch einmal einen Blick auf die Uni zu werfen, dachte ich mir, ich könnte ja gleich mal einen Test machen. Und selbst eine Wohnung anmieten, möblieren und dann weitervermieten.

Ich brauchte dafür lediglich zwei Dinge: eine fiktive Wohnung und die Rückmeldung potenzieller Interessenten. Ich schaute mir also im Internet eine durchschnittliche Dreizimmerwohnung an. WG-fähig, gute Lage – sie kostete etwa 900 Euro warm. Das war meine Basis.

Ich nahm diese Wohnung als Grundlage und teilte sie in drei Zimmer auf. Ich suche mir Fotos von möblierten Zimmern aus dem Netz, die ich ansprechend fand und die mit der realen Wohnung vergleichbar waren. Alle drei Zimmer hatten etwa 20 Quadratmeter. Ich müsste 300 Euro nehmen, um die Kosten zu decken, 350 Euro, damit es ein profitables Geschäft würde – und 400 Euro, damit es Spaß machte.

Jetzt machte ich einen klassischen A-B-C-Test, um auszuloten, ob Khals Modell hier in Köln auch funktionieren würde. Da alle drei Zimmer in Größe und Schnitt identisch waren, erstellte ich für eines der Zimmer drei Inserate. Ich gab drei verschiedene Adressen an – alle in ähnlich guter Lage. Und meine drei verschiedenen Preise: 300, 350, 400 Euro. Ich wollte sehen, ob die möblierten Zimmer für einen Aufpreis von 100 Euro in Köln vermietbar wären – und wie hoch die Nachfrage war.

Wenige Minuten, nachdem ich mein fiktives Inserat aufgegeben hatte, bekam ich die ersten Rückmeldungen.

»Für welche Hausnummer rufst du denn an?«, fragte ich nach und notierte mir auf einer Strichliste, welche Zimmer am begehrtesten waren. Das Ergebnis überraschte mich. Am nächsten Abend saß ich im Café und verglich die Ergebnisse. Über 100 Anfragen hatten mich per Mail und Telefon erreicht, und sie verteilten sich gleichmäßig auf die drei Zimmer. Die Theorie hatte bestanden. Jetzt wollte ich sie in die Praxis umsetzen. Ich brauchte jetzt nur noch eine reale Dreizimmerwohnung. In den nächsten Tagen graste ich sämtliche Online-Immobilienportale ab und kaufte mir sämtliche Lokalzeitungen mit Immobilienangeboten. Ich telefonierte jedes passende Inserat, eins nach dem anderen, ab. Und erklärte jedes Mal aufs Neue mein Konzept: »Ich miete Ihre Wohnung an und werde sie wunderschön möbliert weitervermieten. Der Vorteil: Sie haben niemals Leerstand. Und bekommen von mir persönlich jeden Monat pünktlich die Miete. Quasi eine Mietzahlungsgarantie.«

Aber meist kam ich gar nicht so weit. Ich konnte niemanden überzeugen. Dennoch blieb ich dran. Erzählte immer wieder von meinem Konzept und von meiner Mietzahlungsgarantie. Vergeblich. Niemand, wirklich niemand hatte Interesse. Und dann kam Jupp.

Kurz bevor ich schon aufgeben wollte, hatte ich Jupp Schmidt am Apparat. Er hörte sich meine Ausführungen interessiert an – und bat mich, zu einem persönlichen Gespräch vorbeizukommen. Ich atmete tief aus. Endlich, dachte ich. Endlich, endlich, endlich geht mein Traum in Erfüllung. Ich malte mir schon aus, wie ich die Wohnung einrichten würde – obwohl ich bisher nichts außer einer Einladung in die Kölner Südstadt hatte. Am nächsten Tag machte ich mich auf den Weg in Jupps Büro

Jupp Schmidt war eine ganz besondere Erscheinung. Das war kaum zu übersehen. Der Mann war Mitte 50, hatte lange, zurückgegelte Haare, mehrere Goldringe an den Fingern und einen Bentley Cabrio direkt vor seinem Büro stehen. Zudem war er ein echtes kölsches Orignal.

»Setz disch, Junge!«, sagte er und zeigte großmännisch auf einen Ledersessel vor ihm. »Und jetzt erzähl ma, watt willse denn?«

Ich fing an, Jupp Schmidt von meiner Idee zu erzählen. Von meinem Konzept. Jupp hörte sich alles an. Als ich fertig war, strich er sich durch seinen mächtigen Schnäuzer und lächelte.

»Isch finds joot, dasse Gas jibst. Isch weeß nisch, ob ett Sinn macht. Aber isch jeb dir ne Schonks.«

»Ich verspreche Ihnen, dass Sie das nicht bereuen werden«, sagte ich und schüttelte dem Mann die Hand. »Ich verspreche Ihnen, dass Sie immer pünktlich zum Monatsbeginn Ihr Geld kriegen werden!« Er hielt meine Hand fest und zog mich zu sich heran.

»Hör ma, Junge. Nur dasset weißt. Wennde mir Mist baust, kommt bei mir kein Anwalt. Dann kommen andere Leute. Verstehste?«

»Verstehe.«

*

Ich mietete Jupp Schmidts Dreizimmerwohnung an, plünderte mein Konto für die die erste Miete – und mein Stiefvater Jan Jaap sprang in die Bresche und gab mir eine Bürgschaft für die Kaution. Jetzt machte ich einen Schlachtplan. Ich hatte noch eine Woche in Köln. Und die musste hochproduktiv sein. Ich musste die Wohnung vernünftig möblieren: drei Zimmer, drei Betten, Strom anmelden, Internetvertrag klären, Küche einbauen. Fotos machen und die Zimmer inserieren. Dieses Mal keine Fake-Zimmer. Und das Allerwichtigste: Ich brauchte noch drei Mieter, die meinen Wunschpreis zahlten. Okay Max, von deiner Vier-Stunden-Woche bist du noch weit entfernt, dachte ich mir. Aktuell hatte ich eher 14-Stunden-Tage vor mir. Ich meldete mich bei eBay-Kleinanzeigen und anderen Ramschportalen an, lieh mir von Constantin einen Transporter und gaunerte mir gemeinsam mit meinem alten Schulfreund Nils für wenige Hundert Euro eine komplette Wohnungseinrichtung zusammen. Wir bauten alles innerhalb von 48 Stunden auf. Dann musste ich den Transporter wieder nach Bottrop bringen. Wir fuhren von Haushalt zu Haushalt, schleppten die Möbel in meine Wohnung bis in den vierten Stock ohne Aufzug und wurden in letzter Minute fertig. Eine Woche, bevor mein Flug nach Shanghai ging, war alles fertig. Ich fotografierte und inserierte die Wohnung. Und tatsächlich: Ich fand innerhalb eines Tages drei Mieter, die alle bereit waren, meinen Wunschpreis zu bezahlen. Alle drei unterschrieben, alle drei zahlten ihre Kaution, und direkt nach der letzten Schlüsselübergabe machte ich mich auf den Weg zum Flughafen. Ich hatte von diesem Tag an jeden Monat 300 Euro mehr in der Tasche. Wahnsinn, dachte ich. Der erste Schritt zur Umsetzung meiner Vier-Stunden-Woche war gemacht.

*

Während ich meine ersten Schritte mit meinem neuen Wohnungsbusiness machte, nahm auch Philipp & Ron's rasant an Fahrt auf. Wir hatten unsere Abläufe mittlerweile so gut im Griff, dass wir bereit waren zu expandieren. Also stellten wir Leute ein, die für uns in Deutschland Akquise betrieben. Vertriebler, die an Schulen, Unis und in Firmen auf Menschen zugingen und ihnen – für eine Provision – unsere Anzüge verkauften. Wir hatten uns entsprechend professionalisiert. Hatten mittlerweile ordentliche Stoff- und Stylebooks hergestellt, die sehr viel besser aussahen als die billig zurechtkopierten Hefte, die wir noch am Anfang hatten. Wir boten unseren Kunden jede Menge Service an, es war, als würde man seinen Anzug wie einen Brabus konfigurieren: Man konnte wirklich jedes Detail seines Anzugs bestimmen, konnte seinen Namen einsticken lassen, Linings auswählen, jeden Zwirn farblich abstimmen. Jeder Anzug war ein wirkliches Unikat. Und das kam bei unseren Kunden sichtlich gut an. So gut, dass wir immer wieder Momente hatten, in denen wir richtig ins Schwitzen kamen.

Einer unserer Top-Vertriebler hatte einen wirklich guten Deal ausgehandelt. Wir sollten eine komplette Hochzeitsgesellschaft ausstatten. Neben dem Bräutigam machten wir noch sieben weitere Anzüge für seine besten Freunde. Alles noch relativ junge Kerle. Und genau bei diesem Auftrag gab es ein Problem.

Noch während ich in meiner Kölner Wohnung saß und mit Nils einen Kleiderschrank zusammenbaute, klingelte mein Handy.

»Guten Tag, Herr Scharpenack, hier ist Jonas Dieckmann, es geht um die Anzüge, die wir bestellt hatten.«

Ich wusste sofort, worum es ging. Der Auftrag sollte eigentlich kein Problem sein, wir hatten genug zeitlichen Vorlauf, alles war ganz entspannt.

»Hey, alles in Ordnung mit Ihrer Ware?«

»Eigentlich nicht, darum rufe ich an. Die Anzüge sind noch immer nicht angekommen. Der Vertriebstyp meinte, ich soll mich mal bei Ihnen melden, und hat mir Ihre Nummer gegeben.«

»Das ist aber merkwürdig.«

»Wir haben Montag. Und am Samstag ist meine Hochzeit. Darum wollte ich sicherheitshalber noch einmal anrufen und nachfragen. Nicht, dass da irgendetwas schiefgelaufen ist?«

»Herr Dieckmann, ich nehme mich der Sache sofort persönlich an. Ich kümmere mich, keine Sorge, wir kriegen das hin.«

Ich ließ meinen Schraubenzieher fallen, schnappte mir meinen Laptop und sagte Nils, dass ich gleich wieder zurück wäre. Ich machte mich auf den Weg zum nächsten Internetcafé und versuchte, Frau Wang zu erreichen. Frau Wang war unsere neue Chefschneiderin und verantwortlich für Produktion, Qualitätskontrolle und Logistik. Mein Ziel war es, dass Frau Wang mich mittelfristig in China ersetzen würde.

»Hey, Miss Wang, Scharpenack hier, ich wollte einmal nachfragen ob es Probleme mit der Lieferung für die Hochzeitsgesellschaft gab? Lieferung LE-207, das waren die ...«

»... die acht Anzüge, ich weiß. Die haben wir bereits vor zwei Wochen verschickt. Sie müssten längst da sein.«

»Die Kunden meinten, sie hätten nichts bekommen. Ich bin noch in Deutschland und kann das von hier aus schlecht überprüfen, können Sie bitte ...?«

»Ich kümmere mich!«

Frau Wang war wirklich eine klasse Frau. Ich entspannte mich ein wenig, bestellte mir noch einen Espresso und wartete im Café auf ihren Rückruf.

»Herr Scharpenack, ich weiß, wo das Problem liegt.«

»Und?«

»Die Ware wurde vom Zollamt Düsseldorf konfisziert.«

Verdammt. Das war bisher noch nie passiert. Wir hatten bisher immer alles locker am Zoll vorbeigeschleust. Und es hatte nie irgendwelche Probleme gegeben. Vielleicht auch, weil wir sehr naiv an die Sache herangegangen waren. Wer Waren aus China nach Deutschland einführt, muss generell eine Einfuhrumsatzsteuer von 19 Prozent plus eine Zollgebühr von 12 Prozent auf Textilien zahlen. Wir hatten uns in der Regel davor gedrückt, indem wir die Waren einfach als »Geschenke« deklarierten. Dann gab es keine Steuern, keinen Zoll und mehr Profit für Philipp & Ron's. Oder ich flog selbst mit den Anzügen von Shanghai nach Deutschland und tat so, als wäre dies mein Privatgepäck. Alles nicht zu 100 Prozent legal, aber ich war jung, unerfahren und machte mir darüber keine Gedanken. Wir wählten einfach den unkompliziertesten Weg. Einmal verlangte der Zoll von uns irgendwelche Echtheitszertifikate. Wir hatten keine Ahnung, wo wir die herbekommen sollten, also luden wir einfach welche aus dem Internet runter und bearbeiteten sie mit Photoshop Es fiel niemandem auf, und wir machten weiter wie bisher.

»Was müssen wir tun, damit die Ware freigegeben wird?«, fragte ich Frau Wang.

»Unterlagen einreichen«, sagte sie nüchtern. »Ich schicke sie heute noch raus. Aber ich weiß nicht, wie lange es dauert.«

»Wie lange kann so etwas denn dauern?«

»Tage. Wochen. Ich weiß es nicht. Das liegt am Zoll.«

Ich massierte meine Schläfen. Ich hatte ein ungutes Gefühl. Das war alles sehr, sehr knapp. Ich dachte an meine halbfertige Wohnung und was es noch alles zu tun gab. Und das Risiko, dass es nicht klappen würde und wir eine komplette Hochzeitsgesellschaft ohne Anzüge hätten, wollte ich nicht eingehen. Das hätte ich mit meinem Gewissen nicht vereinbaren können.

»Frau Wang, ich habe nachgedacht: Wir müssen die Anzüge nochmal produzieren.«

»Alle? Nochmal?«

»Ja.«

»Und wenn sie wieder nicht durch den Zoll kommen?«

»Ich überlege mir was«, sagte ich. »Legen Sie bitte sofort los. «

»Ja.«

Ich lehnte mich in meinem Stuhl zurück und atmete tief durch. Komm schon, Max. Überleg dir was. Irgendwie musst du das Problem doch lösen. Ich verspürte einen riesigen Druck. Dann hatte ich eine Idee: Ich loggte mich bei StudiVz ein und schrieb in meine Shanghai-Gruppe, die ich damals gegründet hatte, eine Nachricht, ob jemand zufällig in den nächsten Tag von Shanghai nach Frankfurt oder Düsseldorf fliegen würde und noch Gepäck frei hätte?

Unter meinem Post sammelten sich sofort zahlreiche Kommentare.

»Achtung, unseriös!«

»Der Typ will bestimmt Drogen schmuggeln, passt bloß auf!«

»Meldet den mal!«

Ich schüttelte nur den Kopf. Mann, Mann, Mann. Wenn ich Drogen schmuggeln wollte, dann doch von Deutschland nach Shanghai. Nicht umgekehrt. Es gab in Shanghai ja kaum Drogen. Doch dann schrieb mir ein junger Kerl, der meinte, er würde Mittwochvormittag tatsächlich von Pudong Shanghai nach Düsseldorf fliegen. Für eine kleine Pauschale von 200 Euro sei er gerne bereit, für mich etwas zu transportieren. Solange es legal sei. Bloß keine Drogen.

»Keine Drogen«, antwortete ich ihm. »Versprochen. Es sind nur Anzüge. Stinknormale Anzüge.«

Ich sprach mit Frau Wang und erklärte ihr, dass die komplette Lieferung bis Mittwochvormittag fertig und in einem durchsichtigen Anzugsack am Flughafen Pudong sein müsste, wo ein junger Mann sie am Gate 23A um Punkt 12.45 Uhr entgegennehmen würde. Auf den durchsichtigen Anzugsack bestand er, weil er überprüfen wollte, ob mit den Anzügen nicht doch noch etwas geschmuggelt würde.

»Kriegen wir das hin?«

»Ja«, sagte die resolute Schneiderin und legte auf. Ich wusste, dass ich mich auf sie verlassen konnte, zumindest redete ich es mir ein. Der Kollege, der die Sachen transportieren würde, war selber noch Student. Ich versuchte ihn noch einmal per Skype zu erreichen und die Details der Übergabe mit ihm zu besprechen. Damals war das alles noch ein wenig komplizierter, es gab kein WhatsApp und kaum mobiles Internet. Man musste immer darauf hoffen, dass das Gegenüber gerade im Internet war und Skype geöffnet hatte. Es war ein ständiges Hoffen. Und die Zeitverschiebung machte es auch nicht gerade besser. Dennoch: Es ging alles gut. Der Junge landete am Donnerstagmittag in Düsseldorf. Ich nahm also am Flughafen meine drogenfreien Anzüge entgegen, drückte dem Studenten die versprochenen 200 Euro in die Hand, bedankte mich recht herzlich und machte mich auf den Weg zur Express-Reinigung, als gerade mein Handy klingelte. Es war Frau Wang.

»Frau Wang, es hat alles geklappt. Haben Sie vielen, vielen Dank!«

»Ja, ja. Hören Sie? Gerade haben wir Nachricht bekommen. Der Zoll hat die Anzüge freigegeben. Sie können sie abholen.«

Ich legte den Kopf in den Nacken und atmete schwer aus. Der ganze Aufwand also umsonst. Aber da ich sowieso schon vor Ort war, fuhr ich auch gleich beim Zoll vorbei und holte die zweite Lieferung ebenfalls ab. Während ich im Zug nach Düsseldorf saß, entwickelte ich in meinem Kopf eine neue Businessidee. MyDelivery. Eine Plattform, auf der jeder, der zu einem bestimmten Zeitpunkt an einen bestimmten Ort reist, Waren für andere transportieren kann. So wie der Student unsere Anzüge. Ich habe das zwar nie umgesetzt, aber die Idee beschäftigt mich bis heute.

Als ich am nächsten Abend in Düsseldorf bei unserem Kunden mit all den frisch gereinigten Anzügen ankam, strahlte der über das ganze Gesicht.

»Es hat doch noch geklappt?«, fragte Herr Dieckmann.

»Klar, hatte ich ja versprochen. Und die Lieferung kommt auch vom Chef persönlich.«

»Spitze!«

»Und weil das alles so kurzfristig war, habe ich noch einen Spezial-Deal für Sie gemacht.«

»Einen Spezial-Deal?«

»Wir haben sämtliche Anzüge doppelt produziert. Falls es bei der Hochzeit etwas wilder wird.«

Er lächelte. »Wow, das ist nett.«

»Geht aufs Haus«, sagte ich. »Bestellt gerne wieder bei uns.«

»Das werden wir!«

*

Wir hatten es gerade noch einmal geschafft. Aber Ron und ich merkten, dass wir an Grenzen stießen. Und diese Grenzen waren extrem dünn. Dennoch: Es lief alles irgendwie gut, und wir waren entschlossen, den nächsten Schritt zu gehen. Wir wollten in den Einzelhandel, eine offizielle Firma gründen und nach dem Stress am Zoll keine Tricksereien mehr machen. Ab sofort alles sauber, alles ordentlich, alles hundertprozentig legal. Wir dachten uns, dass wir unser Geschäft damit auf eine ganze neue Ebene bringen könnten. Und wir waren uns sehr sicher, dass Philipp & Ron's auch für den Einzelhandel ein interessantes Geschäft werden könnte. Wir würden nämlich einen Service statt eine fertige Ware anbieten. Das war ein nicht zu unterschätzender Vorteil. Wir blockierten keinerlei Ladenfläche, denn der Einzelhandel hatte keine großen Lagerflächen zur Verfügung. Und wir hatten keine Vorkosten. Alles war on demand. Alles was wir brauchten, waren ein Maßband und ein Stylebook. Die Läden hatten ohne großen Mehraufwand einen extremen Mehrwert. Sie konnten ihren Kunden einen besonderen Service anbieten, den sie einfach outsourcten. Und an dem sie dennoch mitverdienten. Und wir sollten recht behalten. Schon in den ersten Wochen, in denen wir unser Angebot im Einzelhandel platzierten, stieg die Nachfrage massiv an. Plötzlich kamen mehr und mehr Aufträge rein. Per E-Mail. Per Fax. Per Telefon. Zehn Anzüge hier. Zwanzig Hemden da. Aber es war nicht bloß die Menge, die uns überforderte. Auch die Messwerte, die wir aus dem Einzelhandel bekamen, waren trotz Ronalds Excel-Matrix katastrophal. Die ungeschulten Händler bekamen es einfach nicht richtig hin, was dafür sorgte, dass wir auf jeder Menge Ware sitzenblieben. Wir waren wieder ganz am Anfang. Und lieferten wieder Clownskostüme statt Maßanzüge aus. Nur dieses Mal nicht an Freunde, die uns diese Fehler verziehen – sondern an den Einzelhandel, der knallhart Entschädigung verlangte, die Waren reklamierte und dann auch noch die Geschäftsbeziehung beendete. Und so fiel innerhalb von nur einem Jahr alles, was wir uns aufgebaut hatten, wie ein Kartenhaus zusammen.

Ich hatte mich überschätzt, den Handel unterschätzt und mir keine Gedanken über die Folgen gemacht. Jetzt bekam ich die Quittung. Mein erstes Business war brutal gescheitert. Und ich wusste, dass damit auch meine Zeit in Shanghai endgültig zu Ende ging.

- Mut steht am Anfang deines Handelns. Glück am Ende.
- Selbstvertrauen gewinnst du, indem du lernst, dir selbst zu vertrauen. Gehe raus in die weite Welt und lerne dir selbst dein bester Freund zu sein. Dann bist du niemals allein und brauchst keine Angst mehr vor irgendwas zu haben.
- Angst ist nur eine Fiktion. Quasi ein Spuk. Wenn du bereit bist, dich deinen Ängsten zu stellen, wirst du immens wachsen – in allen Lebensbereichen.
- Schreibe dir vor einer Handlung, die durch Angst blockiert wird, deinen »Worst Case« auf. Du wirst feststellen: Es kann dir nichts passieren.
- Scheitern ist nicht das Gegenteil von Erfolg. Es ist ein Teil davon. Begreife jede vermeintliche Niederlage als eine wertvolle Erfahrung, die dich zum Wachstum auffordert. Kurz: If you lose, don't lose the lesson.
- Umgebe dich stets mit Menschen, die dich inspirieren sowie deine Werte teilen, und lege jegliche Form von Neid ab.
- Get Going! Nicht reden, sondern MACHEN! In den Worten Laotses: »Auch der weiteste Weg beginnt immer mit dem ersten Schritt.«
- Suche dir bei der Wahl des Partners für deine Gründung oder Unternehmung einen starken Partner, der deine Schwächen kompensiert und deine Stärken noch stärker macht! Schaue zu ihm auf.

KAPITEL 3
WACHSEN

Ich war 23 Jahre alt und wieder in Deutschland. Noch bevor ich gelandet war, hatte sich die Nachricht von meinem gescheiterten Business und meiner damit verbundenen Rückkehr verbreitet. Dabei begriff ich es gar nicht als Scheitern. Ich kam deutlich reicher zurück, als ich Deutschland damals verlassen hatte. Nicht im monetären Sinne, das war klar: Aber ich hatte neues Selbstvertrauen gewonnen, ein deutliches besseres Verständnis von Unternehmertum, jede Menge bereichernde Erfahrungen und wertvolle Kontakte gesammelt – und natürlich den Startpunkt zu meiner Vier-Stunden-Woche gesetzt. Aus diesen Bausteinen beschloss ich nun, das Fundament für meine weitere Zukunft zu legen. Ich hatte ja zumindest einen guten Startpunkt: Ich zog in meine untervermietete Wohnung, für die ich kaum etwas zahlen musste. Das meiste übernahmen meine Mitbewohner für mich. Und ich beschloss, mein BWL-Studium an der Universität zu Köln nun doch anzutreten. Ich hatte ja, als ich schon in Shanghai war, die Bestätigung bekommen, dass ich durch ein Nachrückverfahren doch aufgenommen wurde. Ich wollte es machen, einfach nur für den Fall der Fälle, dass ich mich irgendwann einmal tatsächlich bewerben müsste. Dann könnte ich zumindest sagen, dass ich einen akademischen Abschluss hätte. Ein Studium hatte auch den Vorteil, dass ich Bafög beantragen konnte und somit zumindest halbwegs abgesichert war. Ersparnisse aus meiner Unternehmerzeit hatte ich ja keine mehr. Alles, was wir uns damals angespart hatten, war für Nachforderungen von Finanzamt, Einzelhandel, Zoll und sonstigen Gläubigern draufgegangen. Ich fing also an, mich in Köln neu zu orientieren. Schritt für Schritt.

Die ersten Monate an der Uni waren fürchterlich. Ich hatte das Gefühl, dass ich mich einfach nicht richtig akklimatisieren konnte. Ich hatte aus dem Nichts heraus eine eigene Firma in einem fremden Land gegründet und nach dem Trial-and-Error-Prinzip gelernt, was es bedeutet, ein Unternehmer zu sein. Und jetzt saß ich in einer Vorlesung und musste Grundkurse der Mikroökonomie belegen, die einfach überhaupt keinen Bezug zur tatsächlichen Geschäftswelt hatten. Mir war natürlich klar, dass ein Studium immer bloß die Lehre der theoretischen Grundlagen war, aber diese Grundlagen hatten für mich so wenig Praxisbezug, dass sie mich schrecklich langweilten. Und auch meine Kommilitonen blieben mir fremd. Keiner von ihnen hatte irgendeinen unternehmerischen Ehrgeiz. Keiner von ihnen hatte irgendeine Idee, irgendeine Vision. Und das, obwohl sie doch Wirtschaft studierten. Ich dachte wehmütig an die langen Nächte mit Kai zurück, in denen wir in Shanghai zusammengesessen und über nichts anderes gesprochen hatten als über Möglichkeiten, ein Geschäft aufzuziehen. Mir fehlte das. Ich schrieb Kai eine E-Mail. Er war mittlerweile auch wieder zurück in Deutschland. Sogar in Köln. Wir trafen uns auf ein Bier und erzählten uns, was in den letzten Monaten alles passiert war.

»Lass uns etwas zusammen unternehmen«, schlug er spontan vor. Und er hatte auch gleich die passende Idee.

»Wieso machen wir keinen Trip zusammen? Einfach mal wieder ein bisschen rauskommen. Neue Leute kennenlernen.«

Scheinbar hatte auch er Lust auf Abenteuer.

»Klar, woran hast du denn gedacht?«

»Was ist mit Vegas?«

Ich sagte sofort zu. Las Vegas! Das war ein Traum, den ich mir schon immer mal erfüllen wollte. Ich war zwar als Kind mit meinem Vater und meinen Schwestern schon einmal in den Staaten gewesen. Ein Luxusurlaub in Florida. Aber die Erinnerungen an mein früheres Leben wurden blasser und blasser, sodass ich nichts gegen eine Auffrischung hatte. Und Vegas stand ganz oben auf meiner Bucket List. Ich nahm mir vor, in den nächsten Monaten so genügsam wie möglich zu leben, um mir ein bisschen Geld für unseren Trip zusammenzusparen. Ich vermietete sogar mein eigenes Zimmer wieder unter und wohnte wochenlang bei Freunden und Freundinnen und sparte, wo es eben nur ging.

*

Ich saß bei einem Kumpel auf der Couch, bei dem ich ein paar Tage wohnte, nippte an meinem Bier und starrte an die Decke. Ich brauchte dringend Geld. Mehr Geld. Bafög, 117 Euro Waisenrente und die 300 aus meinen Mieteinnahmen reichten gerade so, um jämmerlich zu überleben. Aber große Sprünge konnte ich nicht machen. Ich dachte darüber nach, mir noch etwas Zusätzliches zu suchen. Meine Gedanken kreisten. Ich suchte nach neuen Ideen.

»Warum suchst du was Neues?«, riss mich mein Kumpel aus meinen Tagträumen. »Du hast doch schon dieses geniale Wohnungsbusiness am Start. Mach das doch einfach größer.«

Ich schaute ihn an. Natürlich! Es gab doch sicherlich nicht nur einen Jupp in Köln, der bereit war, mir eine Wohnung zu vermieten. Ich griff nach meinem Laptop und öffnete wieder die Seiten sämtlicher Immobilienportale. Ich klickte mich durch die Angebote. Jedes Inserat begriff ich nun wieder als eine Chance, um Geld zu verdienen. Mann, warum war ich da nicht schon vorher drauf gekommen? Ich hatte in den letzten Wochen einfach meinen Fokus verloren. Dabei war der doch eigentlich gesetzt: die Vier-Stunden-Woche. Meine Vier-Stunden-Woche. Ich nahm mein Handy in die Hand. »Ich muss mal telefonieren«, zwinkerte ich meinem Kumpel nun schon deutlich motivierter zu.

In jeder freien Minute telefonierte ich nun sämtliche Inserate ab. Es zahlte sich aus. Ich fand einen neuen Jupp. Er vermietete mir wieder eine Dreizimmerwohnung. Allerdings war die in einem desaströsen Zustand. Er machte mir ein Angebot: »Du kannst die Wohnung für drei Monate kostenlos haben – musst sie aber renovieren.«

Ich willigte ein. Der Eigentümer wohnte in Berlin und hatte kaum Zeit, sich um etwas zu kümmern. Daher gefiel ihm mein Konzept mit der Mietpreisgarantie besonders gut. Während ich mich um die Renovierungsarbeiten kümmerte, wurde mir bewusst, was für ein Aufwand noch auf mich zukommen würde, wenn ich weiter wuchs.

Ich gestand mir ein: Das schaffte ich nicht alleine. Ähnlich wie bei Phillipp & Ron's wäre es vielleicht klug, mir einen Partner zu suchen. Ron schied aus. Er hatte mit seiner Uni genug zu tun und machte sich parallel mit einer neuen Firma selbstständig.

Ich dachte nach. Eva! Natürlich. Eva war eine extrem clevere Spanierin, die ich über Shanghai-Connections kannte. Sie machte gerade ihren Bachelor und wohnte in Köln. Intuitiv hatte ich ein gutes Gefühl, mit ihr Geschäfte zu machen – ohne Näheres über sie zu wissen. Ich traf sie am Chlodwigplatz in Köln und erklärte ihr mein Konzept.

»Klingt alles gut, Max. Hast du eine bestimmte Mietergruppe im Blick?«

Ich dachte zurück an Khal Dhadoschi und seine Expats und Studenten. Dann dachte ich an die willkürliche Mieterzusammenstellung in meiner ersten Wohnung. Ich hatte einfach irgendwelche Leute zusammengewürfelt. Die ersten drei, die bereit gewesen waren, den Preis zu zahlen.

»Es wäre doch super, wenn wir eine konkrete Zielgruppe ansprechen würden. Und für die dann einen richtigen Mehrwert zu schaffen. Nehmen wir die internationalen Studenten, die nach Deutschland kommen. Das sind gute Mieter. Sie bekommen Geld von ihren Stipendiengebern oder wohlhabenden Eltern. Aber sie haben Sprachprobleme und Schwierigkeiten, eine Wohnung und Anschluss zu finden.«

Ich dachte an meine eigene Zeit in Shanghai zurück. Eva hatte recht.

»Und diesen Studenten«, fuhr sie fort, »denen können wir ganz einfach einen echten Mehrwert bieten. Ein Rundum-Sorglos-Paket. Ein vollständig möbliertes Zimmer in einer netten WG. Und alles ist inklusive und schon vorbereitet. Strom, Internet, Küche.«

»Sie müssen nur ankommen, ihren Zimmerschlüssel abholen – und können loslegen. Plug & Study!«

Meine zweite Firma war geboren. Und Eva meine neue Geschäftspartnerin. Ich machte mit den insgesamt sechs Zimmern jetzt schon 450 Euro für mich. Und zusätzlich gönnten Eva und ich uns als Belohnung jeweils einen Vodafone-Vertrag inklusive nagelneuem iPhone. Den Rest des Geldes steckten wir in die Firma.

*

Ein halbes Jahr später war es dann so weit. Kai und ich saßen gemeinsam im Flieger und waren auf dem Weg in die Staaten. Ich hatte mich daran erinnert, dass ich beim Feiern in Shanghai Martin kennengelernt hatte. Den Pokerspieler. Wir hatten den Kontakt gehalten, und wie der Zufall es so wollte, war er auch gerade in Vegas und spielte dort ziemlich wichtige Turniere und hohe Cash-Games. Er sagte mir, dass ihm eine Unterkunft gestellt wurde und es genug Platz gäbe, sodass Kai und ich dort auch ein paar Nächte schlafen könnten. Ich sagte natürlich sofort zu.

Als unser Taxi nach einer langen Fahrt durch die Wüste Nevadas zum Halten kam, schauten wir uns beide ungläubig an.

»Hier?«

»Ja, das ... müsste stimmen.«

»Wer hast du nochmal gesagt ist dein Kumpel? Bill Gates oder so?«

Wir standen tatsächlich vor einem unfassbar luxuriösen Anwesen. Eine riesige Villa mit Garten, Pool und einem polierten roten Cadillac Escalate vor der Tür. Ich klingelte. Niemand öffnete. Ich versuchte es nochmal. Nichts.

»Ich glaube, der Typ hat uns verarscht«, sagte Kai sichtlich genervt.

»Auf keinen Fall. Schau mal, es brennt Licht und das Tor ist offen, wollen wir ...«

»Ach, ist eh egal.«

Wir öffneten das Tor, gingen durch den Garten in Richtung Villa und hörten schon von draußen laute, wummernde Bässe.

Als wir das Haus durch den Hintereingang betraten, waren wir inmitten einer Day-Party. Es liefen superhübsche Frauen in viel zu engen Bikinis herum, Typen mit Wasserpistolen schossen sich gegenseitig ab, die Tische waren vollgestellt mit roten Plastikbechern und Wodkaflaschen, und die Musik war so laut, dass man sein eigenes Wort kaum noch verstand. In einem der zahlreichen riesigen Zimmer lief auf einem überdimensionalen Plasma-Fernseher ein NBA-Spiel. Auf einem der großen Sofas davor lag zwischen ein paar

Pizzaschachteln Martin. Ich ging auf ihn zu. Er schlief halb, aber als er mich sah, sprang er sofort auf, stieß eine Flasche Bier um und umarmte mich. »Max, alter Chinese! Was machen die Anzüge? Geil, dass ihr da seid.« Er gab dem völlig perplexen Kai die Hand. »Nehmt euch was zu trinken, spielt ein bisschen Bier-Pong, springt in den Pool, fühlt euch wie zu Hause. Mein Haus ist euer Haus. Wenn ihr Hunger habt, ich glaube, die ist noch warm.« Er zeigte auf die Pizzaschachtel, neben der er geschlafen hatte.

»Danke, danke. Scheint ja 'ne coole Party zu sein. Was feiert ihr denn überhaupt?«

»Wie, was feiert ihr?«

»Na, gibt es einen Anlass oder so?«

»Nein, nein, das ist hier immer so. Willkommen in Vegas, Baby.«

An diesem Tag begriff ich, wie der Lifestyle eines Pokerstars aussah.

Kai und ich passten uns an und feierten die Tage, wie sie kamen, in unserer neuen Unterkunft. Martin war der beste Gastgeber, den man sich nur vorstellen konnte. Er ließ mich den gesamten Trip über vergessen, wie pleite ich eigentlich war. Und wir waren nicht die Einzigen, die er in seiner Villa unterbrachte. Er hatte weitere Pokerstarfreunde, die hier wohnten. Sie alle hatten Hunderttausende von Euro mit dem Spiel verdient: etwa Marc Gork oder Sebastian Ruthenberg. Je mehr wir mit ihnen sprachen, desto mehr hatte ich Lust, selbst mal wieder zu pokern. Ich war nie wirklich ein Spieler gewesen und hatte bisher nur mit Freunden ein wenig gezockt. Aber wir waren schließlich in der Welthauptstadt des Gamblings. In Las Vegas. Und so beschlossen Kai, Martin und ich, ins Aria zu gehen, eines der besseren Casinos in der Stadt. Ich überzog meine Kreditkarte, und wir setzten uns an den kleinstmöglichen Tisch. Ich ging mit 100 Dollar ins Spiel. Sämtliche Getränke gingen aufs Haus. Zum Glück.

Es dauerte keine halbe Stunde, und ich kannte den gesamten Tisch. Da saß ein alter Texaner mit einem riesigen Cowboyhut, der hier seine Rente verzockte, eine ältere, schrill geschminkte Frau, die tagsüber ein Nagelstudio betrieb, und ein freakiger Deutscher, der bloß mit einem Bademantel bekleidet war.

Es dauert eine weitere halbe Stunde, und ich hatte alles verspielt. Ich hatte nicht mal mehr genug Geld, um mir das Taxi zurück zu Martins Villa zu leisten. Kai übernahm.

»Sieh es positiv«, sagte er. »Du hast wieder etwas gelernt. Du kannst nicht pokern.«

»Beim Poker gibt es nur zwei Gewinner«, ergänzte Martin unser Gespräch. »Die Bank. Und die besten fünf Prozent aller Spieler. Und zu den oberen fünf Prozent gehörst du nur, wenn du Poker als einen Sport begreifst, für den du jeden Tag stundenlang trainieren musst.«

Okay, dachte ich mir. Wenn ich gewinnen will, muss ich also zur Bank gehören.

»Eigentlich hätte es etwas, selbst eine Pokerveranstaltung zu geben«, überlegte ich und dachte dabei an die Simpsons-Folge, in der Bart in seinem Baumhaus ein Casino gründete.

»Vergiss es«, sagte Martin sofort. »Es ist in Deutschland verboten, ein Casino aufzumachen. Und wenn du es auf die illegale Schiene versuchst, nehmen dich die Behörden und das LKA richtig hart ran.«

Kai grinste. »Ja, aber es gibt ein Schlupfloch, habe ich neulich erst gelesen.«

»Ein Schlupfloch?«

»Eine Art Gesetzeslücke. Und die heißt: Sachpreisturnier.«

Kai und ich fingen an, über den Pokertisch zu philosophieren, an dem wir gesessen hatten. »Überleg mal«, sagte ich. »Wie schnell wir da mit Menschen in Kontakt gekommen sind. Menschen, die du nie zuvor gesehen hast.«

Wir bestellten noch einen Gin Tonic aufs Haus. »Auf jeden Fall schneller als auf diesen lächerlichen Netzwerkveranstaltungen. Weißt du noch, als wir auf diesem Xing-Meeting waren?«

»Wie könnte ich das vergessen!«

Eigentlich waren Netzwerkveranstaltungen eine großartige Sache. Ich hatte ja selbst riesiges Interesse, mein Netzwerk zu erweitern. Und ich hatte in Shanghai gesehen, was für einen unglaublichen Effekt das haben konnte. Aber die gängigen Veranstaltungen waren alle fürchterlich. Ich war mit Kai auf diversen Xing-Events gewesen, auf denen keine einzige coole Persönlichkeit aufgekreuzt war. Außer natürlich uns. Stattdessen: Versicherungsvertreter, Anlageberater und Banker. Und das Schlimmste: Niemand kam wirklich ins Gespräch. Es gab Stehtische, an denen Leute standen, die sich auch schon vorher gekannt hatten. Es gab keine Durchmischung der Gäste. Im Programm war zwar überall immer ein Speedbusinessdating vorgesehen, wo man sich innerhalb von dreißig Sekunden nach und nach jedem einzeln vorstellte, aber das brachte auch nicht viel, denn nach der Vorstellung hatte man bereits vergessen, mit wem man zuvor gesprochen hatte, und am Ende stand man wieder in demselben Grüppchen, in dem man schon vorher gestanden hatte, und quatschte mit den immergleichen Versicherungsvertretern und Anlageberatern.

»Was, wenn wir unsere eigene Veranstaltung machen?«, sagte ich plötzlich. »Netzwerken beim Pokern. Das wäre doch eine wahnsinnig gute Kombination.«

Kai nickte. Er war sofort begeistert. »Ja, das müssen wir machen! Das ist fantastisch. Und das Wichtigste: Wir laden nur coole Leute ein. Leute, die wir treffen wollen. Leute, die uns dafür bezahlen, dass sie zu unserer Veranstaltung kommen dürfen.« Er klatschte in die Hände. »Geil.« Genau wie Ron damals brachte Kai noch in derselben Nacht meine unstrukturierten Ideen auf Papier.

Und so wurde Gründerpokern geboren. Als wir zurück in Deutschland waren, machten wir uns sofort an die Arbeit. Wir suchten eine Firma, die uns Pokertische stellte, und schrieben gleichzeitig auf Xing alle interessanten Gründer und CEOs der Region an. Und es sagten tatsächlich einige Leute zu. Die ersten zweimal Gründerpokern fanden noch bei Kai zu Hause statt. In einem semiprofessionellen Umfeld. Zwanzig Leute kamen. Unter anderem die Gründer von homelike, studitemps und Sevenload. Unser Konzept war klar: Wir ermöglichten es der Gründer-Elite, sich bei uns spielerisch kennenzulernen. Dafür verlangten wir zunächst lediglich 60, später 70 Euro und boten den Gründern neben kulinarischer Versorgung und gesponsorten Sachpreisen das Wichtigste überhaupt: ein von uns vorselektiertes Netzwerk.

Nachdem die ersten Veranstaltungen ein voller Erfolg waren, beschlossen wir, aus dem Konzept eine Firma zu machen. Seitdem gibt es in Hamburg, Köln, Frankfurt, Berlin und München bis heute unsere Veranstaltungen, zu denen das Who-is-Who der Gründerszene geladen wird. Pro Veranstaltung lassen wir maximal 99 ausgewählte Gäste zu. Wer bisher noch auf keiner Veranstaltung war, muss sich entweder bewerben oder auf Empfehlung bekommen. In jedem Fall aber ein Gründer oder eine spannende Persönlichkeit sein. Das ist unser Konzept geblieben. Bis heute tragen die Veranstaltungen zu meinem passiven Einkommen bei und erweitern mein Netzwerk.

*

Ein paar Monate später saß ich alleine in der Mensa der Uni Köln und fühlte mich mies, richtig mies. Ich nahm meine Gabel, stocherte in meinen 2,30-Euro-Nudeln mit Tomatensauce herum und fragte mich, was eigentlich mit mir los war. Es schien doch so weit alles gut anzulaufen: Mit Gründerpokern hatte ich eine Veranstaltungsreihe ins Leben gerufen, die mir extrem Spaß machte, mit Plug & Study hatte ich mein eigenes Business am Start, mit dem ich monatlich bereits auf Minijobbasis verdiente. Aber mir fehlte noch der richtige Durchbruch. Der nächste Schritt. Ich war ungeduldig. Und ich hatte das Gefühl, dass ich in dem Uni-Umfeld, in dem ich mich bewegte, nicht vorankommen würde. Mein Studium frustrierte mich. Meine Kommilitonen frustrierten mich noch mehr. Die meisten hatten weder Ahnung vom Business, noch hatten sie ein ernsthaftes Interesse daran. Sie bekamen monatlich ein wenig Geld von ihren Eltern überwiesen und saßen ihre Stunden in den Vorlesungen ab. Abends guckten sie dann Fußball oder gingen auf Partys. Das reichte mir nicht. Ich wollte mehr. Ich wollte etwas aufbauen. Ich wollte etwas bewegen.

Ich schob meinen Teller beiseite und stützte meinen Kopf auf meinen Händen ab. Ich brauchte dringend mal wieder einen Tapetenwechsel. Ich dachte zurück an unsere Reise nach Las Vegas, dachte an die Menschen in den USA, die so viel offener waren. Und dann dachte ich an das Silicon Valley. Im Valley musste es eine fantastische Gründermentalität geben. In irgendwelchen Garagen entwickelten hungrige junge Menschen Start-ups, die Geschichte schrieben, die die Welt veränderten: Facebook, YouTube, Instagram. Wie gerne würde ich diesen Unternehmerspirit dort vor Ort einfangen! Mich mit solchen Leuten umgeben! Aber es war unrealistisch. Die Mieten im Valley waren schon damals extrem hoch, es war für Normalsterbliche kaum möglich, dort zu leben. Und für mich erst recht nicht.

Die Mensa leerte sich langsam. Okay Max, du musst clever sein. Du hast jetzt schon so viel erlebt, hast so viel gesehen, sprach ich mir selbst Mut zu. Kannst du aus deiner besonderen Geschichte nicht irgendetwas machen? Irgendetwas, dass ... und dann hatte ich es!

Natürlich! Warum war ich da nicht schon eher drauf gekommen? Ich schob mein Tablett weg, griff mir meine Jacke und eilte nach Hause. San José! Dort war die Partner-Uni von Köln, und sie war nur 15 Minuten vom Valley entfernt. Ich könnte ohne Probleme ein Auslandssemester dort machen. Ich brauchte nur das entsprechende Kleingeld. Aber auch dafür hatte ich einen Plan. Ich öffnete meinen Laptop und googelte nach Stipendiatendiensten. Davon hatte mir Richi immer erzählt. Ich surfte die ganze Nacht im Internet und suchte mir passende Förderprogramme heraus. Am Ende hatte ich eine Liste mit 25 Adressen. Dann fing ich an zu schreiben – 25 Briefe. Und in jedem Brief schrieb ich meine Lebensgeschichte auf. Vom Tod meines Vaters über Shanghai bis zu Gründerpokern. Ich legte alles offen. Und ich schrieb, dass ich unbedingt ins Valley wollte. Dass ich gerne dort den nächsten Schritt machen wollte, um noch mehr vom Leben zu lernen. Ich war richtig enthusiastisch und gab mir extrem viel Mühe. Als ich mit allem fertig war, ging ich zur Post und schickte alle 25 Briefe ab. Ich bekam 24 Absagen zurück – und eine Einladung für ein Kennenlerngespräch.

Im Mai 2011 fuhr ich also nach Hamburg, wo sich eine kleine Wirtschaftsförderung angesiedelt hatte. Ich erzählte den Leuten dort noch einmal von Angesicht zu Angesicht meine Geschichte. Und überzeugte sie. Sie gaben mir ein Stipendium in einer Höhe von 1250 Euro im Monat, damit ich für ein Semester im Valley studieren konnte. Das war exakt die Summe, die ich auch bei Bodo Buschmann in meinem Praktikum verdient hatte. Zusätzlich wurden die Semestergebühren und die Flugkosten übernommen. Ich war der glücklichste Mensch der Welt.

*

Ich stützte mich auf meinem Schreibtisch ab und massierte meine Schläfen. Mein Kopf tat weh. Vor mir lag ein ganzer Stapel von Papieren. Mein Auslandsaufenthalt stand unmittelbar bevor, und ich hatte noch jede Menge Bürokratiezeugs zu erledigen. Sehr viel mehr als gedacht. Ich musste eine passende Auslandskrankenversicherung abschließen, mein Studentenvisum beantragen und ... ich schreckte hoch. Mein Handy klingelte. Ich war so in Gedanken vertieft, dass mich der schrille iPhone-Ton komplett aus dem Konzept brachte. Ich schaute auf das Display. Eine Nummer aus Österreich.

»Hallo?«

»Max? Hi. Hier ist Johannes.«

Ich dachte kurz nach.

»Johannes Strassmann, wir haben uns letzte Woche ...«

Na, klar! Johannes! »Ich weiß, ich weiß, Johannes, wie geht es dir?«

Johannes Strassmann war nicht irgendwer. Johannes Strassmann war einer der besten Pokerspieler der Welt. Und er war völlig überraschend vor ein paar Wochen in München auf einer unserer Gründerpokern-Veranstaltungen aufgetaucht. Damit hatte wirklich niemand gerechnet. Als wir die Veranstaltung in München geplant hatten, hatte ich mir gedacht, dass ich einfach mal auf gut Glück ein paar Profispieler einlade. Um den Entertainment-Faktor zu erhöhen. Viele von ihnen wohnten in Wien, weil im Gegensatz zu Deutschland in Österreich keine Steuern auf Pokergewinne anfielen. Und der Weg nach München war nicht allzu weit. Ich hatte nicht wirklich damit gerechnet, dass jemand kommen würde, aber Johannes Strassmann war gekommen. Und wir hatten sofort einen guten Draht zueinander.

»Ich wollte mich nochmal für den Abend bedanken.«

»Johannes, ich habe zu danken. Dein Besuch hat die Veranstaltung deutlich aufgewertet. Unsere Gäste mochten dich. Für viele die erste Begegnung mit einem echten Pokerprofi.«

»Freut mich. Aber ich rufe nicht einfach so an. Es gibt da einen Pokerspieler, der ursprünglich aus der Köln-Bonner Ecke kommt. Genau wie du und ich. Pius Heinz.«

»Den Namen habe ich noch nie gehört.«

Johannes lachte laut auf. »Dann solltest du ihn dir spätestens jetzt merken. Pius ist bei den November Nine.« Die November Nine waren die neun Pokerspieler, die sich gegen zigtausende Konkurrenten behaupten konnten und nun in Las Vegas bei der Weltmeisterschaft gegeneinander antraten. Es ging dabei um einen Millionenbetrag, so viel wusste ich. »Glaub mir«, fuhr Johannes fort. »Der Typ ist ein unfassbares Talent.«

»Und wie kann ich ihm helfen?«

»Sein Problem hast du gerade selbst schon erkannt. Man kennt ihn nicht richtig. Er taucht zwar gerade mehr und mehr in den Medien auf, aber er braucht einen Profi an seiner Seite. Stell dir mal vor, er wird das Ding gewinnen und deutschlandweit berühmt ... Das braucht ein gutes Management, und da habe ich an dich gedacht. Ich selbst coache ihn im Bereich Ernährung und Fitness. Wenn du Interesse hast, dann sag Bescheid. Das würde zu dir passen.«

»Klingt super interessant. Gib ihm einfach meine Kontaktdaten weiter.«

Ein paar Tage später poppte bei Skype eine Chatanfrage auf. Von MastaP89. Pius Heinz. Wir chatteten ein wenig miteinander und fanden schnell einen guten Draht. Pius lebte auch in Wien.

»Du machst doch diese Pokerveranstaltung«, schrieb er mir. »Und scheinst gut vernetzt zu sein. Ich könnte ein bisschen Unterstützung gebrauchen. Wie du weißt, bin ich bei den November Nine, sollte ich das Ding gewinnen, würde ich 8,7 Millionen Dollar in der Tasche haben.«

»8,7 Millionen Dollar ...«

»Ja. Und ein Bracelet.«

»Wahnsinn.«

»Aber selbst wenn ich auf dem letzten Platz lande, gewinne ich noch über 800.000 Dollar. Der Aufenthalt lohnt sich also«, sagte er trocken.

»Also, ich würde dir gerne helfen. Wirklich. Ich bin ab nächste Woche sogar in Kalifornien. Quasi um die Ecke. Wir sollten uns dennoch vorher einmal in Deutschland treffen. Und einen Masterplan ausarbeiten.«

*

Ein paar Tage später saß ich in meinem kleinen Kölner Hinter-hof-Büro, von dem aus ich meine Plug & Study und die Gründer-pokern-Geschäfte klärte. Ich bereitete meine Übergabe für Eva vor, als die Tür aufging und ein sympathischer, 1,90 Meter großer Bubi hereinkam. Pius Heinz. Es machte sofort Klick. Und das war auch nicht sonderlich schwer. Pius war einer der sympathischsten Men-schen, die mir bis dahin begegnet waren. Er hatte ein von Grund auf freundliches Wesen. Er erzählte mir von sich. Ich erzählte ihm von mir. Und dann fanden wir zusammen.

»Also, wenn du magst, kann ich für dich Management und PR machen«, schlug ich vor.

»Hast du sowas schon mal gemacht?«

»Nicht wirklich. Nein«, antwortete ich ehrlich.

Er lachte. Erst war er etwas zögerlich, aber dann sagte er zu. »Du hast schon zwei Firmen am Laufen, bist ja jetzt in den USA. Ganz auf den Kopf gefallen kannst du also nicht sein. Außerdem machst du was mit Poker. Das passt schon.«

Wir gaben uns die Hand, und in diesem Moment hatte ich eine weitere Aufgabe. Die Gedanken an mein Studium waren mittlerwei-le schon ganz weit in meinen Hinterkopf gerückt. Auf einen Schlag war ich nun auch noch Manager. Der Manager von Pius Heinz, dem hoffentlich bald ersten deutschen Pokerweltmeister der Geschichte. Ich war richtig euphorisch. Ich hatte das Stipendium bekommen, flog ins Silicon Valley und würde einen aufstrebenden Pokerstar managen. Und plötzlich wurde mir klar: Mensch, Max. Das hier hast du alles geschafft. Aber du hast verdammt nochmal vergessen, dich um eine Wohnung in den Staaten zu kümmern! Das war wie-der mal typisch.

*

Ich landete am frühen Abend in San Francisco und hatte überhaupt keine Idee, wo ich wohnen sollte. Dennoch: Ich machte mir keine großen Gedanken. Es würde schon irgendwie klappen. So wie es ja immer irgendwie klappte. Mittlerweile vertraute ich mir und dem Leben. Ich streunerte also ein wenig durch die Straßen von San Francisco und hielt Ausschau nach einem Internetcafé. Bevor ich losgeflogen war, hatte ich bei Couchsurfing noch ein Übernachtungsgesuch eingestellt. Und tatsächlich: Ich hatte Glück. Eine Asiatin hatte mir geschrieben, dass ich eine Nacht bei ihr bleiben könnte. Ich schrieb ihr zurück.

»Hey, super. Ich bin gerade gelandet und würde dann so in einer halben Stunde vorbeikommen. Ich hoffe, das ist cool für dich?«

Es war mir ein bisschen unangenehm, denn es war schon 21.30 Uhr. Aber mir war auch klar, dass es noch unangenehmer werden würde, je länger ich wartete. Also entschied ich mich, ihre Antwort nicht mehr abzuwarten, sondern einfach zu der angegebenen Adresse zu fahren und zu hoffen, dass sie mir auch um diese Zeit noch die Tür aufmachen würde.

Ich öffnete Google Maps und versuchte, mir den Weg einzuprägen. Mobiles Internet hatte ich immer noch nicht. Ich hatte eigentlich überhaupt kein funktionsfähiges Handy, weil ich es mal wieder versäumt hatte, mir eine amerikanische SIM-Karte für mein iPhone am Flughafen zu besorgen. Aber das hatte ja noch Zeit. Die Asiatin wohnte im South-Market-Gebiet, südlich der Marktstraße. Es war ein gutes Stück von mir entfernt. Ich nahm einen Bus, und als ich an der richtigen Haltestelle ausstieg, war meine anfängliche Euphorie, die ich im Flugzeug noch hatte, so ziemlich verflogen. Es war wirklich eine absolut heruntergekommene Gegend hier. Es war dunkel, die Hälfte der Straßenlaternen war ausgefallen. Aus den Gullydeckeln stieg Dampf auf, an den Straßenecken saßen Junkies und Alkoholiker, die ihre Schnapsflaschen in braunen Tüten verstecken. Ein Kerl setzte sich sogar vor meinen Augen eine Spritze. Ein anderer rauchte Crack. Das war so gar nicht das Bild, das ich von San Francisco im Kopf hatte. Wo waren denn die Blumenkinder, die Gitarre spielend auf den Wiesen saßen? Wo waren all die Start-up-Gründer, die Nerds und Co-Working Spaces? Aber ich hatte gar nicht viel Zeit, mir darüber große Gedanken zu machen. Ich suchte die Adresse von meiner Übernachtungsmöglichkeit und fand sie in einer kleinen Seitenstraße. Ich klingelte bei Vong.

»Hey«, sagte ich, als eine zierliche Frau, die etwas älter war als ich, mir freundlich die Tür öffnete. »Ich bin Max. Von Couchsurfing. Ich hoffe, es ist okay, dass es ein bisschen später geworden ist.«

Die sympathische Frau lächelte mich an. »Natürlich. Komm rein, komm rein!«

Sie hatte eine ziemlich kleine Wohnung, die eigentlich nur aus einem einzigen Zimmer bestand. Sie selbst schlief in einem platzsparenden Klappbett, das in die Wand eingearbeitet war. Für mich hatte sie eine Luftmatratze auf dem Boden vorbereitet. Es war wirklich wahnsinnig liebevoll gemacht. Sie hatte mir im Bad ein Handtuch zurechtgelegt. Und eine winzige Shampoo- und eine winzige Duschgel-Packung. Neben meiner Luftmatratze stand eine Flasche Wasser. Ich erlebte zum ersten Mal einen Menschen, der dieses Gastgeberding so verinnerlicht hatte, dass er seine eigene Freude aus der Freude des Gegenübers schöpfte. Die kleine Frau war einfach glücklich darüber, dass ich mich wohlfühlte. Sie nahm ja keinen Cent von mir. Ich nahm mir vor, von ihr zu lernen. Die Freude am Gastgebersein vollständig zu verinnerlichen. Nicht nur für meine Netzwerkveranstaltungen und mein Plug & Study-Business, sondern generell für mein Leben.

*

Ich war unglaublich müde und vom Jetlag gerädert, aber ich wollte auch nicht unhöflich sein, sodass ich mich noch ein wenig zu meiner Gastgeberin setzte und mich mit ihr unterhielt. Sie wollte selbst einmal nach Deutschland reisen und hatte tausend Fragen an mich. Sie setzte einen Tee auf, und wir verquatschten uns noch bis Mitternacht. Dann ging ich ins Bett und schlief tief und fest. Als ich am nächsten Morgen aufwachte, war ich bester Laune und voller Energie. Meine Gastgeberin erklärte mir, wie ich zum Caltrain, dem kalifornischen Regionalzug, kam, verabschiedete sich von mir, und ich verließ gut motiviert ihr winziges Apartment.

Ich zog also mit meinem Koffer wieder durch die Straßen von San Francisco, folgte dem Weg, den die Asiatin mir beschrieben hatte, und fühlte mich wieder wie damals in Shanghai. Ich fühlte mich wie ein Auswanderer. Nur eine Sache war anders. Die Angst, oder die Sorge, die ich damals hatte, dass ich mit meinem Geld nicht zurechtkommen könnte, war weg. Dieses Mal hatte ich eine Absicherung. Ich wusste, dass ich für die kommenden sechs Monate vollkommen versorgt war. Dass am ersten eines jeden Monats neues Geld auf mein Konto kam. Dass ich durch mein Stipendium ein regelmäßiges Einkommen hatte. Außerdem lief mein Vier-Stunden-Wochen-Business, Plug & Study, mittlerweile so gut, dass ich mir ein monatliches Gehalt von 450 Euro auszahlen konnte. Das entsprach einem Minijob.

Es war ein gutes Gefühl. Ein Gefühl von Sicherheit. Mir war klar, dass ich so weit kommen wollte, dass ich eines Tages durch mein passives Einkommen mein gesamtes Leben bestreiten kann. Dann sah ich den Bahnhof, stieg in den Caltrain und fuhr nach San José. Es war wahnsinnig spannend, die einzelnen Stationen abzufahren, die ich schon vom Namen her kannte. Insbesondere Palo Alto, wo Facebook saß. Das legändere Sillicon Valley. Wo fast alle technischen Innovationen herkamen, die unser Leben bestimmten, von Apple über Google bis Instagram. Ehrfürchtig blickte ich aus dem Fenster.

Einige Stationen später stieg ich aus. San José. Ich war komplett geflasht. Die Euphorie, die ich im Angesicht der Junkies gestern kurzzeitig verloren hatte, war nun wieder da: Hier war alles ganz genau so, wie ich mir Kalifornien vorgestellt hatte: hübsche große Frauen mit langen blonden Haaren, durchtrainierte Männer, alle gut angezogen in irgendwelchen Ralph-Lauren-Poloshirts. Und der Campus war noch eindrucksvoller, als ich ihn mir vorgestellt hatte. Er war hochmodern, riesengroß und einfach wunderschön. Der Rasen war perfekt getrimmt, die Fassaden poliert. Und überall blühten Palmen. Richtig exotisch. Erst jetzt begriff ich, wo ich eigentlich gelandet war.

Die San José State University hatte einen sehr viel besseren Ruf, als ich es zunächst angenommen hatte. Sie war zwar nicht so angesehen wie das nicht weit entfernte Stanford – aber doch sehr nahe dran. Und hier stand ich nun auf dem Campus mit meinem Rucksack und meinem Rollkoffer – und dem Bewusstsein, dass ich noch immer keine Unterkunft hatte. Egal, es wird sich schon etwas finden. Und wenn nicht, dann schlafe ich halt draußen, dachte ich mir scherzhaft. Es war ja warm.

Ich ging zunächst zum Office of Registration und verbrachte den halben Tag damit, das ganze Bürokratie-Zeugs hinter mich zu bringen: Immatrikulation, Beantragung von Studentenausweis und Mensakarte, Registrierung meiner Daten. Als ich durch war, setzte ich mich in die Unibibliothek, verband meinen Rechner mit dem WLAN und schaute bei Couchsurfing, ob sich vielleicht etwas in der Nähe finden würde. Und tatsächlich. Jemand hatte etwas inseriert. Nicht weit von der Uni entfernt. Er war sogar online.

»Hi Max«, antwortete er sofort auf meine Anfrage. »Mein Gästezimmer ist noch frei. Alles kein Problem. Wo bist du gerade?«

»An der Uni«, antwortete ich ihm.

»Super. Ich auch. Komm in einer Viertelstunde an Parkplatz 7, dort sammele ich dich ein.«

Wow. Das war einfacher als gedacht. Ich packte meine Sachen und ging zum vereinbarten Treffpunkt, wo auch schon ein fetter weißer Pick-up mit laufendem Motor auf mich wartete.

»Max?«

»Ja, hey.«

»Ich bin Nelson, schön, dich kennenzulernen, steig ein.«

Nelson war ein gutes Stück älter als ich. Er hatte asiatische Wurzeln und trug einen feinen Tweed-Anzug.

»Ja, super, vielen Dank, dass das klappt.«

»Gar kein Ding, Max. Du kannst gut und gerne drei Tage bei mir bleiben, danach wird es etwas schwierig.«

»Drei Tage sind perfekt.«

»Du bist frisch in San José? Wo kommst du her?«

»Aus Deutschland«, sagte ich und erzählte ihm meine Geschichte. Nelson erzählte mir darauf, dass er hier an der Uni arbeitete. Er war Professor für Mathematik und Physik. Er war ein wahnsinnig entspannter, lockerer Kerl. Wir fuhren zu seinem Haus. Eigentlich war es gar kein normales Haus. Es war vielmehr ein Anwesen. Er hatte einen riesigen Pool, eine große Bibliothek und einen riesigen Schrank – nur für Weinflaschen. Und er wohnte auch noch in einer der teuersten Gegenden der Stadt. Jackpot, dachte ich. Hier lässt es sich doch aushalten.

»Komm, stell deine Sachen einfach ab, und wir fahren noch etwas essen, was meinst du? Ich lade dich ein.«

»Nelson, das ist supernett, aber gar nicht nötig.«

»Ich mache das gerne«, sagte er. Dann erzählte er mir seine Geschichte. Nelson war Chinese, der einer verfolgten Minderheit angehörte. Als Kind war er mit seinen Eltern über Taiwan in die USA geflohen. Es war die klassische Geschichte einer Auswandererfamilie. »Wir kamen mit leeren Händen«, sagte er. »Aber ich habe mich hochgearbeitet. Und ich habe immer Menschen in meinem Leben gehabt, die mich dabei gefördert haben. Das habe ich nie vergessen. Darum will ich jetzt, wo ich selber etwas habe, Dinge zurückgeben. Ich glaube an gutes Karma.«

Wir saßen noch bis spät in die Nacht hinein zusammen, tauschten Geschichten aus und philosophierten über das Leben. Ich habe selten einen so selbstlosen, so netten Menschen wie Nelson kennengelernt.

»Ach Max, noch etwas. Ich habe morgen den ganzen Tag Vorlesung«, sagte er, als er sich gerade verabschiedete und ins Bett gehen wollte. »Ich habe aber noch einen Zweitwagen. Von meiner Ex-Frau. Den kannst du für die nächsten zwei Tage haben. Ich lege dir die Schlüssel morgen auf den Küchentisch. Einen Führerschein hast du?«

Ich nickte. Dann ging ich in mein Gästezimmer und versuchte zu begreifen, warum Nelson so war, wie er war. Ist er vielleicht schwul? Will er etwas von mir?, fragte ich mich. Aber so war es nicht. Er war einfach nur ein guter Mensch mit dem Herz am rechten Fleck.

*

Am nächsten Morgen wachte ich gut ausgeschlafen mit allerbester Laune auf. Ich machte mich frisch, nahm mir die Schlüssel und cruiste mit dem coolen Chevrolet von Nelson durch San José. Als Erstes fuhr ich an eine Tankstelle und kaufte mir eine neue SIM-Karte. Die deutsche warf ich einfach weg. Ich war jetzt in Amerika. Wieder alles auf null. Die Leute, die mich erreichen wollten, würden mich schon erreichen. Ich war mit ihnen ja auch über die sozialen Medien vernetzt. Dann fuhr ich zur Uni und nahm mir vor, eine Unterkunft zu finden. Eine richtige Unterkunft.

Ich stand am Schwarzen Brett, notierte mir die Telefonnummern von sämtlichen WG-Zimmern, die angeboten wurden, und telefonierte sie dann durch. Es war ernüchternd.

»Hey, wir haben das Zimmer leider schon vergeben. Sorry.«

»Du kannst nächste Woche Dienstag vorbeikommen, da machen wir ein großes WG-Casting, da kannst du gerne mitmachen.«

»Kannst du uns deine Bewerbung bitte schriftlich schicken?«

Nach einer Stunde hatte ich genug. Mensch, Max, was machst du da eigentlich? WG-Casting? Schriftliche Bewerbungen? Du bist doch mittlerweile selbst in der Immobilien-Branche unterwegs. Du weißt es doch eigentlich viel besser, sagte ich mir. Und dann wurde mir klar, dass ich den Spieß einfach umdrehen musste. Dass ich mir selbst eine große Wohnung suchen und mir andere Leute reinholen musste. Wie ich es schon in Köln gemacht hatte.

Mach doch nicht das, was alle machen, mach das, was du gelernt hast, sprach ich mir selbst Mut zu.

Ich ging noch einmal zum Schwarzen Brett und schaute, ob ich nicht doch etwas *wirklich* Passendes fand. Und da war tatsächlich eine interessante Anzeige. Eine Dreizimmerwohnung. Für 1500 Dollar. Das war für San-José-Verhältnisse nichts. Wirklich gar nichts. Hier zahlte man sonst locker 800 Euro für ein einzelnes Zimmer. Der Wohnungsmarkt war mittlerweile so überhitzt, dass die Menschen schon anfingen, im Silicon Valley in irgendwelchen Vorgärten zu campen.

Ich wählte die Nummer, eine Frau nahm ab.

»Guten Tag, Scharpenack mein Name, ich rufe wegen der inserierten Wohnung an.«

»Was ist damit?«

»Ich wollte fragen, ob sie noch frei ist?«

»Ja.«

»Könnten wir ... einen Besichtigungstermin vereinbaren?«

»Nein. Die Adresse steht doch da. Kommen Sie einfach vorbei.«

Dann legte sie auf. Okay, das war ziemlich unsympathisch. Ich schrieb mir die Adresse auf und machte mich auf den Weg. Ich konnte kaum glauben, dass die Angabe stimmte. Die Wohnung lag nur wenige Blocks von der Uni entfernt.

Als ich vor dem kleinen Haus stand, hatte ich aber schon eine Idee, warum sie so günstig abgegeben wurde. Auf der Veranda stapelten sich zahlreiche Müllsäcke. Es stank bestialisch. Ich klopfte an die Tür, und eine kleine, dicke Mexikanerin mit einer Warze im Gesicht öffnete mir. Sie hatte fettige Haare, war in eine viel zu enge Leggings gepresst und trug ein unentwegt schreiendes Kind auf dem Arm.

»Was ist?«

»Hallo, wir hatten gerade telefoniert. Ich komme, weil ich die Wohnung besichtigen wollte.«

»Ja, hier ist sie.« Sie machte eine auslandende Handbewegung.

Ich durchstreifte das Haus. Es war wirklich groß, und es gab viel Platz. Aber alles war komplett vermüllt. In der Küche stand eine Schale mit verschimmelten Äpfeln, über der unzählige Fruchtfliegen kreisten. Auf dem Fliesenboden lagen Cornflakes, und überall standen noch alte, ranzige Holzmöbel herum. Auf dem Sofa im Wohnzimmer klebte Blut oder irgendeine andere undefinierbare Substanz. Ich hatte wirklich Brechreiz.

»Und die Wohnung kostet wirklich nur 1500 Dollar?«

»Ja.«

Ich rang mit mir selbst. Der Preis war zu günstig, die Lage zu gut, als dass ich sie ausschlagen konnte. Auf der anderen Seite musste ich bestimmt einige Hunderter in eine Tiefenreinigung investieren.

»Hören Sie, ich will ehrlich sein. Ich alleine kann mir das hier nicht leisten, aber ich würde eine WG aus der Wohnung machen, wäre das für Sie in Ordnung?«

»Ist mir scheißegal, was Sie daraus machen«, sagte die Mexikanerin, zuckte mit den Schultern und streckte mir ihre geöffnete Hand entgegen. »Kaution sind 1000 Dollar. Plus 1500 die erste Miete. Macht 2500 Dollar direkt in meine Hand, vorher gibt es keinen Schlüssel, verstanden?«

»Okay, das kriege ich hin.«

1000 Dollar Kaution waren verdammt wenig. Aber ich war mir auf der anderen Seite auch ziemlich sicher, dass ich das Geld niemals wiedersehen würde.

»Okay«, sagte ich. »Ich suche mir zwei Mitbewohner und melde mich spätestens übermorgen bei Ihnen, okay?«

»Ja, mach halt.«

Gott, war diese Frau creepy. Ich verließ meine künftige Gammel-bude, ging in die Uni-Bibliothek und designte mit Word einen Aushang. Déjà-vu, dachte ich. »Suche Mitbewohner für Dreizimmer-WG. Preis: Nur 750 Dollar pro Zimmer.«

Ich hatte ein wenig Bauchschmerzen dabei, weil ich durch den hohen Preis selbst keine Miete zahlen musste, aber auf der anderen Seite waren 750 Dollar immer noch bloß 750 Dollar und für ein Zimmer in der Lage ein ultrafairer Preis. Es war ja auch niemand gezwungen, ihn zu zahlen. Ich rang mit mir selbst. War diese Aktion unfair? Oder waren die anderen einfach nicht clever genug?

*

Wie vermutet, meldeten sich aber sehr, sehr schnell die ersten Interessenten. Ich verabredete mich gleich mit den ersten beiden Jungs, die mich anriefen, in der Uni-Mensa. Yasha und Stefan. Rein zufällig waren die beiden auch noch Deutsche. Ich dachte an Khan und daran, was er mir beigebracht hatte. Deutsche vertrauen Deutschen. Die beiden waren zwei total zurückhaltende, nette Jungs. Und beide waren stockschwul, was ich allerdings erst später herausfinden sollte. Sie waren mir auf Anhieb sympathisch.

»Okay, Jungs«, eröffnete ich die Verhandlung. »Also, die Sache ist, ihr könnt die beiden Zimmer haben. Es gibt nur zwei Dinge, die ihr beachten müsst: Erstens: Die Wohnung ist theoretisch gut, aber praktisch totaler Schrott. Wir müssen sie einmal komplett entmisten und grundreinigen. Wir drei. Gemeinsam an einem Strang. Denn das Potenzial ist gigantisch.«

»Und der zweite Haken?«

»Der Schnitt ist nicht ganz optimal. Es gibt keine richtigen Zimmer. Also, es gibt schon Zimmer, aber eines der Zimmer ist eigentlich eine Abstellkammer.«

Die beiden schauten sich skeptisch an.

»Aber eine Abstellkammer mit Potenzial. Und einer eigenen Terrasse! Außerdem ist die Lage 1 a, nur zehn Minuten von hier entfernt, und der Wohnbereich ist riesig. Was wollt ihr mehr?«

Die beiden schwiegen. »Wenn ihr wollt, könnt ihr einfach schnell mit mir rüberkommen, wir gucken uns die Wohnung gemeinsam an, und wenn ihr sie wollt, könnt ihr direkt den Mietvertrag unterschreiben. Wenn nicht, dann nicht«, lockte ich die beiden.

»Klingt fair«, sagte Yasha, und wir gingen gemeinsam rüber und klopften an die Tür der dicken Mexikanerin.

»Ah, du«, sagte sie und verdrehte die Augen.

»Ja, hallo. Also, die beiden hübschen Herren wären meine potenziellen Mitbewohner, und sie würden sich die Wohnung gern mal ansehen.«

Sie winkte uns rein. Yasha und Stefan liefen einmal durch die Bude, schauten sich alles an und nickten mir dann zu. »Nicht perfekt, aber es lässt sich was draus machen. 750 Dollar für jeden, ja?«

»Ja, genau«, sagte ich leise.

»Ja genau. 1500 Dollar zusammen«, funkte die Mexikanerin mir dazwischen. Oh Mann ...

»1500 Dollar?«, fragte Stefan und warf mir einen wütenden Blick zu. Ich lachte verlegen und nahm die beiden beiseite.

»Okay, Jungs. Das klingt jetzt blöd. Also, die Sache ist: Ja, die Gesamtmiete liegt bei 1500 Dollar. Ich habe das Ding hier aber organisiert, darum ist es für mich ganz wichtig, dass ich auch einen guten ... äh, Deal für mich selbst rausschlage.«

Oh Mann, Max. Aus der Nummer kommst du nicht mehr sauber raus, meldete sich mein schlechtes Gewissen.

»Also ... ich würde mich auch an der Miete beteiligen«, sagte ich dann, um es noch irgendwie zu retten. »Mit 300 Dollar. Das ist mein Maximalbudget. Der Rest läuft über euch. Einverstanden?«

Sie überlegten. »Ich habe echt eine große Auswahl an Leuten, die sofort zuschlagen würden«, bluffte ich. »Aber wir drei, das wäre doch perfekt, oder?« Die beiden schwiegen. »Oder, Jungs?«

»Das ist ein beschissener Deal.«

»Der beste, den ihr kriegen könnt. Ein günstigeres Zimmer findet ihr nicht.«

»Okay, wir machen es so, unter der Voraussetzung, dass du wenigstens die Putzmittel bezahlst, die wir hier benötigen werden«, schlug Stefan vor. »Und das ist eine Menge.«

»Deal.«

Dann unterschrieben wir den Vertrag gemeinsam, zahlten der Mexikanerin eine Kaution, die wir tatsächlich nie wiedersehen sollten, und zogen am nächsten Tag ein.

*

Ich kaufte für einige Hundert Dollar bei Walmart jedes Putzmittel, das ich kriegen konnte, dazu noch einen Schlafsack, Bettlacken und Kopfkissen, weil ich mich nicht in das benutzte Bett im Haus legen wollte, und brachte dann den Wagen aufgetankt, frisch gewaschen und mit einer Dankeskarte zurück zu Nelson. Dann verbarrikadierte ich mich mit den Jungs für zwei Tage in unserer neuen Unterkunft. Und putzte.

»Hey«, rief Yasha. »Schaut mal, was ich gefunden habe.«

Er zog eine Kiste hervor, in der einige Videokassetten waren. Wir schoben sie in den Videorekorder, und über den Fernseher liefen die widerlichsten Pornos. Es waren Hardcore-Fetisch-Filme, die alles, was wir dachten, über Pornografie zu wissen, infrage stellten. Wir schalteten den Fernseher ab und putzten wortlos weiter.

Wir stellten alles auf den Kopf, schrubbten den Boden, so hart wir konnten – und machten aus der Müllhalde schließlich eine wirklich ansehnliche Wohnung.

»Nicht schlecht«, staunte Yasha. »Das hätte ich wirklich nicht erwartet.«

»Ist doch ziemlich schick jetzt.«

Wir genehmigten uns ein Bier und setzten uns gemeinsam auf die Veranda. »Das haben wir gut hinbekommen, Jungs.«

Wir setzten uns auf die ebenfalls grundgereinigten Holzstühle, die wir mehrfach desinfiziert hatten, und chillten ein wenig.

»Hey, sagt mal ... ist euch eigentlich aufgefallen, dass unsere Nachbarn einen ziemlich merkwürdigen Modegeschmack haben?«

»Was meinst du?«

»Na, diese Fußringe«, sagte Stefan. »Alle tragen die, das ist doch nicht normal.«

Ich hatte bislang überhaupt nicht darauf geachtet, wer neben uns wohnte. Dabei hätte es mir schon längst auffallen müssen. Im Garten nebenan saßen fünf, sechs schwere Jungs mit weiten Basketball-Shirts und kurzen Hosen, die von Kopf bis Fuß tätowiert waren. Und sie alle trugen am Fuß ... oh Mann ... eine Fußfessel. Das gab es doch nicht! Jetzt begriff ich, warum die Wohnung wirklich so günstig war. Nicht bloß, weil die dicke Mexikanerin sie völlig hatte verdrecken lassen. Sondern weil sie neben einem Ex-Convict-House lag. Einem Haus, in dem Straftäter im offenen Vollzug lebten.

Ich ließ Stefan und Yasha in dem Glauben, dass es sich bei den Fußfesseln um irgendeinen kalifornischen Modeschmuck handelte, und sprach das Thema nicht weiter an.

*

Es war meine zweite Woche in San Francisco, die Uni ging noch nicht so richtig los, aber ich hatte alles erledigt, was es zu erledigen gab: Ich hatte eine Wohnung, ich war in meine Kurse eingeschrieben und hatte alle organisatorischen Dinge, die man vorbereiten konnte, erledigt. Ich dachte, es würde Zeit zu feiern. Da ich noch keine wirklichen Kontakte in San Francisco hatte, die Auftaktveranstaltungen noch nicht begonnen hatten, beschloss ich, mich Yasha und Stefan anzuschließen. Yasha war ziemlich wild unterwegs und holte sich über irgendwelche Gay-Sex-Apps jede Nacht neue Typen ins Haus, sodass er in der kurzen Zeit, in der er hier war, schon ein ordentliches Netzwerk aufgebaut hatte. Sein Durchlauf war immens. Man sah ihm das gar nicht so an, eigentlich wirkte er ziemlich schüchtern und ruhig. »Weißt du, Max, ich komme aus einem sehr streng-muslimischen Elternhaus«, erklärte er mir. »Wenn mein Vater wüsste, dass ich schwul bin, dann würde er mich umbringen. Wortwörtlich. In Deutschland kann ich nicht ich selbst sein. Hier schon.«

Ich mochte Yasha wirklich gerne, aber irgendwie tat er mir auch leid. Er kompensierte hier in sehr kurzer Zeit all das, was er zu Hause niemals haben durfte. Es war traurig.

Ich saß im Wohnzimmer und trank ein Bier, während sich die beiden Jungs im Bad fertig machten. Die beiden brauchten eine gefühlte Ewigkeit: Bei mir bestand »fertig machen« lediglich aus zwei Minuten duschen, ein wenig Gel in die Haare schmieren und eine schnelle Klamottenauswahl treffen. Meine Jordans, Kapuzenpullover, Jeans. Fertig. Ich wusste nicht genau, was auf mich zukommen würde. Yasha hatte den Abend geplant.

»Max, kannst du aufmachen? Das ist Jimmy«, flötete Stefan aus dem Badezimmer rüber.

»Klar«, sagte ich und öffnete die Tür. Da stand ein vielleicht knapp zwei Meter großer, schlanker Mann in einem Frauenkostüm vor mir. Er war stark geschminkt und hatte lange, glitzernde Ohrringe und eine Perlenkette an.

»Hello, Darling«, begrüßte er mich.

»Du musst Jimmy sein ...«

»Genau die!«

Er umarmte mich und machte mir minutenlang Komplimente, wie gut ich doch aussehen würde und wie zart meine Haut sei. Ich wollte Jimmy ein Bier anbieten, aber er oder sie zog eine Flasche Sekt aus der Handtasche. Die beiden anderen Jungs waren noch immer im Badezimmer.

»Und Jimmy ... was ... machst du so?«

»Feiern bis zum Umfallen, mein Hübscher.«

»Ah.«

Wir brauchten ein bisschen, um warmzuwerden, aber ich fing an, Jimmy zu mögen. Er war sicherlich der extrovertierteste Mensch, der mir jemals begegnet war, aber er hatte eine rein positive Ausstrahlung. Und seine gute Laune war ansteckend. Außerdem hatte Jimmy noch einen anderen nicht von der Hand zu weisenden Vorteil. Er hatte ein Auto. Allerdings: Das war genauso auffallend wie Jimmy selbst. Ein pinker Dodge.

Als die beiden Jungs endlich fertig waren, stiegen wir in das pinke Auto, und Jimmy schob eine George-Michael-CD in den Player, was die Stimmung bei den anderen noch einmal deutlich anhob. Sie sangen die ganze Fahrt über laut mit und reichten die offene Sektflasche herum.

Nach einer Dreiviertelstunde Fahrt und einem gefühlt zweimal durchgehörten George-Michael-Album waren wir endlich da. Ich hatte keine Ahnung, um was für eine Party es sich handelte. Ich lief einfach mit und vertraute meinen Mitbewohnern. »Es wird ziemlich cool und nicht komplett gay«, hatte Stefan mir im Vorfeld versprochen. Ich überblickte einmal das Gelände – und was ich sah, gefiel mir. Wir waren auf einer Open-Air-Party gelandet. Es war ziemlich cool hier, die Leute – bis auf Jimmy – ein bisschen rougher. Sie trugen zerrissene Jeans und einfache Shirts. Es hatte ein bisschen Berghain-Charakter. Alles, nur nicht schickimicki. Bis auf die Preise. Das Gelände war ziemlich spielerisch hergerichtet. Es standen ein paar alte Auto-Scooter herum, in die man sich setzen konnte; die Sitzgelegenheiten waren aus Europaletten zusammengebaut. Dann gab es ein erhöhtes DJ-Pult, wo ein Glatzkopf mit riesigen rosafarbenen Kopfhörern Housemusik spielte. Und dann sah ich sie. An der Bar stand ein Mädchen mit langen, schwarzen Haaren, aber es war nicht irgendein Mädchen. Sie war eine echte arabische Schönheit. Sie war eines der schönsten Mädchen, das ich je gesehen hatte. Vielleicht bildete ich mir das auch nur ein, weil ich während der Fahrt gerade mit einer Überdosis Schwulheit konfrontiert gewesen war, aber ich musste sie einfach ansprechen. Ich ging direkt auf sie zu und brachte irgendeinen blöden Spruch. »Hey, ich bin gerade aus Deutschland gekommen, mit drei schwulen Freunden hier und freue mich echt, eine hübsche Frau wie dich zu sehen.«

»Oh, du hast schwule Freunde? Stell sie mir doch einmal vor. Ich habe einen schwulen Cousin.«

»Kein Problem. Hey, Jungs. Hey, Jimmy. Kommt doch mal rüber.«

Ich stellte ihr meine Regenbogen-Entourage vor, und sie stellte uns ihren Cousin Erkan und seine Freunde vor, und ich weiß nicht genau, was passierte, aber irgendwie hatten Erkan und Jimmy so einen Love-on-first-sight-Moment und waren sofort gematcht.

»Ich glaube, wir haben Jimmy und Erkan heute eine große Freude gemacht. Ich bin übrigens Max.«

»Sofia.«

»Darauf sollten wir anstoßen, oder, Sofia? Was möchtest du trinken?«

Sofia nahm sich die Karte von der Bar und blätterte sie durch. »Wie wäre es mit einer Flasche Champagner?«, lächelte sie mich an und schaute mir tief in die Augen.

»Klar. Gerne«, sagte ich und versuchte, mir nicht anmerken zu lassen, dass ich gerade innerlich tausend Tode starb. Ich war zwar nicht mehr pleite, aber weit davon entfernt, mir so etwas leisten zu können. Außerdem hatte ich vom Stipendiaten-Dienst – außer für meinen Flug – noch keine Kohle bekommen. Aber das ich wollte nicht allzu deutlich zeigen. Also ging ich an die Bar und bestellte eine Flasche Champagner. Für 180 Dollar. Ich hatte jetzt nicht mal mehr 20 Dollar in der Tasche. Und würde mir jetzt nicht mal mehr ein Taxi nach Hause leisten können. Und wer konnte schon sagen, wo meine Mitfahrgelegenheit Jimmy heute Nacht enden würde ...

Ich verstand mich gut mit Sofia. Mehr als gut. Und zum Ende der Party hin sagte sie mir, dass ich Jimmy nicht mehr suchen, sondern auch einfach mit zu ihr kommen könnte. Wenn ich denn wollte. Und ob ich das wollte! Wir gingen zum Parkplatz, und sie schloss ein schwarzes 3er-BMW Cabriolet auf.

»Das ist deiner?«

»Klar«, sagte sie.

»Meinst du, du kannst noch fahren? Wir haben eben eine Flasche Champagner geleert.«

»Das kriege ich schon hin. Was hältst du eigentlich von einem kleinen Abstecher zu In&Out-Burger?«

»Ich bin dabei.« Wir fuhren also noch zu einem Fast-Food-Laden und deckten uns mit Burgern, Fries und Milchshakes ein. Was für eine Traumfrau, dachte ich noch. Dann fuhren wir zum Fishermans Wharf, dem exklusiven Hafenviertel von San Francisco. Sie parkte ihren Wagen direkt hinter einem Bentley, vor einem altehrwürdigen Gebäude.

»Wohnst du alleine?«, fragte ich.

»Ja klar.«

Als wir Sofias Wohnung betraten, wurde mir vollkommen klar, was ich bisher nur vermutet hatte. Sie war nicht bloß reich. Sie war verdammt reich. Ihre Wohnung war bestimmte 180 Quadratmeter groß. Ein edel eingerichtetes Luxusapartment.

Wir verbrachten eine tolle Nacht miteinander und waren seit diesem Tag gute Freunde. Eine Woche später zog ich bei ihr ein. Sie wollte mich so oft es ging bei sich haben, was mir sehr entgegenkam. Ich ließ noch ein paar Sachen in unserer WG und ließ meine schwulen Buddies unter sich. Jetzt war ich wirklich in Amerika angekommen.

*

Dann begann auch schon mein Uni-Alltag. Jeden Morgen fuhr ich mit dem Caltrain von San Francisco nach San José. Ich hatte mich vor Ort erkundigt, was die einfachsten Fächer waren. Und in denen schrieb ich mich ein. Außenwirtschaft, Makroökonomie und Wirtschaftspolitik. Mir ging es ja nicht darum, dass ich mich wirklich akademisch fordern wollte. Ich wollte einfach nur eine gute Zeit im Valley haben und meine Stipendiengeber befriedigen. Die waren nämlich wirklich sehr interessiert daran, was ich machte, und wir standen in einem regelmäßigen Austausch. Einmal im Monat schrieb ich eine ausführliche E-Mail und erklärte, wie der aktuelle Stand sei. Ich schrieb ihnen, dass ich eine Wohnung gefunden hatte. Dass das Studium nun anlaufen würde. Welche Kurse ich besuchte. All das. Aber ich machte das gerne. Immerhin hatte ich ihnen alles hier zu verdanken. Die Seminare waren überraschend einfach gehalten. Das war überhaupt kein Vergleich mit dem, was wir in Deutschland machten. Klar, in den USA zahlt man verdammt viel Geld für ein Studium. Und die Uni hat ein entsprechendes Interesse daran, dass Studenten, die ihr Geld zahlen, auch ihren Abschluss bekommen. In Deutschland bist du an der Uni kein Mensch, sondern eine Matrikelnummer. In den USA wirst du hofiert. Wenn ein Fach nicht gut läuft, kommen die Professoren auf dich zu, und du bekommst notfalls ein Einzeltutorium. Dennoch war der Stoff teilweise so einfach, dass es fast schon unangenehm war. Wir hatten sogar einen Professor, der nicht einmal richtig Englisch konnte. Das war schon sehr merkwürdig. Dafür gab es an den US-Unis einen weiteren entscheidenden Vorteil: Sie vermittelten ihren Studenten ein Gefühl von Zugehörigkeit. Und aufgrund dieser Zugehörigkeit entstanden Netzwerke. Genau das, was mir in Deutschland immer gefehlt hatte.

Die morgendliche Fahrt mit dem Caltrain nutzte ich aber auch, um mein drittes Großprojekt vorzubereiten. Pius Heinz. Ich erarbeitete mir auf den morgendlichen Fahrten einen Masterplan. Wie damals, als ich meine erste Firma gründete, stellte ich mir die ganz banalen Anfangsfragen, die mir Ron damals gestellt hatte: »Wo wollen wir hin? Und was brauchen wir dafür?«

Mir war klar: Ich musste Pius zu einer Marke machen und ihm dafür die nötige Aufmerksamkeit verschaffen. Und zwar, bevor das große Turnier im November losging. Einfach nur darauf zu warten, dass irgendwelche Medien uns entdecken würden, wäre nicht genug. Wir mussten proaktiv auf sie zugehen. Aber dafür mussten wir Pius erst einmal sichtbar machen. Ich nahm mir Bushido als Vorbild. Er war für mich ein Best-practice-Beispiel, weil er als Marke omnipräsent war. Sowohl in den Hiphop-Medien als auch im breiten Mainstream. So sollte es bei Pius auch werden. Er sollte sowohl in den Poker-Medien als auch im Mainstream auffallen. Ich schaute mir genau an, wie andere Stars sich aufgestellt hatten. Sie hatten alle eines gemein: Sie waren in allen sozialen Netzwerken aktiv und hatten eine eigene Homepage, auf der man alle notwendigen Basisinformationen abrufen konnte. Das brauchten wir auch. Ich legte für Pius eine Facebook-Fanpage und einen Twitter-Account an. Auf YouTube können wir vorerst verzichten, dachte ich. Dann schrieb ich meinen Kumpel Tom an, den ich über das Gründerpokern kennengelernt hatte. Er war Programmierer und versprach mir, sich um eine Website zu kümmern. Zwischen meinen ersten Uni-Kursen und meinen Tagen mit Sofia kümmerte ich mich darum, alles aufzubauen. Ich organisierte eine Domain, schickte Tom Skizzen davon, was ich mir vorstellte, verfasste Texte, und innerhalb einer Woche stand alles. Homepage und Social-Media-Kanäle. Es fehlten nur noch die Berichte über Pius.

Ich hatte vor, auf die großen Medien zuzugehen und ihnen zu sagen, dass sie jetzt die einmalige Chance hätten, mit dem ersten potenziellen deutschen Pokerweltmeister der Geschichte eine Story zu machen. Ich fand, dass das ganz ordentlich klang. Das Problem war nur: Ich hatte überhaupt keine Kontakte. Also fragte ich eine Freundin, die in der Medienbranche arbeitete, ob sie mir ein paar Kontakte zur Verfügung stellen könnte. Sie vermittelte mich an Laura Malina Seiler weiter, die die PR für einige bekannte Musiker machte. Ich chattete sie bei Skype an, erklärte ihr, wer ich war, und fragte sie, ob sie mir irgendwie helfen könne. »Klar«, sagte sie sofort.

»Ich habe mir einen privaten Presseverteiler eingerichtet. Den kann ich dir gern zur Verfügung stellen.«

»Das wäre ein Traum!«

Und tatsächlich schickte Laura mir noch am selben Abend eine riesige Mailingliste. Da war wirklich alles drin, was man brauchte. Kontakte von Journalisten von der ARD bis hin zum Playboy und der GQ.

Ich schrieb ein Exposé, in dem ich Pius kurz vorstellte und versuchte, jemandem, der überhaupt keine Ahnung von Poker hatte, zu erklären, warum das, was Pius gerade machte, eine wirklich ganz große Sache war.

Ich schickte den fertigen Text an Pius, der ihn mir absegnete.

»Finde ich gut«, sagte er knapp. Er hatte Bock darauf, sich eine Marke aufzubauen. Noch. Er wollte Geld verdienen. In seinem zweiten Leben war Pius ja noch ein Student. Er hatte sich zunächst für Wirtschaftspsychologie in Köln eingeschrieben, war dann aber nach Österreich gezogen. Vielleicht, weil er sich dort auf sein Studium konzentrieren wollte. Nachdem ich seine Zustimmung hatte, schickte ich personalisierte Mails an alle großen Medien: Ich machte ihnen klar, dass sie die Chance hatten, den coolsten deutschen Pokerstar kennenzulernen. Und ich bekam jede Menge Rückmeldungen. Es gab ein Grundinteresse. Pius und ich sammelten alle Anfragen und sortierten sie in A-B-C-Kontakte. Stefan Raab etwa war ein A-Kontakt. Eine Anfrage, die man unbedingt mitnehmen musste. Das Pokerblatt war eher ein B-Kontakt. Ewas, was man machen konnte, wenn man Lust drauf hatte. Und die C-Kategorie war die Kategorie »Ramsch«. So etwas wie die TV-Zeitschrift Gong.

Und dann ging es richtig los. Wir handelten einen Deal mit 1Live und dem Stern aus, die Pius beide vorab sehr nahe begleiten durften und große Storys über ihn brachten. Sowohl in Print als auch im Fernsehen. Auch 1Live berichtete fast täglich. Ich spürte, dass es immer stressiger wurde, je näher wir dem großen Termin kamen. Ich versuchte, meine Tutorials und Vorlesungen mit der Pressearbeit zu koordinieren. Noch funktionierte das ganz gut.

Während ich alles plante, telefonierte ich etwa einmal die Woche mit Eva in Deutschland und erkundigte mich nach Plug & Study. Sie hatte alles im Griff, und ich wusste, dass ich mich auf sie verlassen konnte. Es ging mit der Firma so richtig aufwärts.

*

Das magische Datum im November rückte immer näher. Pius reiste mit seiner Familie und seinen Freunden etwa eine Woche vor dem eigentlichen Turnier an. Wir trafen uns in Las Vegas, im berühmten Hotel Rio. Das Rio war eigentlich gar kein Hotel. Das Rio war ein Palast und das absolute Mekka für alle Turnierpokerspieler. Es gab eine riesige, mit Palmen besetzte Anlage. Einen riesigen Pool. Und natürlich einen sich über mehrere Hallen erstreckenden Spielbereich, wo sich ein Pokertisch an den nächsten reihte. Dort hatte der Veranstalter sowohl für Pius und seine Familie als auch für mich eine Suite angemietet. Als ich ihn in der Lobby entdeckte, wie er mit seinem weißen Hoodie und seinem Rollkoffer ankam, fielen wir uns gleich in die Arme. Es war erst das zweite Mal, dass wir uns sahen, aber durch den intensiven Skype-Kontakt hatten wir beide das Gefühl, wir wären schon seit Ewigkeiten eng verbunden.

»Gut, dich zu sehen, Max.«

»Gut, *dich* zu sehen. Wie geht es dir? Bist du aufgeregt?«

»Bisschen«, sagte Pius und zuckte mit den Schultern.

»Okay, okay, komm erstmal hier an. Und sag Bescheid, wenn du ein paar ruhige Minuten hast. Es gibt viel zu besprechen.«

Mir war es wichtig, dass ich Pius nicht zu sehr in Beschlag nahm. Ich wusste, dass es bei einem Pokerturnier nichts Wichtigeres als die psychische Verfassung eines Spielers gab. Je besser er drauf war, desto besser würde er auch spielen. Aber es gab wirklich jede Menge, was wir besprechen mussten.

Neben den ganzen Vorabstorys und Interviews, die sich die Medien von uns wünschten, gab es auch Sponsoring-Anfragen. Einer der Sponsoren war True Fruit Smoothies aus Bonn. Aber ich machte

Pius auch einen riesigen Deal mit Pokerstars klar. Pokerstars ist die Website mit dem weltweit größten Online-Poker-Raum. Außerdem organisieren sie nahezu alle großen Live-Turniere weltweit. Pius verpflichtete sich für eine gewisse Summe, regelmäßig auf diesen Turnieren zu spielen.

Von allen Pokerseiten, die es im Internet so gab, war Pokerstars eine der seriösesten. Je näher das Turnier rückte, desto enger getaktet waren die Anfragen und Auftritte. Ich versuchte, alles so zu organisieren, dass Pius möglichst wenig belästigt wurde. Wir hatten sogar ein extra Zimmer für die Pressetermine angemietet.

Pius schien das alles relativ locker zu nehmen. Vielleicht lag das auch daran, dass die Presse wahnsinnig nett zu ihm war. Man schrieb sehr schmeichelhafte Berichte und Porträts über Pius. Die Bereitschaft, ihn gern zu haben, war sehr hoch. Er war unser deutscher Mann in Vegas. Beim wichtigsten Pokerturnier der Welt.

Und dann kam der große Tag. Das große Event. Die November Nine. Ich verstand wirklich nicht, wie Pius es schaffte, so cool zu bleiben. Im Eventsaal des Hotels wurde eine riesige Arena eingerichtet. In der Mitte stand ein Pokertisch mit neun Plätzen. Alle Scheinwerfer waren auf ihn gerichtet. Direkt dahinter ein weiterer Tisch. Auf ihm lag ein unvorstellbarer Geldberg. Daneben dann eine Glasvitrine mit einem diamantenbesetzten Bracelet. Jeder Spieler hatte seinen eigenen Fanblock. Pius' Jungs und ich hatten in der ersten Reihe Platz genommen. Wir trugen als Erkennungszeichen alle weiße Hoodies. So wie Pius. Die weiße Kapuze war sein Markenzeichen. Dabei war die Geschichte dahinter ziemlich simpel. Er hatte sich an einem der ersten Tage des Turniers mal einen Pulli geliehen. Die Casinos hatten meist ziemlich heftige Klimaanlagen. Pius überstand die ersten Tage ziemlich spektakulär, und die Bilder von ihm im weißen Hoodie gingen in der Pokerszene um die Welt. Seitdem war Pius Heinz der Typ mit dem weißen Hoodie. Und er entschied sich dafür, das zu seinem Markenzeichen zu machen.

Pius spielte von Anfang an extrem cool. Die Veranstaltung ging über zwei Tage. Die Arena war bis auf den letzten Platz gefüllt. Es war der pure Nervenkitzel. Die besten Spieler der ganzen Welt saßen hier, und die ganze Welt schaute zu, wie sie spielten. In den USA war Poker ein richtiger Sport und wurde auf diversen Channels übertragen. Live. Und dann fielen die Ersten. Acht Spieler blieben übrig. Sieben. Fünf. Und Pius war immer noch unter ihnen.

Ich hatte über Stunden keinen Schluck getrunken, so nervös war ich. Und irgendwann saßen nur noch drei Männer am Tisch. Ben Lamb aus den USA, Martin Staszko aus Tschechien. Und Pius Heinz aus Deutschland. Das Turnier wurde beendet und sollte am nächsten Tag fortgeführt werden. Von diesem Moment an war nichts mehr wie zuvor. Offenbar hatte die Nachricht auch Deutschland erreicht. Mein Handy hörte nicht mehr auf zu klingeln. Ich bekam im Minutentakt Anrufe, SMS und Mails. Spätestens jetzt wollten alle einen Teil von Pius. Ich kam gar nicht mehr hinterher: BILD, Express, FAZ, Süddeutsche Zeitung, Die Welt, Spiegel.

»Können Sie uns ein exklusives Zitat von Pius geben?«

»Wir wollen Pius auf die Titelseite heben, haben Sie gute Fotos?«

»Wir wollen einen Artikel machen: *Die fünf Geheimnisse des Poker-Stars*, können Sie zuliefern?«

Dann rief mich die persönliche Assistentin von Stefan Raab an. »Wir möchten Pius gern zur nächsten Pokernacht im Dezember einladen.«

Es war kaum machbar, alles zu beantworten. Ständig musste ich aufstehen und den Saal zum Telefonieren verlassen. Gleichzeitig bestückte ich auch noch die Social-Media-Kanäle. Ich gab auf Twitter und Facebook Live-Updates. Die Zugriffszahlen schnellten in die Höhe. Alle paar Minuten bekam er Hunderte von neuen Fans dazu, die alle seine Bilder likten. Ich hatte das Gefühl, alles explodierte.

Neben den Presseanfragen kamen auch Sponsoringangebote im Minutentakt rein. Mehrere große Firmen aus den unterschiedlichsten Branchen wollten Pius. Pius war unter den Top 3 angekommen, und damit steigerte sich sein Marktwert immens. Er musste sich eigentlich keine großen Sorgen mehr machen, denn selbst wenn er jetzt ausscheiden würde, hätte er drei Millionen Dollar sicher. Der Zweitplatzierte bekam 5,4 Millionen und der Gewinner 8,7 Millionen Dollar für den Titel. Plus noch mehr Ruhm und Ehre. Ich telefonierte beinahe die komplette Nacht durch, beantwortete alle Anfragen, so gut ich konnte, und schlief irgendwann über meinem Handy ein.

Am nächsten Tag ging es dann nach einigen Interviews und Fotoshootings weiter mit dem Turnier. Und direkt zu Beginn passierte etwas völlig Unerwartetes: Direkt am Anfang, direkt im ersten Spiel kamen Ben und Martin in eine All-In-Situation. Damit stand das Turnierleben von Ben, dem eigentlichen Favoriten, auf dem Spiel. In der Halle herrschte Totenstille. Dann legten beide ihr Blatt offen hin. Und die Karten des Dealers entschieden – zugunsten von Martin. Ben war raus. Und Pius somit im Finale. Ich konnte es nicht fassen! Und mein Handy hörte nicht mehr auf zu vibrieren. Pius stellte eine Pure-Fruit-Smoothies-Flasche auf den Boden neben sich und stieß sie mit seinem Fuß um. Der Smoothie lief aus, und der Regieassistent gab sofort Anweisung, eine Sendepause zu machen. Pius ging zu Martin, und die beiden unterhielten sich unter vier Augen.

»Und?«, fragte ich Pius, als er sich zu uns stellte.

»Wir konnten uns nicht einigen.«

»Was heißt das?«, fragte einer seiner Freunde.

»Wir haben keinen Deal.«

»Oh mein Gott!«

In der Regel ist es beim professionellen Pokern so, dass man an einem Final »table deals« mit den anderen Teilnehmern schließt. Man macht das, um die Varianz zu reduzieren. Um den Faktor Glück ein wenig zu entschärfen. Pius war ein sehr mathematisch denkender Mensch, darum war ihm so etwas ziemlich wichtig. Wenn man sich intern geeinigt hätte, dann hätte man den Gewinn aufgeteilt, und beide Teilnehmer wären mit etwa 7 Millionen Dollar rausgegangen. Statt mit 5,4 oder mit 8,7 Millionen.

Alle uns bekannten Spieler hatten immer Deals gemacht. Nur Pius nicht. Und das im größten Turnier aller Zeiten. Das sorgte dafür, dass wir alle nur noch nervöser wurden. Es ging jetzt wortwörtlich um das ganz große Geld!

Die beiden spielten Stunde um Stunde. Weit über einhundert Hände gegeneinander. Ein ewiges Hin und Her. Und dann kam der Moment, wo es zur finalen All-In-Situation kam. Beide deckten ihre Karten auf.

Martin öffnete sein Blatt: Kreuz-10 und Kreuz-7. Ich spürte meinen Pulsschlag, biss mir auf die Lippen. Es war totenstill im Raum.

Ich schaute in Pius' Gesicht. Versuchte, irgendeine Emotion, irgendeine Regung abzulesen. Aber da war nichts. Rein gar nichts. Pius legte seine Karten auf den Tisch. Pik-Ass, Kreuz-König. Damit war Pius klarer Favorit. Dann begann der Dealer, die Gemeinschaftskarten aufzudecken. Zuerst den Flop. Die ersten drei Karten. Kreuz-5, Karo-2, Pik-9. Keine Hilfe für Staszko. Pius' Blatt blieb stark.

Mit einer unendlichen Langsamkeit öffnete der Dealer nun die vierte Karte. Den Turn. Ein Herz-Bube. Immer noch keine Verbesserung für Staszko. Pius war nur noch eine einzige Karte entfernt. Bloß keine Sieben, bloß keine Acht und bloß keine Zehn. Das war alles, was ich noch denken konnte. Der Dealer deckte langsam die Karte auf. Es war eine ... Ich spürte meinen Herzschlag und meinen Puls. Ich hielt den Atem an. Es war eine Karo-4. Karo-4! Damit hatte Pius gewonnen. Er war Weltmeister! Das Spiel war aus!

Er hatte es geschafft! Er hatte gewonnen!

Im Publikum brandete ein unglaublicher Jubel auf. »Pius, Pius, Pius!«, schrien die Menschen. Auch ich sprang auf und umarmte seine Jungs und seine Familie, die in den zwei Tagen mindestens genauso mitgelitten hatten wie ich. »Er hat es geschafft! Er hat es wirklich geschafft!«, brüllten sie von allen Seiten. Und auch Pius schien aus seiner Starre erlöst zu sein. Man sah an seinem Gesicht, was für eine Last von ihm abfiel.

Aber jetzt ging es erst richtig los. Die Kamerateams prügelten sich regelrecht um ein Interview mit Pius. Es bildete sich ein riesiger Pulk um den neuen Poker-Papst. Geduldig, wie von ihm gewohnt, beantwortete Pius eine Stunde lang Frage um Frage.

»Ich muss jetzt hier raus«, flüsterte er mir schließlich zu, und die anderen Jungs und ich fingen an, ihn abzuschirmen und aus der Arena herauszubegleiten.

»Was willst du jetzt machen, Digga?«, fragte ich ihn, als wir im Aufzug standen.

»Na was wohl? Feiern!«

Wir gingen auf eine für ihn schon vorbereitete Party im Rio und zogen weiter ins Tao. Es gab dort zwei VIP-Bereiche. In einem waren wir. In dem anderen der Rapper Nelly, der mit seiner Entourage gerade eine wilde Party feierte. Wir ließen es dermaßen krachen in dieser

Nacht, dass sogar die Rapper von nebenan nur die Köpfe schüttelten. Das beste nur vorstellbare Essen wurde geliefert. Kaviar. Hummer. Filetsteaks.

Und alle überrannten ihn. Jeder wollte ein Foto machen, mit Pius Heinz, dem German Pokerweltmeister. Irgendwann war es zu viel. Wir stiegen in ein Taxi und fuhren durch die Stadt, weil wir frische Luft brauchten. Überall war Leuchtreklame: *Congratulations Pius Heinz*. Die ganze Stadt lag ihm zu Füßen. Es war der Wahnsinn. Als ich neben ihm völlig betrunken um sechs Uhr morgens aus dem Taxi stieg, wurde mir aber auch eine Sache völlig klar: Jetzt wird es wirklich ernst.

*

Pius ließ sich in eines der großen Sofas fallen. Ich schaute mich um. Man hatte sich wirklich Mühe gegeben. Auf einem Tisch standen verschiedene Getränke und ein paar Gläser, direkt daneben ein paar Snacks. Belegte Mettbrötchen, Chips, Knabberzeug.

Wir waren im Backstage-Bereich des legendären TV-Total-Studios. Es war eine der ersten Shows in Deutschland, die wir nach unserer Rückkehr absolvierten. Stefan Raab wollte Pius unbedingt in seiner Sendung haben. Raab war bekanntermaßen selber ein leidenschaftlicher Poker-Fan, und für ihn war das mindestens ein genauso großes Ding wie für Pius und mich. Es war früher Nachmittag. Die Sendung wurde ein paar Stunden, bevor sie ausgestrahlt wurde, aufgezeichnet.

»Wir sind bei Stefan Raab«, sagte Pius. »Ziemlich krasse Sache.«

»Du hast letzte Woche 8,7 Millionen Dollar gewonnen. Das war auch nicht schlecht.«

Pius lächelte. Nach ein paar Minuten kam auch der zweite Gast der Sendung in den Backstageraum. Samy Deluxe. Wir wussten schon vorher, dass er eingeladen war. Pius und ich waren beide große Rap-Fans und quasi mit Samy aufgewachsen. Er war schon so etwas wie eine kleine Legende.

»Krasses Ding«, sagte er als, er reinkam. »Das ist Pius Heinz. Glückwunsch, Digga!«

Er kam zu Pius und umarmte ihn direkt. »Das ist so krass. Du musst mir beibringen, wie du das machst.«

Ich musste lächeln. Es war wirklich absurd. Eigentlich war Pius ja ein Samy-Fan, aber seit seinem großen Sieg schien sich eine Menge umzudrehen. Während er ein wenig Smalltalk mit Samy hielt, ging die Tür erneut auf, und Stefan Raab stand vor uns. Ich kannte ihn bisher nur aus dem Fernsehen, aber ihn live vor sich zu haben, war eine besondere Erfahrung. Raab hatte eine unglaubliche Aura. Wenn er einen Raum betrat, richteten sich alle Blicke nur auf ihn. Wenn er nur eine kleine Handbewegung machte, kamen seine Mitarbeiter und erfüllten ihm seine Wünsche. Trotzdem war Raab nicht abgehoben. Ganz im Gegenteil. Er war komplett bodenständig und zuvorkommend. Er gab jedem von uns höflich die Hand und bat Pius dann um ein Vieraugengespräch. Pius schaute mich fragend an, ich zuckte nur mit den Schultern und unterhielt mich mit Samy ein wenig über die neuesten Entwicklungen im Rap, während die beiden weggingen.

Nach einer halben Stunde kam Pius zurück.

»Und?«, fragte ich ihn neugierig. »Was hat er gesagt?«

»Er nahm mich zur Seite und hat mir ... ich weiß nicht, wie ich das sagen soll: eine Art väterlichen Rat gegeben.«

»Einen väterlichen Rat? Stefan Raab?«

»Ja, er sagte mir, dass er seit Ewigkeiten im Showbusiness unterwegs sei und alles gesehen hätte, was man sehen kann. Er hat mich gewarnt. Mir gesagt, dass ich auf mein Geld aufpassen soll. Er sagte mir, dass viele falsche Menschen auf mich zukommen werden, die alle einen Teil von mir haben wollen.«

Ich nickte. Das war jetzt schon zu spüren. Ich hatte es Pius nicht einmal groß erzählt, weil ich wusste, dass es ihn belasten würde. Aber er bekam jeden Tag Dutzende Mails von Menschen, die etwas von ihm wollten. Einige waren einfach nur dreist. »Hey, du bist doch jetzt Millionär. Kannst du mir vielleicht ein Auto schenken?«

Die löschte ich sofort. Andere waren sehr viel härter. Da waren Menschen, die schickten ihm Fotos von ihren Kindern und schrieben, dass ihr Sohn oder ihre Tochter eine dringende Herz-OP benötigen würde, die 20.000 Euro kostete. Wie sollte man damit umgehen? War das echt, war das Fake? Und selbst wenn alles echt wäre, könnte er ja nicht jedem helfen. Es gab auch unzählige Anfragen für Charity-Events. Selbst mit gutem Willen wäre es nicht möglich gewesen, allen gerecht zu werden. Ich entschied mich dafür, Pius nur die wirklich krassen Sachen vorzulegen, die ich nicht alleine entscheiden konnte, und ihn ansonsten möglichst gut abzuschirmen.

»Und was hat Raab noch gesagt?«, fragte ich.

»Dass ich auf dem Boden bleiben soll. Und dass der ganze Ruhm und der Trubel vergänglich sind.«

Ein Rat, den Pius nun wirklich nicht brauchte. Von seinem Gewinn hat er sich bloß drei Dinge gekauft. Ein Handy. Eine neue Uhr. Und einen gebrauchten Mercedes CL 500. Alles zusammen für unter 50.000 Euro. Ich persönlich fand, dass Letzteres seine allerbeste Investition war, denn Pius hatte gar keinen Führerschein, sodass ich ihn in dem Wagen durchs halbe Land kutschieren durfte. Es gab schlimmere Aufgaben.

Dennoch hinterließen die Worte von Raab Eindruck bei Pius. Und ich spürte, je terminreicher unsere Zeit wurde, desto mehr beschäftigten sie ihn.

*

»Da kommt er, der Weltmeister. Pius Heinz!«

Wir staunten nicht schlecht. Da stand tatsächlich Boris Becker mit ausgebreiteten Armen und einem breiten Grinsen vor uns und nahm Pius mehr als herzlich in Empfang. Es war mittlerweile Woche vier nach Pius' Sieg, und wir waren ununterbrochen unterwegs gewesen. Wir waren gemeinsam von Fernsehshow zu Fernsehshow gereist, von Interview zu Interview und von Termin zu Termin. Ich hatte Pius in seinem neuen CL quer durch Deutschland und Europa kutschiert. Und jetzt standen wir hier, in einer Hotellobby in Prag, und Boris Becker stand vor uns und schüttelte Pius so euphorisch die Hände, dass es einfach surreal war. »Ich bin Boris Becker«, stellte sich Boris Becker vor und löcherte Pius mit Fragen. Wir waren auf der European Poker-Tour, die größte Live-Turnierserie, die an europäischen Hotspots ausgetragen wird. Da Pius jetzt das Gesicht von Pokerstars war, mit denen ich einen Deal ausgehandelt hatte, war er bei den wichtigsten Events mit dabei. Jeder wollte den Weltmeister spielen sehen. Offenbar auch Boris Becker, der ebenfalls zum Team von Pokerstars gehörte und bei den Veranstaltungen mitspielte und das größte Werbegesicht der Marke war.

Neben Michael Schumacher und Dirk Nowitzki war er für mich einer der größten Sportler der deutschen Geschichte. Aber er war selber auch noch ein Fan. Becker liebte Poker, und Pius war bereits in jungen Jahren für ihn so etwas wie eine lebende Legende. Es war total irre.

»Ich bin leider schon auf dem Absprung, aber wir müssen uns wirklich mal ganz in Ruhe unterhalten«, sagte Boris nach ein paar Minuten Smalltalk, zog eine Visitenkarte, schrieb mit einem goldenen Montblanc-Füller noch eine Schweizer Mobilfunknummer auf die Rückseite und steckte sie Pius zu. »Für alle Fälle«, sagte er. »Wir sehen uns hoffentlich auf den Bahamas.«

»Ja«, nickte Pius.

Die Bahamas. Das war einer der besten Deals, die wir mit *Pokerstars* ausgehandelt hatten. Auf den Bahamas gab es das sogenannte *PokerStars Caribbean Adventure*. Eine Pokerveranstaltungsreihe, an der die prominentesten Menschen der ganzen Welt teilnahmen. Wir hatten einen zweiwöchigen Aufenthalt ausgehandelt in einem wunderschönen Ressort. Damit ging auch für mich ein Traum in Erfüllung.

»Wenn ihr Lust auf einen Drink habt, meldet euch«, sagte Boris und zog ab.

Und das taten wir.

Exakt drei Wochen nach unserer ersten Begegnung mit Boris Becker fanden wir uns tatsächlich auf den Bahamas wieder. 28 Grad, kristallklares Wasser, wunderschöner Sandstrand, und als wir gerade im Hotel Atlantis eingecheckt hatten, stand er schon wieder vor uns. Übergroße Sonnenbrille, Badeshorts, Hawaiihemd. »Da seid ihr ja wieder«, sagte ein rötlichbraun gebrannter Boris. »Habt ihr heute Abend schon was vor?«

Er lud uns in sein Hotel ein, Ocean Club, the one and only. Wir waren schon nobel untergebracht, aber das One and only war absolut High End. Es gilt als eines der nobelsten Unterkünfte der ganzen Welt und spielt eine prominente Rolle im James-Bond-Film *Casino Royale*. Man zahlte hier locker 5000 Euro pro Nacht für eine Suite.

Als wir die Lobby betraten, bestaunten wir die Fotowand, die von den prominenten Gästen hier zeugte. Da waren Porträts von George Clooney, Ronaldo – und eben Boris Becker. Wir wurden nach draußen auf die Terrasse geführt. Boris saß dort mit sichtlich guter Laune, dicker Havanna und seinen Badeshorts und begrüßte uns herzlich.

Und so saßen wir bis spät in die Nacht an der Strandbar und sprachen über Gott und die Welt. Mit Boris konnte man sich extrem gut unterhalten. Er war ein toller Geschichtenerzähler. Man musste ihm nur den Namen irgendeines Prominenten nennen, und er hatte die besten nur vorstellbaren Storys auf Lager. Er kannte sie wirklich alle. Und mit jedem von ihnen hatte er einmal etwas Besonderes erlebt. Er erzählte von Dirk Nowitzki und Thomas Gottschalk. Von Feuersprüngen durch brennende Herzen bei *Wetten, dass...?* bis zu Millionendeals mit AOL. Es war unglaublich unterhaltsam. Was uns nachhaltig beeindruckte, waren seine absolute Bodenständigkeit und seine außergewöhnliche Freundlichkeit allen Menschen gegenüber, die ihm begegneten. Ob Page oder Geschäftsmann, ob Reinigungskraft oder Star. Und er äußerte sich nie negativ über andere Promis oder Menschen generell.

Wenn wir nicht gerade die Zeit in der Sonne mit kühlem Bier und einem gesprächigen Boris verbrachten, spulte Pius sein Programm ab. Er gab Interviews, ließ sich fotografieren und spielte Poker. Er war Teil einer illustren Runde. Unter anderem Slash von High-End und Weltfußballer Ronaldo waren da, aber das beeindruckte Pius nicht weiter. Er machte sich wenig aus dem Prominentenstatus seiner Mitspieler. Er sah sich auch selber nicht als einen Prominenten, obwohl alle ihn so behandelten. Der ganze Trubel um seine Person war ihm suspekt. Vielleicht genoss er es auch deshalb so, einfach ungezwungen am Strand rumzuhängen und seine Ruhe zu haben oder mit anderen Pokerkumpels ein, zwei Bierchen zu trinken.

*

Die Bahamas waren eine kleine Atempause, die aber nicht darüber hinwegtäuschen konnte, wie rasant alles wurde. Unser Leben war plötzlich ein Rausch, der kein Ende mehr zu nehmen schien. Wir reisten von Stadt zu Stadt, von Termin zu Termin, und mir war klar, dass ich mich jetzt komplett auf Pius konzentrieren musste. Es war unmöglich, noch weiter die Uni zu besuchen. Ich wurde an Pius' Seite gebraucht. Egal wo, sicherlich aber nicht in San José in einer Vorlesung. Aber mir war auch bewusst, dass ich einen Stipendiatenvertrag unterschrieben und damit eine Verpflichtung hatte. Die ich auch einhalten wollte. Es wäre falsch gewesen, einfach abzubrechen. Da sich das Semester langsam dem Ende zuneigte, überlegte ich mir eine Strategie. Ende Dezember gab es Weihnachtsferien, im Januar noch ein paar Seminartage, und Ende Februar waren schließlich schriftliche Abschlussprüfungen. Ich entschied mich dafür, mit meinen Professoren zu sprechen und ganz offen und ehrlich meine Situation zu erklären. Glücklicherweise hatten ausnahmslos alle Verständnis für die Lage und ließen sich auf einen Deal ein. Sie entbanden mich für die restlichen Seminare von meiner Anwesenheitspflicht und ließen mich den Stoff auf eigene Faust nachholen. Und für die Prüfungen machten sie mir ein ganz besonderes Angebot: Ich dürfte sie in Deutschland schreiben. Live per Videoübertragung. Ich müsste nur eine Videokamera aufstellen, würde die Fragen per E-Mail geschickt bekommen, müsste sie vor der Kamera ausdrucken und per Livestream unter Aufsicht den Test ausfüllen. Das war ziemlich verrückt, aber genau das, was mir ermöglichte, Studium und Pius weiter unter einen Hut zu bringen. Ich sagte zu. Und ein paar Wochen später absolvierte ich dann tatsächlich meine Abschlussprüfung. Mitten in der Nacht. Um vier Uhr morgens. Das ging nicht anderes, wegen der Zeitverschiebung in den Staaten, aber für mich war das völlig in Ordnung. Ich hatte in meinem Kölner Büro ein kleines Set-up aufgebaut: einen Laptop mit Webcam und einen Drucker. Mit der Webcam zeigte ich meinem Professor das ganze Zimmer, um ihm zu beweisen, dass ich nicht schummelte. Oder: Um ihn glauben zu lassen, dass ich nicht schummelte, denn ich hatte mir die Klausur aus den Staaten von einem Kommilitonen für 50 Dollar einen Tag vorher abfotografieren lassen und setzte darauf, dass ich exakt dieselben Fragen gestellt bekam wie die Jungs in den USA. Es war ein kleines Risiko, aber ich setzte voll auf diese Karte.

»Okay, Herr Scharpenack«, sagte mein Professor, »das sieht alles sehr sauber aus. Ich schicke Ihnen jetzt per Mail die Klausur. Bitte drucken Sie diese aus und halten Sie die Kamera dabei auf sich und den Drucker.«

Ich machte, was mir gesagt wurde. Ich schaute mir die Aufgaben an und – Bingo! Ich hatte richtig gepokert. Die Antworten konnte ich bereits auswendig. Multiple Choice sei Dank. Ich setzte mich an meinen Schreibtisch, ließ die Kamera auf mich gerichtet und schrieb meinen Test. Ich bestand ihn mit Bestnote. Wie die restlichen Prüfungen auch. Damit endete meine Zeit in San José nun auch ganz offiziell. Ich wusste, ich würde Sofia, meine neugewonnenen Freunde und das entspannte Unileben dort vermissen. Aber ich hatte ja jetzt schon eine neue Aufgabe, auf die ich mich fokussieren musste.

*

»Was machst du junger Bursche eigentlich mit der ganzen Kohle?«, fragte Boris Becker, als er uns gerade ein Glas Cognac einschenkte. Wir saßen in schweren Ledersesseln im Salon seines riesigen Londoner Anwesens und Pius schwieg. Boris hatte den Finger in die Wunde gelegt, denn das Thema beschäftigte Pius tatsächlich sehr. Im Salon hingen überall Auszeichnungen oder standen Trophäen.

Nachdem wir uns langsam an die neue Zeit gewöhnt hatten, trat nach ein paar Wochen eine neue Phase ein. Eine Phase, in der wir uns fragten, wie es eigentlich weiterging. Was Pius überhaupt mit seinem Geld anstellen sollte.

»Auf einen Schlag so viel Geld zu besitzen kann ganz schön belastend sein«, sagte Boris und nahm einen Schluck von dem uralten Cognac, der bestimmt ein Vermögen wert war. Er hatte uns zu sich eingeladen und zündete sich eine Zigarre an. Wir lehnten uns zurück und schwiegen. Boris hatte eine riesige, wunderschöne Villa, in der es mehrere Gästezimmer gab. Mittlerweile hatte sich beinahe so etwas wie eine Freundschaft entwickelt. Wir drei verstanden uns wirklich ganz hervorragend, und es machte Spaß, Zeit mit Boris zu verbringen. Er blies den schweren Rauch seiner Zigarre in die Luft und tippte dann Pius an.

»Ich kann dir mal ein paar Leute vorstellen. Gute Leute«, sagte er.

»Was für Leute?«

»Leute, bei denen ich mein Geld angelegt habe. Hohe Renditen. Supersicher.«

Pius zog die Augenbraue hoch und schaute mich skeptisch an.

»Na ja«, sagte ich. »Anhören können wir uns das ja, oder?«

Zwei Tage später betraten wir die Vermögensberatung einer namhaften Bank in Londons Financial District. Wir wurden in einen gesonderten Bereich gebracht im obersten Stockwerk eines imposanten Gebäudes. Ein massives Konstrukt aus Glas und Stahl. Wir bekamen einen eigenen Private Wealth Manager zur Seite gestellt, der uns herumführte und ins hauseigene Restaurant brachte. Hier hatten nur die absoluten VIP-Kunden Zutritt. Wer nicht mindestens eine Million aufwärts mitbrachte, hatte keine Chance, hier beraten zu werden. Pius beeindruckte das alles gar nicht. Er trottete mit seinem weißen Hoodie durch das Restaurant und drängte darauf, endlich zur Sache zu kommen, statt sich den nervigen Smalltalk anhören zu müssen.

»Ich sehe schon, Sie wissen, worauf es ankommt«, schmeichelte ihm einer der Banker. Ein schmieriger Typ mit einem scharf geschnittenen Anzug und zurückgegelten Haaren. »Ich rufe noch zwei Kollegen dazu, dann können wir Ihnen unsere besten Fonds und Produkte präsentieren.«

Wir wurden in einen kleinen Konferenzraum gebracht, wo der schmierige Typ, unterstützt von seinen beiden Kollegen, einen langen Vortrag über den angeblich sichersten und renditeträchtigsten Fonds hielt, den die Bank im Programm hatte. Während er bestimmend gestikulierte, blitzte seine goldene Rolex am Handgelenk hervor.

»Dieser Fonds ist für Kunden wie Sie wie gemacht«, schleimte der Kerl weiter. Pius hörte sich alles ganz ruhig und nüchtern an. Als die drei Berater fertig waren, beugte sich Pius ein wenig vor.

»Haben Sie den auch?«

»Wie bitte?«

»Haben Sie den Fonds auch?«

Die drei schauten sich verlegen an.

»Das ist doch eine ganz klare Sache«, sagte Pius. »Wenn Sie mir Ihren Fonds so hoch anpreisen, werden kluge Banker von Ihrem Stand diesen Fonds auch selber im Depot haben. Also zeigen Sie es mir. Dann unterschreibe ich.«

Die drei waren völlig aus der Bahn geworfen. »Herr Heinz, also, diese Produkte sind natürlich ... natürlich für unterschiedliche Bedürfnisse ausgerichtet und ...« Aber außer krampfhaften Erklärungs- und Rechtfertigungsversuchen kam da nichts mehr.

»Ich habe schon verstanden. Vielen Dank für Ihre Zeit.«

Pius war ein unglaublich cleverer Typ, der für seine Anfang 20 schon viel Lebenserfahrung und Reife zeigte. Um Pius Heinz musste sich wirklich niemand Sorgen machen. Das ist auch heute noch so.

*

In den kommenden Monaten wurde Pius immer lustloser in Bezug auf seine Funktion bei Pokerstars und den ganzen Trouble um seine Person. Ich merkte ihm an, dass die ständigen Auftritte, die immer gleichen Interviews ihm keinen Spaß mehr machten. Außerdem waren wir nur noch unterwegs. Videodreh in Hamburg, Heimatbesuch in Odendorf, zweiter Heimatbesuch in Wien, Pokerturnier in Barcelona, Geschäftstermin in Monaco, nächster Pokertermin in Vegas. Es wurde einfach zu viel.

»Hey, Max, lass uns mal ein wenig runterfahren, okay?«

»Klar«, sagte ich und legte ihm eine Liste mit allen Anfragen vor, die aktuell noch übrig waren. Es waren sieben Seiten. »Lass uns ersmal nur noch die coolen Dinge machen. Die Dinge, die wirklich Spaß machen. Und die Sachen, zu denen ich vertraglich noch verpflichtet bin.«

Wir gingen alles durch und strichen den Großteil gnadenlos weg.

*

Ich griff Pius an die Schulter. »Yo, Pius, wach auf.«

»Was ist los?«, fragte er und streckte sich.

»Polizeikontrolle«, sagte ich nur, lenkte den Mercedes an den Seitenstreifen und bremste langsam ab. Wir waren gerade auf dem Weg nach Tschechien. Nach Rozvadov. Und kurz bevor wir die Grenze überquerten, kamen wir in eine Polizeikontrolle.

»Nervig«, kommentierte Pius, stellte die Massagefunktion seines Sitzes ab und richtete sich ein wenig auf.

Ich ließ die Fensterscheibe runter und lächelte dem dicken Beamten gequält zu.

»Guten Tag, die Herren, Führerschein und Fahrzeugschein, bitte.« Ich reichte ihm die Papiere aus.

»Was machen Sie denn hier?«

»Wir sind auf den Weg nach Rozvadov. Wir haben dort einen Termin.«

»Aha, einen Termin. Was genau wollen Sie denn da?«

Seit immer mehr Chrystal Meth nach Deutschland überschwappte, wurde die Grenze nach Tschechien ziemlich streng kontrolliert. Ich wusste das. Und mir war klar, was gleich passieren würde. Die beiden Cops würden unser Auto komplett auseinandernehmen und kontrollieren. Natürlich hatten wir weder Drogen dabei noch vor, uns welche zu kaufen. Aber zwei Mittzwanziger in einem prolligen Mercedes waren scheinbar Verdachtsmoment genug.

Ich schaute zu Pius rüber, dem genauso klar war wie mir, dass das hier noch ziemlich lange dauern könnte. Dann hatte ich eine Idee.

»Ach, kommen Sie«, sagte ich zu dem Polizisten. »Unser Auto interessiert Sie doch gar nicht. Sie wollen doch bloß ein Autogramm vom deutschen Pokerweltmeister, stimmt's?«

Der dicke Polizist zog die Augenbrauen hoch. »Von wem?« Er schaute noch einmal ins Auto. Pius winkte ihm zu.

»Oh mein Gott! Das ist Pius Heinz. Otto, komm mal rüber!«, brüllte er seinem Kollegen zu, der schwerfällig zu uns kam. »Guck Otto, das ist Pius Heinz!«

»Ah! Sie waren doch neulich im Fernsehen, ne?«

»Genau.«

Die beiden Polizisten bekamen jeweils eine signierte Autogrammkarte, ein Foto von Pius, und ließen uns dann weiterfahren.

»Ich hasse diesen Trip jetzt schon«, grummelte Pius. »Warum genau machen wir das nochmal?«

»Weil da viel Geld auf dem Tisch liegt«, erinnerte ich ihn an den Deal, den wir eingegangen waren. Wir wollten uns mit Leon Tsoukernik treffen, dem Chef von King's Casino in Rozvadov. Das King's Casino war ein Mekka für Pokerspieler. Menschen aus aller Welt reisten an, um hier zu spielen. Für solche Casinos ist es wichtig, eine gute Mischung von Spielern an den Tischen zu haben. Anfänger, Möchtegernzocker und Profis.

Nach ein paar Stunden erreichten wir endlich Rozvadov. Die Stadt entsprach jedem Klischee, das man von einer heruntergekommenen tschechischen Kleinstadt nur erwarten konnte. Im winzigen Zentrum reihte sich ein Ramschladen an den anderen. Es gab »Massagesalons« und asiatische Straßenhändler, die nach außen gefälschte Markenware und in den Hinterzimmern Chrystal verkauften. Wir fuhren eine letzte Anhöhe hoch und sahen das Casino. Ein gigantischer, von außen beleuchteter Gebäudekomplex.

Schon am Eingang wurden wir vom Chef persönlich begrüßt. Leon Tsoukernik. Leon war eine echte Erscheinung. Ein stämmiger Typ im Karohemd. Russe. Multimillionär. Offensichtlich. Er hatte mehrere Casinos in Tschechien aufgebaut und war bekannt dafür, dass er in zahlreiche Geschäfte verwickelt war. Er begrüßt uns sehr herzlich, aber seine ganze Erscheinung zeigte mir schon, dass er zwar sympathisch, aber mit Vorsicht zu genießen war.

»Pius! Endlich! Endlich bist du in mein bescheidenes kleines Casino gekommen!«, sagte er und reichte uns ein Glas Champagner. »Kommt! Ich führe euch rum«, sagte er mit breitem slawischem Akzent. Das Casino versprühte einen alten Sowjet-Charme. Es gab eine große, imposante Deckenbeleuchtung, einen blauen Musterteppich, und im ganzen Laden vermischten sich zwielichtige Gestalten, Casinotouristen und Poker-Verrückte. Leon führte uns durch die riesige Anlage und zeigte uns die verschiedenen Bereiche: die Automaten, Black Jack und Roulette und das Wichtigste: die Pokertische. »Ihr seid bestimmt heiß drauf zu spielen, ich weiß, ich sehe das in euren Augen, Jungs. Aber der Tag ist noch jung!« Ich schaute auf die Uhr. Es war gerade mal 17.30 Uhr. »Ich möchte euch erst einmal auf einen Drink einladen. In meinem Haus. Kommt mit, es ist nicht weit. Meine Herren, ich würde vorschlagen, wir fliegen. Das geht schneller.«

Wir stiegen in seinen privaten Heli und überflogen das kleine Städtchen, bis wir ein großes, umzäuntes Areal überquerten. Es war riesig. Gefühlt doppelt so groß wie Rozvadov.

»Und da wären wir auch schon«, freute sich Leon und gab dem Piloten ein Zeichen zu landen. Das Anwesen von Leon übertraf alles, was ich jemals gesehen hatte. Ich dachte für einen kurzen Moment an meine Kindheit und das Anwesen von Günther Eckert zurück. Aber dieser Mann hatte einen Reichtum angehäuft, der den von damals noch weit übertraf.

Schon als wir ausstiegen, kamen drei Bedienstete auf uns zu.

»Was wollen Sie essen, was mögen Sie trinken?«, fragten sie.

»Es ist egal, was ihr wollt«, ergänzte Leon. »Mein Privatkoch kann euch alles machen, was ihr euch wünscht.«

Pius bestellte ein seltenes Kobe-Rind, ich bat den Koch um eine vegetarische Überraschung, und Leon führte uns durch seinen Garten. Seinen »Garten«.

»Das hier«, sagte er und zeigte auf eine haushohe Statue, die irgendwo auf einer Wiese stand, »ist ein ehemaliges Lenin-Denkmal. Nach dem Zusammenbruch der Sowjetunion habe ich sie einer Stadt abgekauft und mit meinem Helikopter in meinen Garten transportieren lassen.«

Pius und ich schwiegen. Wir wussten einfach nicht, was wir dazu noch sagen sollten.

»Falls ihr später ein paar Bälle schlagen wollt, sagt Bescheid, ich habe einen Golfplatz um mein Anwesen aufgebaut.«

»Und das ist dein Esstisch?«, fragte ich und zeigte auf einen rund 20 Meter langen Tisch, der einfach so im Garten rumstand.

»Ah, das. Das ist mein Marmortisch. Er ist etwas Besonderes. Das ist der größte aus einem einzigen Block gefertigte Marmortisch der Welt. Du kannst dir nicht vorstellen, wie aufwendig es war, das Ding hier in einem Stück herzubekommen.«

»Was machst du mit diesem Tisch«, fragte ich.

Leon dachte nach. »Sieht gut aus. Reicht doch.«

Ich wusste, dass es nicht angemessen war, aber ich konnte mir die Frage nicht mehr verkneifen. »Das ist alles super eindrucksvoll, Leon. Wie schafft man es, so viel Geld anzuhäufen?«

»Ach, ich bin nur ein einfacher Antiquitätenhändler und mache ein bisschen was mit Casinos«, sagte er eiskalt, begrub das Thema damit für immer und führte uns weiter durch seinen Garten.

Nach dem gemeinsamen Essen flogen wir mit dem Helikopter wieder zum Casino zurück. Leon gab uns einen Tripple-A-VIP-Status. Man bekam alles an Essen und Getränken, was man wollte, auch wenn das Casino diese Dinge gar nicht hatte. Dann besorgten sie es. Für Pius und somit auch für mich kostenlos. Es wurden ein paar sehr lange Nächte.

*

»Pius! Da ist der Assistent von Markus Lanz am Telefon. Zum dritten Mal.«

Pius verdrehte die Augen. Wir saßen gerade in einem Café in Wien und besprachen die Planung für die kommenden Wochen. »Er will immer noch, dass du in seine Sendung kommst. Am besten nächste Woche.«

»Sag immer noch nein.«

Ich nahm das Handy wieder an mein Ohr. »Tut mir leid, Pius ist gerade nicht bereit für einen weiteren Auftritt.«

»Es ist ein persönliches Anliegen von Herrn Lanz. Er würde auch selbst mit Herrn Heinz sprechen, wenn das helfen würde?«

»Einen Moment«, sagte ich, schaltete mein Handy auf stumm und wandte mich wieder an Pius.

»Lanz will persönlich mit dir sprechen.«

»Sag ihm, ich habe keine Lust. Wirklich. Ich will nicht mehr. Er kann von mir aus noch tausend Mal anrufen!«

So hatte ich Pius noch nie erlebt. Ich hatte zwar schon in den vergangenen Wochen gemerkt, dass er immer lustloser wurde, aber jetzt hatte er einen Punkt erreicht, an dem er einfach nicht mehr wollte.

Ich wimmelte den Lanz-Assistenten ab.

»Wirklich, Max, ich will nicht mehr. Lass uns alles canceln. Von jetzt auf gleich. Nie wieder Markus Lanz. Nie wieder wer auch immer. Keine Turniere, keine Cashgames mehr. Keine Werbung. Kein Social Media. Nichts. Ich will einfach meine Zeit mit meinen Freunden in Wien genießen und wenn ich in Köln bin mit dir oder meiner Familie – das ist doch nicht zu viel verlangt, oder was meinst du?«

Ich überlegte einen kurzen Moment, ob ich versuchen sollte, Pius umzustimmen. Aber ich spürte instinktiv, dass seine Entscheidung für ihn die richtige war. Wenn er jemals wieder ein normales Leben führen wollte, dann ging das nur mit einem radikalen Schnitt. Sonst würde er irgendwann als D-Promi enden.

»Verstehst du mich, Max? Ich habe die Schnauze voll. Ich will mir einfach einen Döner holen gehen, ohne dass ich mit dem Dönermann ein Selfie machen muss. Ich will nicht mehr rumreisen. Ich will keine dubiosen Casinos mehr eröffnen. Ich will keine Fanpost mehr bekommen und nicht mehr auf der Straße erkannt werden. Ich will einfach wieder Pius sein. Und mein Leben zurückhaben.«

»Ja«, sagte ich. »Ich verstehe dich voll und ganz.«

Ich konnte es wirklich nachvollziehen. Wir hatten ein verdammt aufregendes Jahr hinter uns. Und es fühlte sich richtig an, es genauso abrupt zu beenden, wie es mit seinem Sieg begonnen hatte. Auch ich hatte das Gefühl, dass es Zeit für etwas Neues wurde.

Wir nahmen noch die letzten Termine wahr, zu denen wir verpflichtet waren, und ließen dann alles ausklingen. Pius zog sich von heute auf morgen komplett aus der Öffentlichkeit zurück, widmete sich seinen alten Freunden, lebt heute von den Zinsen seines Vermögens und macht nur noch das, was ihn glücklich macht. Ich spürte, dass auch ich einen radikalen Schnitt machen musste. Ich entschied mich dafür, mein Studium zu schmeißen. Ich hatte zwar nur noch ein Semester und die Abschlussarbeit vor mir, aber mir war klar, dass mir ein Abschluss überhaupt nichts bringen würde. Das Wissen aus meinem Studium konnte ich bislang nirgends anwenden. Was sollte ein Abschluss daran ändern? Das war einfach nicht mein Weg. Und ohne Studium konnte ich mich wieder meiner alten Vision widmen, meinen Fokus wieder zurück auf mein ursprüngliches Ziel zu lenken. Auf die Vier-Stunden-Woche. Zu diesem Zeitpunkt hatten Eva und ich bereits einige weitere Wohnungen akquiriert, was uns ein monatlich passives Einkommen von 1200 Euro verschaffte. Ab sofort würde ich mich wieder mehr auf Plug & Study und das Gründerpokern konzentrieren. Und offen dafür sein, was das Leben als Nächstes für mich bereithalten würde.

*

Es war ein penetrantes Geräusch. Der Regen trommelte wie wild auf das Gleisvordach. Ich stand am Wuppertaler Hauptbahnhof und wartete auf den Regionalexpress in Richtung Köln. Ich hatte gerade meine Oma besucht und war auf dem Weg zurück nach Hause, als mein Handy klingelte.

»Hallo? Ist da Max? Ich habe deine Nummer von einem gemeinsamen Kumpel bekommen.«

»Ja, genau. Max hier. Wer ist denn da?«

»Hier ist Omar Masovic.«

Wow. Ich atmete einmal kurz durch. Omar Masovic. Das war nicht irgendwer. Omar war der Gründer von Underground Records, dem derzeit erfolgreichsten Hiphop-Label Deutschlands. Er hatte Künstler unter Vertrag, die gerade sämtliche Verkaufsrekorde brachen.

»Hey, Omar«, sagte ich. »Was kann ich für dich tun?«

»Ein Künstler von mir plant gerade, eine Late Night Show zu machen. Wäre das nicht auch interessant für Pius Heinz?«

»Ich kann Pius mal fragen«, sagte ich. »Aber macht euch da nicht zu viel Hoffnung. Er ist eigentlich völlig raus und will gar nicht mehr in der Öffentlichkeit erscheinen.«

»Okay, schade«, bedauerte er, aber irgendwie hatten wir schnell einen guten Draht zueinander. Wir unterhielten uns weiter.

»Du scheinst ein guter Typ zu sein«, sagte Omar. »Komm doch einfach mal vorbei, und wir quatschen in Ruhe. «

Ich sagte zu, und eine Woche später stieg ich am Düsseldorfer Bahnhof aus, lief ein paar Meter zum damaligen Underground-Büro und lernte Omar kennen. Er war eine krasse Gestalt. Knapp zwei Meter groß, durchtrainiert, breit und von einer Aura umgeben, die nur wenige Menschen haben. Omar strahlte einen absoluten Willen zum Erfolg aus. Zugleich war er aber auch einfach ein netter Mensch. Das Thema Pius schnitten wir gar nicht mehr an. Wir redeten über Gott und die Welt. Und freundeten uns direkt an. Ich begriff schnell, dass Omar ein Visionär war, der in Sachen Marketing anderen Unternehmern meilenweit voraus war. Er hatte neben seinem Label noch eine zweite Marke hochgezogen. Ein Textilunternehmen, das Sportsachen und Streetwear herstellte. Er verkaufte die Sachen ausschließlich über einen Online-Shop und bewarb diesen ausschließlich über Social-Media-Kanäle. Dabei orientierte er sich an den USA, wo es mittlerweile üblich war, dass Rapper erfolgreiche Produkte vermarkten. Omar zeigte der deutschen Szene, wie man mit Synergieeffekten arbeiten konnte. Seine Künstler bewarben sein Modelabel. Er war einer der Ersten in Deutschland, der Influencer-Marketing in einer absoluten Perfektion machte. Lange bevor es den Begriff Influencer überhaupt gab. Und er hatte Bock auf mehr.

»Ich will einen Energy-Drink auf den Markt bringen, Max. Und den will ich über meine Künstler vermarkten. Einen Art-Energy-Drink.«

Ich fand, die Idee klang ziemlich gut.

»Ich kenne da jemanden, den du vielleicht auch einmal kennenlernen solltest«, sagte ich. Und erzählte Omar von Manuel Steiner. Ich hatte Manuel bei unserer allerersten Gründerpokern-Veranstaltung kennengelernt. Er war der CEO von Pure Fruit Smoothies und ein ziemlich heller Kopf. Omar willigte ein, und wir vereinbarten ein gemeinsames Treffen. An einem Donnerstagmittag holte er mich mit seinem Porsche 911 ab. Wir wollten uns mit Manuel in einer Osteria an einer Autobahnausfahrt treffen.

Als sich die beiden gegenübersaßen, war das so etwas wie Liebe auf den ersten Blick. Und dennoch war das Thema Energy-Drink innerhalb von wenigen Minuten wieder vom Tisch.

»Wird niemals was werden«, sagte Manuel klar. »Es gibt einen Platzhirsch. Red Bull. Und der lässt sich nicht verdrängen.«

Omar erklärte ihm sein Konzept, aber Manuel schüttelte nur den Kopf. »Schau dir den Markt an. Da sind schon ganz andere Player gekommen. Schwarze Dose. Relentless. Sogar Coca Cola hat es versucht mit *Burn*. Niemand konnte sich etablieren. Und das sind Firmen, die ein Milliardenbudget zur Verfügung haben. Da helfen dir auch deine Künstler nichts.«

Ich rührte mit dem Strohhalm das Eis in meinem Glas herum und hatte plötzlich einen spontanen Einfall.

»Hey, Jungs, ich will euch ja echt nicht unterbrechen«, sagte ich. »Aber ich habe da auch noch eine Geschäftsidee.«

Ich hatte eigentlich gar nicht geplant, das anzusprechen, aber jetzt, da ich die beiden schon einmal an einem Tisch hatte, kam mir die Gelegenheit doch ziemlich perfekt vor.

»Was haltet ihr denn von Eis mit Alkohol?«

»Eis mit Alkohol?«

»Ja, eine Art Cocktail-Eis. Wir könnten es in unterschiedlichen Sorten produzieren. Sex on the Beach, Daiquiry.«

Die beiden schauten sich an und nickten. Die Idee trug ich schon seit längerer Zeit mit mir herum. Ich war letztes Jahr mit ein paar Freunden auf einer Party im Ivory gewesen. Ein ziemlich stylischer Kellerclub in Köln. Es war Hochsommer und unfassbar heiß, und um uns abzukühlen, steckten wir uns Eiswürfel in den Mund. Irgendwann nahm ich eine Flasche und tränkte die Eiswürfel in Wodka. Und da kam ich auf die Idee, Eis und Alkohol zu kombinieren. Ich hatte das nie weiter verfolgt, weil ich dachte, es sei zu kompliziert, das umzusetzen. Aber als wir da in der Osteria zusammensaßen und mir bewusst wurde, dass ich den Typen, der den coolsten und erfolgreichsten deutschen Smoothie auf dem Markt etabliert hatte, und den Typen, der gerade mit seiner Marketingreichweite alle Musikrekorde brach, an meiner Seite hatte, da musste ich es einfach ansprechen.

»Wie willst du es nennen?«, fragte Manuel.

»Lickit«, sagte ich spontan.

»Klingt unfassbar lame«, warf Omar ein. »Wie wäre es mit: Suckit.«

Und in dem Moment war ein neues Projekt geboren. Ich spürte, wie mir das Leben gerade eine neue Chance gegeben hatte. Die Idee zu Suckit war geboren. Wir entschlossen uns, die Firma zu gründen, verteilten die Aufgaben – und machten uns an die Arbeit.

*

Im Sommer 2013 saß in einem Kölner Café, verrührte meinen Espresso und schaute auf die Uhr. Ich hatte eine Verabredung mit einem gewissen Tim. Tim war mir von einem guten Freund empfohlen worden, er sollte jede Menge Immobilien im Kölner Raum besitzen, und ich hatte die Hoffnung, ihm ein paar davon für Plug & Study abzuschwatzen. Denn auch während wir anfingen, Suckit langsam aufzubauen, verfolgte ich Plug & Study mit meinen vier Stunden in der Woche weiter. Wir wuchsen kontinuierlich, und ich konnte mir durch die monatlichen Mieteinnahmen mittlerweile schon ein kleines Gehalt auszahlen. Etwa 1800 Euro im Monat. Vor dem Café hielt ein schwarzer Porsche 911er aus den 1990ern an. Ein gutgelaunter Mann mit Sonnenbrille und Lederjacke stieg aus. »Du musst Max sein?«

Tim war vielleicht Anfang 40 und ein absoluter Lebemann. Er strahlte mit jeder Faser seines Körpers aus, dass es ihm gutging und er sich um Geld wahrscheinlich nie wieder Gedanken machen müsste. Er hatte seinen Hund Cherry dabei. »Tim! Cool, dass es klappt.«

Er setzte sich zu mir, und ich erzählte ihm von Plug & Study. Und ich sagte ihm, dass ich auf der Suche nach Wohnungen sei.

»Tut mir leid, Max«, kam er relativ schnell zur Sache. »Das ist für mich leider völlig uninteressant. Ich habe in meinen Häusern sowieso keinen Leerstand. Und außerdem eine eigene Hausverwaltung, die sich um alles kümmert.«

Ich ließ mir meine Enttäuschung nicht anmerken. Aber ich hätte es mir ja denken können. Tim war in meinen Augen eine Art regionaler Immobilien-Mogul; dass er seinen Wohnungsbestand selbst vermieten konnte, war eigentlich selbstverständlich. Ich hatte mich dennoch über den Termin gefreut, weil ich mir sicher war, etwas von ihm lernen zu können. Dass unser Treffen mein Leben allerdings wieder einmal verändern würde, das hätte ich nicht erwartet.

»Sag mal, Max. Wenn du dein Business mit fremden Wohnungen so gut zum Laufen bekommen hast – warum machst du das nicht einfach mit eigenen Wohnungen?«

»Eigene Wohnungen? Schön wär's. Ich habe nicht mal die finanziellen Möglichkeiten, mir auch nur eine zu kaufen.«

Tim lächelte. »Du hast ja keine Ahnung«, sagte er und gab mir einen Crash-Kurs, den ich nie wieder vergessen sollte.

»Okay, fangen wir mal ganz grundlegend an. Was ist ein gutes Investment?«

Ich wusste nicht, wo das hinführen würde.

»Gold?«, spekulierte ich.

»Richtig. Die Deutschen lieben Gold. Es gibt ihnen das Gefühl, etwas in der Hand zu haben. Und es gibt ihnen ein Gefühl von passiver Sicherheit, weil Gold seit Menschengedenken immer einen Wert hatte. Aber das ist wirtschaftlich nicht sonderlich clever.«

Tim nahm einen Schluck von seinem Cappuccino.

»Wieso soll es nicht clever sein, wenn es doch sicher ist?«

»Erstens: Gold geht nicht arbeiten. Es verzinst sich nicht.«

»Erklär mir das.«

»Gold ist ein reines Spekulationsobjekt. Der Wert kann steigen. Der Wert kann aber auch sinken. Nimm mal eine Immobilie als Gegenbeispiel. Eine Immobilie kann nicht bloß im Wert steigen. Sie wirft zudem in jedem Fall auch eine Zinsleistung ab. Die Mieteinnahmen. Die Immobilie verdient Geld für dich.«

Ich schaute ihn nachdenklich an.

»Du lässt Menschen in ihr wohnen, die dich dafür bezahlen. Die Menschen gehen für dich arbeiten, um deine Miete zu zahlen.«

»Okay, ich habe es verstanden. Immobilien werfen mehr Geld ab als Gold. Aber wie ist es mit der Sicherheit? «

»Wenn Gold als Tausch- und Zahlungsmittel relevant wird, dann haben wir hier ganz andere Probleme. Und was willst du dann mit deinem Gold machen? Auch in einer Krise, in der du Gold in Scheiben schneiden müsstest, um damit zu zahlen, könntest du mit einer Immobilie etwas anfangen. Menschen werden immer das Bedürfnis haben, irgendwo zu wohnen. Auch in normalen Zeiten ist eine Immobilie sicherer. Denn sie hat eine deutlich stabilere Wertentwicklung.«

Tim klappte sein Notebook auf und zeigte mir einen Chart. Die Wertentwicklung von Gold von 1970 bis heute. »Schau dir das an, eine extrem volatile Kurve.«

Dann zeigte er mir einen zweiten Chart. Die Wertentwicklung von Immobilien in Deutschland im selben Zeitraum. Ein fast linear ansteigender Graph. Der Wert hatte sich im Schnitt verfünffacht. »In Ballungsgebieten wie in deutschen Großstädten ist das noch extremer«, sagt Tim. »Und wir reden hier nur über den tatsächlichen Wert der Immobilie. Nicht über die Mieteinnahmen.«

»Okay, verstehe. Eine Immobilie ist eine clevere Wertanlage. Aber das löst mein Problem nicht. Ich habe kein Kapital, um mir etwas zu kaufen.«

»Du nicht. Aber die Bank. Und es gibt keinen besseren Zeitpunkt, um einen Kredit aufzunehmen, als jetzt. Die Banken fahren gerade eine extreme Niedrigzinspolitik. Du kannst dir schon für unter drei Prozent Zinsen eine Immobilie finanzieren. Was hält dich davon ab?«

»Um ganz ehrlich zu sein, Tim: Ich habe Angst vor Schulden. Es gibt da eine familiäre Vorgeschichte ...«

»Max«, unterbrach mich Tim. »Was ist der Unterschied dabei, ob du 50.000 oder 5 Millionen Euro Schulden hast?«

»Ich kann weder das eine noch das andere zurückzahlen«, lachte ich mit einem unguten Gefühl.

»Wer redet denn davon, dass du etwas zurückzahlen musst? Hast du nicht zugehört? Das machen doch deine Mieter.«

Jetzt wurde ich hellhörig.

»Du kannst dir für einen hohen Betrag sehr viele Immobilien kaufen. Und in diesen Immobilien wohnen Menschen, die den Kredit für dich zurückzahlen. Sie arbeiten deine Schulden ab. Ohne dass du etwas dafür tun musst. Außer zu verwalten. Aber das hast du ja bereits die letzten vier Jahre gelernt.«

Ich musste lachen. Es klang komplett logisch, was dieser Mann mir da erzählte. Aber viel zu einfach, um wirklich wahr zu sein.

»Wenn das so gut klappen würde, dann würde das ja jeder machen.«

»Eben nicht, Max. Weil die meisten Deutschen genauso sind wie du. Sie haben Angst vor Schulden.« Er machte eine Pause. »Du bist doch selbst das beste Beispiel. Du hast bis heute noch nicht einmal darüber nachgedacht, einen Kredit aufzunehmen. Obwohl du meinst, dich in der Immobilienbranche auszukennen.«

Der Nadelstich hatte gesessen.

»Lass es uns doch einmal durchrechnen«, schlug er vor. »Wie viel Geld hast du denn konkret zur Verfügung?«

»50.000 Euro«, sagte ich.

»Und du sagst, du hast kein Geld? Ich bin vor vielen Jahren mit 40.000 DM Startkapital eingestiegen und habe mir damit binnen 20 Jahren ein millionenschweres Immobilienvolumen zusammengewirtschaftet. Also gut. 50.000 Euro. Meinst du, du kriegst noch weitere 50.000 geliehen?«

»Unwahrscheinlich.«

»Unwahrscheinlich ist nicht unmöglich. Wenn du 100.000 Euro hättest, könntest du, um das Beispiel zu vereinfachen, für eine Million Euro eine Immobilie kaufen. Gehebeltes Geld von der Bank.«

Er schrieb alles auf ein Blatt Papier und rechnete es durch. »Deine Ausgaben sind: drei Prozent Zinsen und drei Prozent Tilgung. Aber eine Tilgung ist eigentlich ein Vermögenszuwachs. Denn du bezahlst ja deine Schulden ab. Also machen wir es ganz konkret: Das sind bei einer Million Darlehnssumme 60.000 Euro im Jahr, die du bezahlen musst. 5000 Euro im Monat. Und wenn du mit meiner Hilfe ein gutes Haus für 1,1 Millionen Euro kaufst, sagen wir Köln, Innenstadtlage, dann wirst du mindestens 6000 bis 7000 Euro Mieteinnahmen im Monat erwirtschaften. Das bedeutet: Jeden Monat tilgen andere Leute deinen Millionenkredit. Bezahlen deine Zinsen für dich. Und erwirtschaften dir auch noch einen Überhang. Du machst jeden Monat noch ein Plus.«

Er ließ eine lange Pause. »Und was kann dein Gold?«, lächelte er.

Es fühlte sich an, als hätte sich mein Horizont in den letzten paar Minuten komplett erweitert. Ich sah plötzlich Chancen und Möglichkeiten, an die ich nie zuvor auch nur gedacht hatte. Ich hing an Tims Lippen.

»Also«, sagte er. »Wenn du Interesse hast, dich ernsthaft damit zu beschäftigen, dann nehme ich dich mal mit.«

»Das habe ich«, sagte ich sofort. »Das habe ich wirklich.«

Und von diesem Tag an führte mich Tim in alle Geheimnisse des Vermieter-ABCs ein. Wir gingen gemeinsam auf Besichtigungstour, er zeigte mir alles, worauf ich achten musste. Brachte mir jeden kleinen Trick bei. Zeigte mir, dass man auf der Innenseite der Fenster das Herstellungsjahr sehen konnte, erklärte mir, wie man im Haus Gespräche mit anderen Mietern führte, was die richtigen Nachfragen waren. Er nahm mich wirklich an die Hand.

»Und noch eine Sache ist wichtig«, sagte Tim. »Trenn dich von dem Gedanken, eine einzelne Wohnung zu kaufen. Das ist ein klassisches 0-1er-Risiko. Entweder der Mieter bezahlt oder er bezahlt nicht. Wenn du aber 15 Wohnungen hast, minimierst du dein Risiko. Wenn bei 15 Wohnungen ein Mieter nicht liefert, hast du weniger als sieben

Prozent Mietausfall und entsprechend sehr viel mehr Sicherheit. Reine Mathematik.« Ich war völlig geflasht.

*

Anfang 2014 bot sich dann endlich die Gelegenheit, die Theorie in die Praxis umzusetzen. Ein großer regionaler Immobilienmakler hatte ein Haus ausgeschrieben. Es war perfekt. Kölner Innenstadt, direkt am Hansaring gelegen. 25 Wohnungseinheiten. Ein Kiosk. 13 Stellplätze. Kosten: 1,8 Millionen Euro. Ich ging alleine auf die öffentliche Besichtigung. Ich hatte das Gefühl, ich sei komplett fehl am Platz. Ich war nicht bloß mit Abstand der Jüngste vor Ort, ich fiel auch optisch völlig aus dem Raster. Sonst waren dort nur Ärzte und Anwälte, mit ihren perfekt sitzenden Anzügen und Rolex-Uhren, die mich mit meinem Kapuzenpullover gar nicht weiter beachteten. Auch der Makler ignorierte mich komplett, er kümmerte sich hauptsächlich um die Menschen, die aussahen, als könnten sie sich die 1,8 Millionen Euro leisten, aber das war mir egal. Ich wusste mittlerweile selbst, worauf ich zu achten hatte. Am Abend besprach ich mich mit Tim.

»Rechne es durch, Max. Du kennst die Mieteinahmen. Du kennst den Kaufpreis. Der Zustand ist okay. Verhandele noch ein bisschen und schlag zu. Was soll dir schon passieren? Du bist 28.«

Ich schrieb mir noch einmal alles auf. Das Haus sollte 1,8 Millionen kosten. Die Mieteinnahmen lagen bei rund 100.000 Euro im Jahr. Das war ein Faktor-18-Geschäft. Das 18-Fache der Jahresmiete ergab den Kaufpreis.

»Kann man machen.«

»Sollte man machen«, sagte er und bereitete mir eine E-Mail vor, die ich an den Makler schickte. Dort verlangte ich alles, was für einen Bankkredit notwendig war: Grundbuchauszüge, Mietaufstellungen mit dem Alter der Mieter, Kopien von Mietverträgen und, und, und …

Zugleich überlegte ich, ob ich den Hauskauf allein umsetzen sollte. Ich hatte bisher bei jedem einzelnen Projekt jemanden an meiner Seite gehabt, der meine Schwächen ein wenig abgefedert hatte, und ich hatte das Gefühl, ich war mit diesem Model immer gut gefahren. Ich überlegte, wer für ein solches Immobilienprojekt infrage kommen würde, und dachte schnell an meinen engen Freund Thomas Bachem. Tom. Ich hatte ihn bei einer Netzwerkveranstaltung kennengelernt, er hatte früher das »deutsche YouTube« Sevenload gegründet und verkauft und erst vor ein paar Monaten wieder einen unfassbaren Deal abgeschlossen. Er hatte ein Lebenslaufprogramm, lebenslauf.com, geschrieben und es für einen siebenstelligen Betrag an Xing verkauft. Er war für mich sowohl als Mensch als auch als Unternehmer ein Vorbild.

Tom Bachem rechnete in Excel alles minutiös durch. Er war immer schon ein Nerd vor dem Herrn, dem keiner das Wasser reichen konnte, wenn es um Zahlen ging. Nach seiner Kalkulation war er sofort einverstanden, die Investition mit mir gemeinsam zu stemmen. Ich brauchte auf jeden Fall ein gewisses Maß an Eigenkapital. Ich hatte mittlerweile gut 100.000 Euro auf dem Konto, weil ich erst vor einigen Wochen einige Anteile von Suckit verkaufen und mir in den Monaten davor glücklicherweise etwas ansparen konnte. Aber das reichte nicht, also bot mir Toms Mutter an, mir noch einmal 100.000 Euro zusätzlich zu leihen. Tom brachte 200.000 Euro mit, so brachten wir gemeinsam 400.000 Euro an Eigenkapital auf. Ich willigte ein. Was für ein krankes Gefühl, dachte ich. Ich leihe mir Geld, um mir Geld zu leihen. Ein absurder Gedanke, aber die Excel- Formeln von Tom sagten: Es wird klappen.

Dann fuhren Tom und ich jede, wirklich jede einzelne Bank im Umkreis ab, um unser Immobilienprojekt zu pitchen. Es war eine Ochsentour. Einige schlugen uns wortwörtlich die Tür vor der Nase zu. Andere hörten sich zumindest einmal alles an. Aber fast alle blieben skeptisch.

»Ihr seid noch sehr jung, wollt ihr nicht erst einmal mit einer einzelnen Wohnung anfangen?«

Aber wir blieben dran. Und nach zwei Wochen trafen wir auf einen jungen Banker, der an uns glaubte. Der verstand, was wir machen wollten, und den Kredit bei seinem Vorstand durchboxen konnte. Wir bekamen einen Kredit von 1,46 Millionen Euro. Mein neuer Freund und Berater Tim half uns hinter den Kulissen beim Verhandeln.

Als wir ein paar Wochen später beim Notar saßen, wurde mir zum ersten Mal bewusst, worauf ich mich da einließ. Ich unterschrieb gerade einen Millionendeal. Und ich haftete dafür mit allem, was ich hatte. Ich hatte für einen kurzen Moment ein ungutes Gefühl im

Bauch. Aber ich vertraute auf Immobilien-Tim, meinen Geschäfts-partner-Tom, seine Excel-Tabellen – und auf mich. Gemeinsam wür-den wir es schaffen. Und wir haben es geschafft. Am ersten Juli 2014 unterschrieben wir den Vertrag. Einen der besten Deals meines Le-bens. Von nun an war ich Besitzer meiner ersten eigenen Immobilie. Wenn auch nur zur Hälfte. Heute hat sie einen geschätzten Markt-wert von 4 Millionen Euro und bringt uns jährliche Mieteinnahmen in Höhe von 180.000 Euro ein.

*

Während ich gerade meine erste eigene Immobilie kaufte, wurde aus der Vision von Suckit langsam Realität. Wir hatten bereits ein fertiges Produkt, eine fertige Website und ein fertiges Werbekonzept. Jetzt wurde es Zeit, dass die Menschen von unserem Alkohol-Eis erfuhren. Omar machte den perfekten Aufschlag. Er schaffte es unter anderem, das Eis in einem Musikvideo von Farid Bang und KC Rebell wie auch in einem Clip der 257ers zu positionieren. Eine kleine Szene in meh-reren angesagten Musikvideos, und alles explodierte.

»Was ist Suckit?«

»Was ist das für ein Eis?«

»Wo kann man das kaufen?«, fragten sich die Menschen in den Videokommentaren. Auf YouTube wurde alleine der besagte Farid Bang-Clip »Kanax in Moskau« bis heute 15 Millionen Mal aufgerufen. Wir screenten die Suchanfragen auf Google und erkannten sofort, dass es einen riesigen Hype gab. Omar zog bald nach und positio-nierte das Eis in einem zweiten Clip. Wieder wurde tausendfach nach Suckit gegoogelt.

»Okay«, sagte Omar. »Wir haben sie heiß gemacht. Bringen wir das Produkt jetzt an den Start.«

Hier kam Manuel ins Spiel. Er wies mich in den Vertrieb ein und wir kauften ein 15 Jahre altes Postauto, besprühten es mit Graffitis und Suckit-Werbung – und ich fuhr damit durch die gesamte Repu-blik. »Du musst jeden einzelnen Edeka- und Rewe-Markt abfahren, Max«, sagte er mir. »Je mehr Filialen das Eis anbieten, desto höher ist der Druck auf den Konzern, das Produkt zentral einzukaufen.« Und so fing ich an, mit den einzelnen Inhabern zu dealen. Und unser Produkt in den Verkauf zu drücken.

Es klappte. Wir wuchsen von Markt zu Markt. Suckit wurde immer größer. Omar hatte es mittlerweile geschafft, das Eis in zahlreichen weiteren Deutschrap-Videos zu positionieren: bei Schwesta Ewa, SSIO, Favorite – sogar Deutschlands Influencer-Königin Dagi Bee machte Werbung für uns. Alle sprachen plötzlich von Suckit. Der Hype war gigantisch. Und wir schafften es, nicht bloß in den Supermärkten ins Sortiment aufgenommen zu werden. Wir fuhren zu dritt nach Frankfurt am Main in die Villa von Deutschlands größtem Konzertveranstalter Marek Lieberberg und pitchten ihm unser Projekt. Er war begeistert. Von diesem Tag an waren wir fester Bestandteil der deutschen Festivalkultur. Von Wacken im Norden bis Rock im Park im Süden, vom OpenBeats zum SonneMondSterne-Festival im Osten: Suckit war überall. Ich war geflasht. Mein Leben war jetzt eine einzige Achterbahnfahrt. Kaum noch Schlaf, Arbeit, Arbeit, Arbeit – aber es war ein positiver Stress. Auch weil ich von meinen Geschäftspartnern so viel lernen konnte. Irgendwann hatte ich eine Idee. Ich fuhr auf eine Konferenz, auf der auch Jochen Schweizer als Redner geladen war. Ich fing ihn kurz vor seinem Auftritt ab und pitchte ihm innerhalb einer Minute unser Eiskonzept.

Er lud mich in seine neue TV-Show ein. Sie hieß »Die Höhle der Löwen« und sollte später zu einer der erfolgreichsten Fernsehsendungen im deutschen Fernsehen werden. Dort konnte man seine Geschäftsidee vor potenziellen Investoren pitchen. Und das taten wir. Omar und ich präsentierten Suckit vor einem Millionenpublikum. Und es zeigte Wirkung. Das Wachstum war krank: Im ersten Jahr verkauften wir nur circa 250.000 Eis. Im zweiten Jahr dann schon über 500.000. Und im dritten Jahr, dank unserem Fernsehauftritt, über 1,5 Millionen Eis. Es war der Wahnsinn. Es war wie im Film.

*

Ich schreckte hoch. Ein schrilles Geräusch riss mich aus dem Schlaf. Ich brauchte ein paar Sekunden, um mich zu orientieren. Wo war ich? Welcher Tag war heute? Ich rieb mir die Augen und schaltete meinen Wecker aus. 7.00 Uhr. Verdammt. Das war ein verdammt kurze Nacht gewesen. Schon wieder. Ich hatte gerade mal drei Stunden geschlafen, rechnete ich nach, während ich mich aus dem Bett unter die eiskalte Dusche kämpfte. Kaum war ich halbwegs wach, begannen meine Gedanken schon wieder zu kreisen. Ich ging die kommende Woche durch. Die Termine, die Meetings, die Orte, an denen ich erwartet wurde – und das, obwohl ich die letzten Tage noch gar nicht verarbeitet, geschweige denn, mich von ihnen erholt hatte. Ich verlor tatsächlich zunehmend das Gefühl für die Zeit. Es fühlte sich alles wie ein großer Rausch an. Die letzten fünf Tage war ich über das verlängerte Wochenende mit Suckit in Nürnberg gewesen. Bei »Rock im Park«. Wir waren das gesamte Festival über mit zwei Ständen und 25 Promotern vertreten. Und ich hatte die kompletten Tage von früh morgens bis spät in die Nacht durchgearbeitet. Sonntagnacht, als der letzte Act spielte, hatte ich mit meinem Team noch alles abgebaut und mich gegen 1.30 Uhr wieder auf den Weg zurück nach Köln gemacht. Knapp 500 Kilometer Fahrt, dann hatte ich den Transporter entladen müssen, die Abrechnungen gemacht und ... Ich vertrieb den Gedanken und überlegte, was in den nächsten Tagen alles anstand. Das Tagesgeschäft bei Suckit war fordernd: deutschlandweite Zentraltermine im Einzelhandel, Planung von weiteren Festivals, Mitarbeitergespräche, neue Produktionen, generelle Anfragen, die beantwortet werden sollten, Marketingkampagnen. Es war Sommer 2017 und meine Tage waren Marathonläufe. Ich hetzte von Termin zu Termin von Meeting zu Meeting. 24/7. Wochenenden kannte ich kaum noch.

Und das war nur Suckit. Parallel dazu organisierte ich immer wieder neue Gründerpoker-Events mit Kai, akquirierte und verwaltete Wohnungen mit Eva bei Plug & Study und kümmerte mich obendrein noch um meine eigenen Immobilien mit Tom. Für einen kurzen Augenblick, als mir bewusst wurde, wie wahnsinnig viel das alles war, fragte ich mich, woher ich dafür eigentlich die Kraft nahm. Ich stellte das kalte Wasser ab, griff nach einem Handtuch und verdrängte die Frage gleich wieder. All die Dinge, die ich machte, machte ich, weil ich sie liebte. Meine Firmen waren wie meine Babys. Zeit in meine Arbeit zu investieren fühlte sich nicht so an, als würde ich Zeit in meine Arbeit investieren – sondern als mein Hobby.

Und so vergingen die Tage. Die Wochen. Die Monate. Die Jahre. Ich hatte so viel zu tun, so viele Dinge in meinem Kopf, dass mein Leben einfach an mir vorbeizog, ohne dass ich auch nur die Chance hatte innezuhalten. Mein ganzes Leben war zu einem Geschäft geworden. Egal was anstand, ich war immer mit von der Partie und fand keine Ruhe mehr. Bis jetzt. Ich setzte mich auf mein Bett und schaute aus dem Fenster. Ich wusste nicht, warum ausgerechnet heute, warum ausgerechnet an diesem Tag, aber es war, als würde mich eine große Müdigkeit übermannen. Sie lähmte mich. Meinen ganzen Körper.

Komm klar, Max, sprach ich mir selber zu und ging wieder die Termine für den anstehenden Tag durch. Es war noch viel zu tun, ich konnte es mir absolut nicht leisten, jetzt schlappzumachen. Aber irgendetwas in mir weigerte sich. Irgendetwas blockierte mich regelrecht. Es fühlte sich so an, als würde mein Körper rebellieren. Was war nur los mit mir? Vielleicht war ich einfach überfordert? Vielleicht waren es auch die Kämpfe der vergangenen Woche mit meinen Mitgründern und den Investoren. Wir waren unterschiedlicher Ansicht, wie es mit Suckit weitergehen sollte, und wir debattieren Ewigkeiten hin und her. Ich legte mich auf mein Bett und rekapitulierte die letzten Jahre. Nein, die Wahrheit war: Ich hatte mich von mir selber entfernt. Von dem Leben, das ich eigentlich leben wollte. Ich war gefangenen in einer 80-Stunden-Woche, und weil ich so wahnsinnig viel um die Ohren hatte, nahm ich diese Tatsache einfach gar nicht wirklich wahr. Bis heute. Bis sich mein Körper meldete und mir zu verstehen gab, dass hier etwas falschlief. Ich musste etwas ändern. Ich musste dringend etwas ändern. Ich wusste nur noch nicht genau, was.

*

Das Meer wirkte beruhigend. Ich saß am Strand und schaute auf die Wellen, die sich am Strand brachen. Ein kleiner Junge lief herum und sammelte Muscheln. Ich musste lächeln. Vielleicht würde er sie ja auch später anmalen und verkaufen. Vielleicht würde er sich aber auch einfach nur an ihrer Schönheit erfreuen. Ich schwelgte in Erinnerungen. Ich weiß nicht, wie die Familie Stiller es geschafft hatte, aber irgendwie hatten sie ihr wunderschönes Haus auf Sylt trotz ihrer

Insolvenz noch retten können, und ich hatte das Gefühl, es gäbe keinen besseren Ort auf der Welt, um mich zu sammeln. Und um mir Gedanken über meine Zukunft zu machen. Ich hatte auf meinen Körper gehört. Vergangene Woche hatte ich mich mit Omar und Manuel bei einem Gesellschaftermeeting zusammengesetzt und wir hatten beschlossen, von nun an getrennte Wege zu gehen, was in der Sekunde der Entscheidung zwar unglaublich schmerzhaft war, sich später aber als wunderbare Fügung herausstellen würde. Ich übergab die Firma ordentlich, verabschiedete und bedankte mich bei allen Mitarbeitern. Ich beschloss, erstmal etwas Ruhe einkehren zu lassen. Und darum war ich jetzt hier. Auf Sylt. Wo alles irgendwie einmal begonnen hatte. Ich atmete tief durch und setzte mich in den weichen Sand.

Nichts hatte sich hier verändert. Die Zeit schien an diesem Ort stehengeblieben zu sein. Selbst der Geruch war noch der gleiche wie damals. Ich zog mir ein Flensburger-Bier aus dem Rucksack, schloss die Augen und hörte, wie die Möwen kreischten.

Ich spürte, wie mehr und mehr Erinnerungen in mir aufstiegen. Ich erinnerte mich an meine unbeschwerte Kindheit. An das riesige Anwesen der Familie Meyer. An meinen Vater. Ich erinnerte mich an unseren letzten gemeinsamen Urlaub. Und wie sich alles von diesem Zeitpunkt aus verändert hatte. Wie sehr mich sein Tod in ein tiefes Loch gerissen hatte. Ich dachte an mein früheres Ich. An den Max, der am Boden lag. Der ganz unten war. Und dann dachte ich daran, wie gerade dieser Moment den Ausschlag für alles Weitere gegeben hatte. Dass ich nur werden konnte, wer ich war, weil ich durchlebt hatte, was ich zu durchleben hatte. Ich erkannte rückblickend, dass alles eine Bedeutung hatte. Dass alles richtig war. Das alles gut war. Auch wenn es sich in den Momenten nicht immer so angefühlt hatte, so machte es rückblickend doch alles einen Sinn. Es war eine unglaubliche Erkenntnis, die mein Urvertrauen ins Leben stärkte. Und mir bewusst machte, dass mir im Grunde genommen nichts passieren konnte. Dass das Leben einen Plan für mich hatte. Und dass ich mich nur auf diesen Plan einzulassen brauchte.

Ich fing nun also an, darüber nachzudenken, wie es weitergehen sollte. Ich konfrontierte mich mit der Fragestellung, was ich denn nun als Nächstes vom Leben erwarten würde, und dachte an meinen

Wunsch der Vier-Stunden Woche zurück, der sich vor etwa zehn Jahren das erste Mal in meinem Bewusstsein manifestierte. Ich nahm einen Zettel und einen Stift und schrieb meinen IST-Zustand auf. So, wie ich es damals mit Richi schon gemacht hatte. Als ich fertig war, war ich ernsthaft überrascht. Ich hatte mir in all den Jahren so viel mehr aufgebaut, als mir eigentlich bewusst war. Durch all die Zeit, die ich hektisch und abgelenkt gelebt hatte, hatte ich aber völlig den Blick auf das Wesentliche verloren. Ich verdiente mit Plug & Study ein monatliches Gehalt von 4000 Euro. Dazu kamen Überschüsse aus den Immobilien, welche beinahe autark liefen, und weitere Einnahmen durch die Events von Gründer- und Firmenpokern, in die ich längst nicht mehr so viel Zeit investieren musste wie in den Jahren des Aufbaus.

Mir wurde schlagartig bewusst, dass dies mehr als genug war, um ein tolles Leben zu führen, und dass die Vier-Stunden-Woche mit ein wenig zeitlicher Optimierung der einzelnen Bereiche vor meinen Füßen lag. Ich musste sie quasi nur noch aufheben. Ich hatte einfach genug. »Genug?«, hörte ich mich selbst in Frage stellen. Das Wort war so mächtig, dass es aus meinem Wortschatz fast gänzlich in Vergessenheit geraten war. »Ja, ich habe genug«, antwortete ich mir selbst.

Ich genoss den Moment und die Zeit auf Sylt und übte mich ab diesem Tag immer mehr in Dankbarkeit und Demut. Ich entschloss mich ebenfalls ab diesem Tag, jeden Tag im Hier und Jetzt zu leben, von nun an alles in meinem Tempo zu machen und alle großen geschäftlichen Pläne einfach zu verwerfen. Es kommt ja sowieso immer anders. Es kommt so, wie es kommen soll. Ich wollte einfach nur dem Leben folgen. Und genau das würde ich jetzt tun.

Und doch wurde alles immer schneller und immer größer, und ich drängte darauf, noch rasanter zu wachsen. Manuel und Omar sahen das anders. Sie setzten eher auf ein organisches, konstanteres Wachstum. Wir fingen an, uns über die künftige Ausrichtung der Marke uneinig zu sein. Eines Tages merkte ich, wie sehr ich doch wieder ein Getriebener war, obwohl ich meinen Fokus eigentlich auf etwas ganz anderes hatte richten wollen. Ich entschloss mich, bei Suckit auszusteigen und mein gesamtes Geld in weitere Immobilienprojekte mit Tom zu investieren. Es sollte sich lohnen.

LEARNINGS ZU KAPITEL 3

- Die Wegweiser des Lebens stehen immer und überall. Das Leben als solches ist ein Geschenk und wird dir wunderbare Begegnungen ermöglichen. Gehe immer mit vollem Bewusstsein durch dein Leben und sei wachsam und achtsam.

- Gib dein Wissen und deine Gaben stets weiter, ohne Angst davor, du könntest etwas verlieren.

- Ein fundiertes Netzwerk oder Vitamin B ist ein wichtiger Teil für den Erfolg auf allen Ebenen in deinem Leben. Pflege deine Kontakte. Meine es immer ehrlich und gut mit ihnen. Gib lieber als zu nehmen.

- Nutze dein Netzwerk stets für dich. Nutze es jedoch niemals aus.

- Jeder A-Kontakt in deinem Leben wird dir einen weiteren A-Kontakt vorstellen. Ein B-Kontakt wird dir maximal einen B-, wenn nicht einen C-Kontakt vorstellen. Das gilt nicht nur für Erfolg, sondern auch für den Anspruch an Ethik und moralisches Verhalten.

- Schaue mit einem weiten Winkel in die Ferne auf deine Ziele und lasse dich immer im Leerlauf vom Leben leiten. Der Weg ist das Ziel. Wer sich zu sehr auf eine vermeintliche Laufbahn fixiert, verliert den Blick auf die Nebenstraßen des Lebens und lebt am Leben vorbei. Fühle stets in alle Richtungen.

KAPITEL 4
FREI SEIN

Ich stand am Flughafen Frankfurt und schaute auf die Uhr. Noch zwei Minuten, bis der Schalter schließen würde. Ich ließ mir noch etwas Zeit. Ich war mittlerweile seit einigen Monaten bei Suckit raus und hatte mir vorgenommen, jetzt endlich das Leben zu leben, das ich immer leben wollte. Die Welt erkunden. Reisen. Mein Geld für mich arbeiten lassen. Mein Großvater hatte mir in meiner Kindheit immer Geschichten von seinen Abenteuern aus Indien, den Regenwäldern des Amazonas und der Sahara erzählt. Für mich war es, als wäre ich dabei gewesen. Ich hing an seinen Lippen. Nun war es Zeit für mich, das Leben als Abenteuer zu verstehen. Ich hatte mir die Möglichkeit für meine persönliche Vier-Stunden-Woche innerhalb der letzten acht Jahre Schritt für Schritt aufgebaut. Ich war nun finanziell unabhängig. Frei. Es wurde Winter in Deutschland, es stand nichts mehr an, also beschloss ich, mich einfach erneut vom Leben treiben zu lassen. Ich schaute wieder auf die Uhr. Noch eine Minute, bis der Schalter schließen würde. Ich schnappte mir meinen Backpack und bewegte mich langsam auf den Schalter zu. Am Tresen saß die Mitarbeiterin einer großen Airline.

»Guten Tag«, lächelte sie mich an. »Was kann ich für Sie tun?«

Ich legte meinen Reisepass auf den Tresen.

»Hallo, Scharpenack mein Name. Ich habe einen Flug nach Kapstadt gebucht.«

Ich schaute auf die Uhr. Ich checkte wortwörtlich in letzter Sekunde ein. Perfektes Timing. Die Frau in der Uniform tippte nervös etwas in ihren Computer.

»Nach Kapstadt, ja? Der 19-Uhr-Flug?«

»Genau.«

Sie tippte wieder etwas in ihren Computer und schaute dann mit einem bedauernden Blick zu mir hoch.

»Herr Scharpenack, ich fürchte, wir haben ganz schreckliche Nachrichten für Sie.«

Ich lächelte. »Ich kann mir beim besten Willen nicht vorstellen, dass Sie schreckliche Nachrichten für mich haben könnten.«

»Leider doch. Das Flugzeug ist schon voll. Ich könnte Ihnen anbieten, Sie für den nächsten Flug einzubuchen. Gleich morgen früh um sieben Uhr.«

»Morgen? Das ist ganz schön ärgerlich, ich habe schon ein Hotel in Kapstadt gebucht.«

Das war übertrieben. Ich hatte es nur reserviert. Aus meinen Aufenthalten in Shanghai und San Francisco hatte ich gelernt, dass man sich auch ganz entspannt vor Ort noch etwas suchen kann, was einem letztlich vielleicht sogar mehr Möglichkeiten bietet, als wenn man zu sehr vorausplant.

»Was können wir Ihnen anbieten, Herr Scharpenack?«

»Wenn Sie mir den Preis für mein Ticket erstatten oder mir ein Business-Upgrade geben, bin ich einverstanden«, schlug ich dreist vor.

»Das muss ich mit meinem Vorgesetzten absprechen«, sagte sie vorsichtig.

»Ich bin sicher, dass Sie für einen langjährigen Kunden eine adäquate Lösung finden«, lächelte ich zurück. Der Deal ging klar, und ich bekam zusätzlich noch ein Zimmer im Sheraton-Flughafen-Hotel. Ich freute mich, dass mein kleiner Lifehack erneut funktioniert hatte. Ich hatte ihn von einem frequent flyer vor ein paar Jahren gelernt. Er hatte mir verraten, dass die meisten Fluggesellschaften ihre Flüge immer um ein paar Sitze überbuchen. Sie kalkulieren damit, dass ein paar Passagiere nicht auftauchen. Da die meisten Passagiere sich schon einen Tag vor Abflug online einchecken, sind sie auf der sicheren Seite und kriegen die Kalkulation gar nicht mit. Wer sich aber kurz vor Schließung des Schalters erst meldet, der erhöht die Wahrscheinlichkeit, keinen Platz mehr im Flieger zu bekommen. Die Fluggesellschaften sind in solchen Fällen extrem kulant. Ein Viertel meiner Flüge habe ich auf diese Weise bereits kostenlos oder als Upgrade bekommen.

Am nächsten Tag landete ich in Kapstadt. Ich fühlte mich komplett frei. Ich hatte mich so eingerichtet, dass meine Geschäfte auch ohne meine Anwesenheit weiterliefen. Ich war nun wirklich bei der Vier-Stunden-Woche angekommen. Sogar meine eigene Wohnung hatte ich noch bei Airbnb untervermietet, um keine unnötigen Mietkosten auf meiner Reise zu haben.

Doch in Afrika gab es noch ein paar Querelen. Ich wusste nicht, dass ich für ein Visum auch ein Rückflugticket vorweisen musste. Das hatte ich natürlich nicht. Ich hatte es aufgegeben zu planen. Ich ließ mich vielmehr treiben. Und das erklärte ich auch am Zoll.

»Ich wollte eine Afrika-Rundreise machen. Und ich weiß selbst noch nicht so genau, wohin sie mich führen wird. Und von wo aus ich wieder zurückfliege.« Die Beamten nickten, und mit der Wahrheit und ein bisschen Trinkgeld schaffte ich es letztendlich einzureisen. Kapstadt war wirklich eine ganz besondere Stadt, sie hatte einen sehr mystischen Flair. Das Meer lag vor der Stadt, die von Bergen eingerahmt war. Am Kap verschmelzen Indischer und Atlantischer Ozean, was für eine steife und salzige Meeresbrise sorgt, die wie eine natürliche Klimaanlage gegen die brennende Sonne am Himmel wirkt. Ich fühlte mich hier sofort wohl, versuchte, die größten Viertel zu erkunden, und verbrachte ein paar Tage in der Stadt, bevor es mich dann doch weiterzog. Ich wollte Afrika so weit wie möglich bereisen. Als ich gerade aus meinem Hostel kam, sah ich eine Gruppe von Leuten in meinem Alter, die gerade ihr Auto beluden. Einen alten Jeep.

»Kann ich helfen?«, fragte ich und legte mit Hand an. »Wo fahrt ihr denn hin?«

»Die Garden Route entlang.« Die Garden Route war die bekannteste Route entlang der südafrikanischen Küste.

»Habt ihr noch Platz im Auto und würdet ihr mich mitnehmen?« Die beiden Jungs und das Mädel schauten sich an, zuckten mit den Schultern und nickten dann. »Klar, wenn du dich an den Spritkosten beteiligst. Spring auf.«

Es war ein entspannter Trip. Wir fuhren mehrere Hundert Kilometer, machten immer wieder Zwischenstopps in besonders schönen Regionen, nahmen an Wine-Tastings teil, schauten uns Landschaft und Höhlen an, feierten wilde Partys am Strand und genossen den Roadtrip. Die Landschaft war unbeschreiblich. Es fühlte sich für mich an, als würde ich in einem Kino sitzen. Vor uns offenbarte sich ein unfassbares, nicht endendes Panorama.

Ich hatte auf unserer Reise in einer Bar einen Typen kennengelernt, der mir einen Satz sagte, den ich nicht vergessen sollte. »Erst wenn du die Grenze nach Mosambik überschreitest, kommst du ins echte Afrika.« Das ging mir nicht mehr aus dem Kopf. Ich wollte also unbedingt nach Mosambik.

»Bist du irre?«, sagte Christian, einer aus meiner spontanen Reisegruppe. »Mosambik ist super gefährlich, sagt das Auswärtige Amt. Ich habe mir die Einstufung angeschaut.«

»Das stimmt«, warf auch Livia ein. »Laut WHO ist dort noch immer ein brandgefährliches Malaria-Hochrisikogebiet. Wir fahren auf keinen Fall hin.«

Ich zuckte mit den Schultern. Was hieß schon gefährlich? Aber zugegeben, ich wusste nicht viel über das Land. Eigentlich wusste ich gar nichts über Mosambik. Das Einzige, was ich im Kopf hatte, war ein Zitat von Nicolas Cage aus dem Film *Lord of War – Händler des Todes*, in dem er sagte, dass Mosambik eine AK47 auf der Staatsflagge habe. Und da steckte viel Wahrheit drin. Das gesamte Land war völlig von Waffen überflutet. Eine Folge des Bürgerkriegs. Es gab gefühlt mehr Waffen als sauberes Trinkwasser. Eine Kalasch zu kaufen war noch vor ein paar Jahren günstiger als ein Huhn. Selbst jeder Obsthändler war in der Lage, dir neben frischen Mangos und Bananen auch eine alte Maschinenpistole zu verkaufen, erklärte man mir.

Für mich war die Reise nach Mosambik auch ein guter Grund, mich von meiner bisherigen Reisegesellschaft abzusetzen.

Auf unserer letzten gemeinsamen Etappe durch Swasiland verabschiedeten wir uns in der dortigen Hauptstadt Mbabane. Von dort fuhr ich mit einem Bus weiter. Es war eine holprige Fahrt. Der Bus war völlig veraltet. Ein ausrangierter Linienbus aus den 1960er-Jahren, der keine Türen und nur noch wenige Fenster hatte, die er auch nicht brauchte, weil es sowieso viel zu heiß war. Neben mir saßen nur ein paar Leute auf den völlig abgenutzten Sitzen, einige hatten Käfige mit Hühnern oder anderen Tieren dabei, andere große Tongefäße. Über Nacht erreichten wir die Grenze, wo ich mit großer

Mühe versuchte, ein Visum zu beantragen. Die Fahrt dauerte eine Ewigkeit. Die Menschen in Mosambik sprachen nur ihre Stammessprache oder Portugiesisch, ich weder das eine noch das andere. Ich wurde aus dem Bus in ein kleines Grenzhäuschen geführt. Wir versuchten, uns mit Händen und Füßen zu verständigen. Und kamen nicht voran. Ich schaute immer wieder panisch aus dem Fenster. Ich hatte furchtbare Angst, dass der Bus einfach ohne mich weiterfahren würde. Mein Rucksack lag auch noch auf meinem Platz. Zum Glück hatte der dicke Busfahrer sich ein wenig zurückgelehnt und schien zu schlafen. Eine halbe Stunde verging. Ich sah, wie die Menschen im Bus unruhig wurden. Eine weitere halbe Stunde verging. Dann hatte ich endlich meine Papiere. Ich stieg unter den bösen Blicken der anderen Reisenden wieder ein, und der Bus setzte sich ruckelnd in Bewegung.

Ich schrieb über mein Handy Mbingo an. Ich hatte vor einigen Tagen auf Facebook gepostet, dass ich in Südafrika sei, und ein alter Kumpel von mir hatte mich sofort darauf angechattet und mir erzählt, dass er einen Musiker in Mosambik kennen würde. Mbingo. Er vernetzte uns, und Mbingo schrieb mir, dass er mich gerne in Maputo, der Hauptstadt, abholen würde.

Und er hielt Wort. Als ich aus dem Bus ausstieg, stand er schon da, an seinen von der Sonne ausgeblichenen Fiat aus den 1990ern gelehnt, und grinste.

»Du bist Max«, sagte er.

Offensichtlich, dachte ich. Ich war immerhin der Einzige, der gerade aus dem Bus gestiegen war.

»Steig ein, komm, ich zeige dir die Gegend. Was treibt dich ausgerechnet nach Mosambik?«

»Ich bin mir nicht ganz sicher«, sagte ich ganz ehrlich. »Jemand hat mir gesagt, dass das hier das richtige Afrika sei.«

»Oh ja, das ist es.«

Wir fuhren durch die riesige, nicht enden wollende Stadt, die völlig heruntergekommen oder vielleicht niemals wirklich aufgebaut worden war. Wir fuhren durch einen Vorort. Auf der Straße spielten ein paar Kinder mit einem selbstgebastelten Ball, Blechhütte reihte sich an Blechhütte, lose Stromkabel hingen herunter.

»Du willst die richtige Afrika-Erfahrung? Ein Kumpel von mir hat ein Hostel, wenn du willst, bringe ich dich da hin?«

»Klar, klingt super.«

»Aber es ist ziemlich rough ... für einen Europäer wie dich.«

»Wird schon passen.«

Die Fahrt dauerte eine gute halbe Stunde. Mbingo erzählte mir, dass er aus der mosambikischen Oberschicht kam und Musiker war. Er war vor zwei Jahren in Berlin gewesen, wo er auch meinen Kumpel kennengelernt hatte. Je weiter wir fuhren, desto mehr wurde der Asphalt zu Lehmboden, die Häuser zu Wellblechhütten, und aus den Autos wurden menschenüberladene Busse.

»Hier wären wir«, sagte er schließlich, und ich musste schlucken. Klar, ich wollte die volle Mosambik-Experience, aber das war dann doch sehr heftig. Wir waren in einem Slum angekommen. Auf offener Straße wurden nicht mehr ganz so frische Fische, exotische Gewürze und selbstgebrannter Alkohol in alten Plastik-Volvic-Flaschen verkauft. »Pass mit den Ladys auf«, gab mir Mbingo noch als Tipp mit den auf den Weg. »Jede Vierte hier leidet unter HIV. Und die meisten wissen es nicht mal.«

Ich nickte, nahm meinen Rucksack und ging auf das sogenannte Hostel zu. Ich öffnete ein altes Wellblechtor und betrat einen kleinen Innenhof. Dort waren überall Hängematten aufgespannt, es gab eine offene Küche, und ein kleiner streunender Hund kam auf mich zu. »Heeey, du bist Max, ja?«, hörte ich eine Stimme. In einer der Hängematten lag ein alter, unglaublich relaxter Rasta-Dude und rauchte einen Joint. »Mbingo hat mir schon gesagt, dass du kommst.« Neben ihm stand eine kleine Bluetoothbox, aus der ganz klischeehaft Bob Marley tönte. Der Mann lag in seiner Hängematte und gestikulierte nachlässig. »Dort«, sagte er und zeigte auf eine kleine Lehmhütte, »kannst du wohnen. Und dort«, er zeigte auf eine alte Plastikkonstruktion, in der Regenwasser gesammelt wurde, »kannst du duschen.« Er nahm noch einen Zug von seinem Joint. »Da ist die Toilette, ist vielleicht ein wenig gewöhnungsbedürftig.« Er zeigte auf ein Loch im Boden. »Herzlich willkommen! Ach ja, kleiner Tipp. Von dem Wellblechdach hast du einen schönen Blick auf unsere Stadt.«

Neugierig betrat ich mein Zimmer. Es war nicht wirklich ein Zimmer, weil es keine richtige Tür, sondern nur einen Vorhang gab. Es war einfach nur ein Raum mit einer Pritsche. Und über der Pritsche hing ein Mückennetz.

Ich erinnerte mich an die Worte von Livia. Malaria-Hochrisikogebiet. Plötzlich wurde ich panisch. Ich war nicht geimpft. Ich brauchte dringend irgendeinen Mückenschutz. Ich verließ das Hostel und lief durch die Straßen, wo alte Männer auf dem Boden saßen und Backgammon spielten. Ich war der einzige Weiße hier, aber die Leute beachteten mich nicht weiter. Geschäfte gab es kaum. Die Waren wurden einfach auf der Straße verkauft.

Ich schaute die ganze Zeit an mir herunter und hatte Panik, dass eine Mücke mich stechen würde. Ich ging zu einem der Stände und fragte den Mann nach Mückenspray.

»Mosquito?«, fragte ich. Er sprach kein Englisch und sah mich verständnislos an. Ich versuchte es mit Zeichensprache und machte ein Mückengeräusch. »SSssss«. Dann tat ich so, als würde ich mich eincremen. Ein alter Mann, der auf der Straße saß und einen großen Strohhut auf dem Kopf und ein Bier in der Hand hielt, lächelte mich von unten an.

»Afraid of Malaria?«, fragte er in gebrochenem Englisch.

Ich nickte.

»No worries. Look at me. I am very old. And I can tell you: Malaria is only here.« Er tippte auf seinen Kopf.

Sehr vertrauenerweckend, dachte ich und schaute auf das eingefallene Gesicht des alten Mannes. Dann zog ich weiter und fand dann doch noch ein Mückenspray. Es half nur nichts. Nach einem Tag war ich komplett zerstochen. Aber glücklicherweise infizierte ich mich nicht. Ich verbrachte noch einige Wochen in Mosambik, bereiste das Land in Richtung Norden – und verließ es dann.

*

Ich saß am Rand eines riesigen Infinity-Pools und schaute, wie die Sonne langsam unterging. Ich war mittlerweile seit einiger Zeit auf Sansibar, einer der schönsten Inseln, die ich je gesehen hatte, und versuchte, ein wenig Ruhe zu finden. Nachdem ich in den letzten Wochen so viel herumgereist war, wollte ich mich hier einfach ein wenig regenerieren. Die Sonne versank langsam im türkisblauen Meer. Allerdings konnte ich mich nicht ganz auf die Schönheit der Natur konzentrieren, die sich vor mir offenbarte, denn im Pool neben mir saß noch ein anderer Typ, der merkwürdige Dinge tat. Er tauchte ständig und blieb ungewöhnlich lange unter Wasser. Ich konnte es zunächst gar nicht glauben, also schaute ich auf meine Uhr und stoppte die Zeit. Der Kerl schaffte es tatsächlich, sieben, acht Minuten unter Wasser zu bleiben. Das war ziemlich verstörend. Ich konnte nicht anders, als ihn darauf anzusprechen.

»Hey, sorry, ich will dich ja nicht einfach blöd anquatschen, aber … was zur Hölle machst du da?«

Der Kerl fing laut an zu lachen. »Ich trainiere.«

»Du trainierst?«

Er gab mir die Hand. »Ich bin Silvio«, sagte er.

»Max.«

»Ich bin bei der brasilianischen Armee. Special Forces.«

Ich musterte den Typen. Er war ziemlich durchtrainiert, hatte Tribal-Tätowierungen auf den Oberarmen und einen typischen Armee-Kurzhaarschnitt. Er sah wirklich original genauso aus, wie ich mir ein Mitglied der Special Forces vorstellte.

»Und was genau machst du da?«

»Ich bin Minentaucher«, sagte er und erklärte mir, dass es bestimmte Atemtechniken gibt, um lange unter Wasser bleiben zu können. »Der Weltrekord liegt bei 22 Minuten. Ich komme aber maximal auf zehn.«

Wow, dachte ich. Wozu der menschliche Körper alles imstande ist.

»Und du trainierst sogar im Urlaub weiter?«

»Ja, ich trainiere, so oft ich kann. Außerdem ist das eine gute Vorbereitung auf den Mount Kili.«

»Auf den was?«

»Auf den Kilimandscharo. Den höchsten Berg von Afrika.«

»Und du willst da hoch?«

»Ja. Das ist … etwas sehr Persönliches. Es war der Lebenstraum von mir und meinem Vater, diesen Berg einmal gemeinsam zu besteigen. Doch er ist mittlerweile zu krank. Und ich habe mir vorgenommen, bevor er stirbt stellvertretend für uns beide aufzusteigen.«

»Wow, das ist eine schöne Geschichte.«

Silvio lächelte.

»Mein Vater ist schon lange tot«, sagte ich. »Aber einen Berg zu besteigen würde mich reizen. Vielleicht können wir es zusammen machen?«

»Bist du Bergsteiger?«

»Nein.«

Silvio lachte. »Hör mal, das ist nicht irgendein Berg, auf den man draufklettert. Das ist der Kilimandscharo. Der höchste Berg Afrikas.«

»Das hast du bereits gesagt.«

»Das ist nur was für Profis. Für Bergsteiger. Der Aufstieg geht über mehrere Tage. Du hast keine Sauerstoffmaske. Du musst Bergpässe überschreiten. Du kämpfst dich durch unterschiedliche Klimazonen. Vom heißen Dschungel durch die bitterste nur vorstellbare Kälte.«

»Ja, okay«, sagte ich. »Ich habe es verstanden. Es ist krass. Aber ich würde es trotzdem machen.«

Silvio schien langsam wütend zu werden. Er schüttelte nur den Kopf, sagte ein paar wahrscheinlich verächtliche Worte auf Portugiesisch und tauchte die nächsten zehn Minuten unter. Okay, er würde mich wohl nicht mitnehmen. Aber mein Ehrgeiz war geweckt. Ich wollte diesen Aufstieg unbedingt machen.

Ich ging zurück in mein Hotelzimmer und erkundigte mich im Internet. Der Kilimandscharo war gar nicht so weit weg. Er lag direkt an der Grenze zu Kenia. Ich entschied mich, sofort einen Flug nach Moshi zu buchen. Die Stadt lag am Fuße des Berges. Ich wollte es fix machen. Nicht, dass ich mich am nächsten Tag noch einmal umentscheiden würde.

Zwei Tage später saß ich mit Flipflops, einem T-Shirt und einer kurzen Hose in einem Bus, der mich von Moshi in ein kleines Dorf brachte. Von hier aus, sagte man mir, könne man den Aufstieg beginnen. Ich orientierte mich kurz und ging dann in eine Bergsteigerschule.

»Ich würde gerne die Kili-Tour machen.«

Mir saßen zwei sportliche und gut gelaunte Schwarze gegenüber.
»Sehr gerne. Wie viel hast du trainiert, mein Freund?«
»Nicht so viel.«
»Aber du bist schon regelmäßiger Bergsteiger, ja?«
Ich überlegte kurz. »Na klar.«
»Okay, super. Was sind deine Ziele?«
»Ich will mit möglichst wenig Leuten reisen und dabei möglichst weit kommen.« Ich verstand seine Frage nicht.
»Wieso mit wenigen Menschen?«
»Ich rede nicht so gerne auf Tour und bin lieber für mich.«
»Eine Tour kostet 4000 Euro und dauert neun Tage. Willst du im Zelt oder in einer Hütte übernachten?«
»Im Zelt.«
»Dann sind es nur 3500 Euro. Wir könnten gleich morgen früh aufbrechen.«

Ich zog meinen Laptop raus und checkte kurz meinen Kontostand. Es war Anfang des Monats, und ich hatte gerade mein Vier-Stunden-Woche-Gehalt von Plug & Study überwiesen bekommen. Auch in meiner Abwesenheit wuchsen wir weiter, Eva und ich hatten mittlerweile so viele Wohnungen in der Vermietung, dass wir uns mittlerweile 3500 Euro monatlich auszahlen konnten. Ich verspürte eine tiefe Dankbarkeit, dass ich in der Lage war, mir Dinge wie diese leisten zu können, ohne im gesellschaftlichen Nine-to-five-Hamsterrad gefangen zu sein. Stattdessen war ich nun hier. Am Fuße des Kilimandscharo. Ich klappte meinen Laptop zu, zog meine Kreditkarte und unterschrieb den Vertrag. In dem Moment schaute mich einer der beiden an.

»Sag mal, wo ist denn eigentlich deine Ausrüstung?«

Ich schaute an mir herunter. Ausrüstung? Ich hatte natürlich nichts.

»Ich habe nicht wirklich was dabei ...«

Die beiden fingen an, laut zu lachen. »Ganz ehrlich? Die Leute kommen aus der ganzen Welt mit ihrer Hightech-Ausrüstung hierher. Und du kommst mit nichts?«

»Ich komme mit jeder Menge Motivation«, versuchte ich mich zu retten. »Ihr seid doch Bergsteiger. Ihr habt doch bestimmt etwas da, was ich mir ausleihen kann.«

»Schon. Na gut, dann komm mal mit.«

Einer der beiden führte mich eine Treppe runter in einen Keller. Dort schloss er eine Tür auf, und mir schlug ein bestialischer Gestank entgegen. Es war eine eklige Mischung aus Schweiß und Ausdünstungen, die sich tief in den Fasern der getragenen Schuhe und Klamotten festgesetzt hatte. Ich hielt mir die Hand vor die Nase und betrat den Raum, in dem Hunderte von Hosenanzügen, Jacken und Capes hingen.

»Welche Größe hast du?«

Ich wurde mit einem kompletten Set an unfassbar hässlichen Bergsteigerklamotten ausgestattet und hielt sie weit von meinem Körper entfernt. »Ist es okay, wenn ich die vorher noch reinigen lasse?«

»Wenn dein Hotel die reinigen kann«, lachte der Typ und schloss die schwere Tür hinter sich ab. »Morgen früh um sieben Uhr geht es los. Entspann dich gut!«

Ich fuhr zurück in mein Hotel und gab einer liebevollen, alten Mama die Sachen zur Reinigung.

»Sie stinken wirklich sehr«, sagte sie. Ich nickte bedauernd und lächelte zurück.

»Aber das ist immer so, wenn hundert Menschen vor dir diese Sachen tragen und alle zu geizig für die Reinigung sind.«

»So genau wollte ich das gar nicht wissen«, sagte ich und versuchte, die Vorstellung aus dem Kopf zu bekommen. Mir wurde ein wenig schlecht. Ich zahlte 150 Euro für den Express-Service und ging an die Bar, um mir noch ein allerletztes Bier zu gönnen. Nach einer Weile kam ein älteres Ehepaar und setzte sich neben mich. Die beiden waren völlig fertig und kreidebleich. Sie waren offensichtlich Engländer, ihrem Akzent nach zu urteilen. Ich überlegte kurz, ob ich sie ausfragen sollte, immerhin hatten sie offensichtlich genau das hinter sich, was noch vor mir lag. Aber ich entschied mich dagegen. Ich wollte gar nichts wissen. Ich wollte meine eigenen Erfahrungen sammeln.

Dann zog ich mich auf mein Zimmer zurück. Dort legte ich mich auf meine kleine Pritsche und starrte an die Decke. Oh Mann, worauf ließ ich mich da eigentlich ein?

Ich wurde einen nahezu 6000 Meter hohen Berg von besteigen, wäre neun Tage unterwegs, müsste durch 1,50 Meter Tiefschnee stapfen. Und das alles nur, weil ich einen komischen Militär-Freak in einem Pool kennengelernt hatte, der mir eine Idee in den Kopf gesetzt hatte, die ich nicht mehr losbekam. Was solls?, dachte ich. Wenn es nicht klappt, dann breche ich den Trip eben ab.

·*

Am nächsten Morgen klingelte um Punkt sechs Uhr mein Wecker. Ich machte mich fertig, packte meinen Rucksack und holte die gereinigten Sachen ab. Es hatte zum Glück alles geklappt. In der Lobby kam mir schon Laurent entgegen. Ein durchtrainierter und für diese frühe Uhrzeit viel zu gut gelaunter Zwei-Meter-Mann, der auf der Tour mein Guide sein würde.

»Maax«, strahlte er mich an. »Guten Morgen, mein Lieber! Bist du bereit für den Aufstieg deines Lebens?«

»Wenn ich vorher noch einen Espresso kriege?«

Er grinste. Wir gingen in den Frühstücksraum und setzten uns zusammen an einen Tisch.

»Okay, mein Freund, du hast den Trip ja schon bezahlt, darum komme ich jetzt mal mit den harten Fakten. Nur dass du Bescheid weißt. Von Tausend Menschen stirbt im Schnitt einer beim Aufstieg.«

Ich verschluckte mich an meinem Espresso. »Wie, einer von Tausend?«

»Ja, ja, aber keine Sorge. Die sterben nicht wegen der Höhe. Die Höhe ist relativ harmlos. Sie macht dich nur irre, wenn du ihr zu lange ausgesetzt bist. Aber du bist ja noch jung und wirkst gesund. Trink genug, damit du nicht dehydrierst, und dann packst du das schon.«

»Yo, Laurent, nochmal wegen der Menschen, die da sterben ...«

»Ach ja ... also, die meisten sterben, weil sie irgendwo falsch auftreten und dann den Berg runterfallen. Also achte sehr genau auf deine Schritte. Der Berg fordert nur Opfer, die keinen Respekt vor ihm haben und nicht alles mit hundertprozentigem Fokus und Achtsamkeit machen. Höre stets auf deinen Körper und sei im Hier und Jetzt.«

»Okay, cool. Sonst noch etwas, was ich wissen sollte?«

»Ja. Versuch, meditativ zu laufen.«

»Meditativ laufen?«

»Das bedeutet, dass du Schritt für Schritt und Atemzug für Atemzug machst. Schau nie auf den Berg. Das erschlägt dich. Schau immer nur auf deinen nächsten Schritt.«

Ein südafrikanisches Pärchen, beide Mitte 50, kam zu uns an den Tisch. Laurent begrüßte sie. »Max, darf ich vorstellen? Eben und Laurell! Dann hätten wir alle zusammen.«

Die beiden waren hellwach und wirkten hochmotiviert.

»Wir warten seit sieben Jahren auf diesen Tag«, sagte Laurell.

»Es ist unser Lebenstraum, den Berg zu besteigen«, ergänzte Eben. »Wir haben jahrelang geübt. Und jahrelang gespart. Nur um das einmal zu erleben.«

Ich lächelte ein wenig gequält und dachte kurz darüber nach, ob ich diesen Menschen erklären sollte, dass ich bis vor vier Tagen noch nicht einmal gewusst hatte, wo der Kilimandscharo überhaupt genau liegt. Klar, ich hatte den Namen schon einmal gehört, ich wusste schon, dass es diesen Berg gab. Aber er hatte für mich keine große Bedeutung.

Ich entschied mich, diese Information erst einmal für mich zu behalten. Eben und Laurell waren perfekt ausgestattet. Sie hatten Höhentabletten, Höhenmesser, Smartwatches und das beste Hightech-Equipment, das man sich nur vorstellen konnte. Und ich saß da mit meiner geliehenen quietschgelben Hose und sah aus, als würde ich für die Müllabfuhr arbeiten. Ich fühlte mich fürchterlich. »Also los«, sagte unser Guide. »Lasst uns starten.«

Wir fuhren mit einem kleinen Bus zur ersten Station, an der auch schon ein ganzes Team auf uns wartete. Unser Team. »Diese Herrschaften«, stellte Laurent sie uns vor, »werden euch die nächsten neun Tage begleiten und für euer leibliches Wohl sorgen.« Ich zählte durch. Es waren sieben Leute. Wahnsinnig freundliche und extrem gut gelaunte Menschen. Es gab zwei Köche, drei Träger und unsere Guides. Als Tourist durfte man nur maximal zehn Kilo auf dem Rücken tragen, den Rest übernahmen die Scherpas. »Seid ihr bereit? Dann lasst uns loslegen.« Wir betraten den Dschungel, und schon nach einer guten Stunde wurde mir klar, worauf ich mich da eingelassen hatte. Es war wahnsinnig heiß. Die Luftfeuchtigkeit war erdrückend hoch. Der Schweiß floss an meinem Körper runter und tropfte von meiner Stirn. Ich fühlte mich, als wäre ich schon tagelang unterwegs. Aber es war gerade mal eine Stunde vergangen. Dennoch war die Strecke machbar. Es ging noch nicht allzu stark bergauf. Ich schaute mich um und sah, wie ich von einer Gruppe wilder Affen beobachtet wurde; ich hörte Vögel, die Geräusche machten, die ich noch nie zuvor gehört hatte. Der Sound des Dschungels. Am Nachmittag erreichten wir eine Feuerstelle mitten im Regenwald. Die Scherpas waren vorgegangen und hatten alles für unsere erste Mahlzeit vorbereitet. Reis mit Gemüse. Wir legten unser Gepäck ab und entspannten ein wenig.

»Hey, Max«, sagte Laurent. »Schau mal auf dein Handy.«

Ich zog mein iPhone aus der Tasche. Es gab keinen Empfang mehr.

»Viele Leute drehen jetzt durch«, lachte der Guide. »Kein Instagram. Keine Außenwelt. Keine E-Mails. Schlimm, oder?«

»Ich freue mich wirklich sehr«, sagte ich. Ich mochte Technik, aber ich mochte auch die Momente in meinem Leben, in der ich mich von ihr komplett freimachen konnte.

»Das ist selten für einen Europäer«, lachte er.

»Okay, Leute«, richtete Laurent seine Worte jetzt auch an Eben und Laurell. »Wir bewegen uns immer weiter von der Zivilisation weg. Und je weiter wir aufsteigen, umso weniger Zugang haben wir zu Technik und Medizin. Also achtet bitte auf euch und gönnt euch so viel Ruhe wie möglich.«

Ich verstand ganz intuitiv, was er meinte. Ich schlief um 19 Uhr tief und fest ein und wurde erst um fünf Uhr morgens wieder wach. Gemeinsam mit dem Rest des Dschungels. Als die Sonne aufging, erwachten auch die Tiere, und auf einen Schlag fingen sie alle an, sich bemerkbar zu machen. Es war ein Dschungel-Orchester aus Vogelgesang, Affengekreische und sonstigen undefinierbaren Tierlauten. Ich brauchte ein paar Sekunden, um mich zu orientieren, aber da ging auch schon mein Zelt auf, und Laurent steckte seinen Kopf herein. »Guten Morgen, mein lieber Max!«, sagte er. »Zeit zum Aufstehen, wir haben schon Tee gemacht!«

Wir bekamen zum Tee ein paar Früchte und eine Wasserschale serviert. Damit konnten wir uns waschen. Möglichkeiten zu duschen gab es in den kommenden neun Tagen, die wir unterwegs waren, natürlich nicht, und der Ekel vor den Klamotten, die ich trug, wuchs ins Unermessliche. Aber das war jetzt egal. Dann marschierten wir weiter. Der Aufstieg wurde von Tag zu Tag härter. Er führte uns durch alle Vegetationszonen: Dschungel, Tundra, Hochland und Gebirge.

Ich versank mehr und mehr in meiner komplett eigenen Welt. Ich sprach mit niemandem, war nur noch für mich. Ich ging Schritt für Schritt. Atemzug für Atemzug. So wie Laurent es mir gesagt hatte.

Dennoch rebellierte mein Körper. Mein Magen hatte Probleme. Es wurde immer schlimmer, aber ich ließ mir nichts anmerken. An Tag vier überquerten wir zum ersten Mal einen Gebirgspass. Wir standen vor einer Steilwand, über die wir klettern mussten. Es ging steil bergab.

»Hey, Laurent«, rief ich. »Gibt es hier eine Sicherung oder so?«

Er lachte. »Mein Freund, wir sind hier nicht in Europa. Das ist Afrika. Du wolltest eine wild experience. Du bekommst eine wild experience.« Ich schaute die scharfen Klippen hinunter und verstand, wie die eine Promille von sterbenden Menschen zustande kam. »Wie hoch sind wir?«, fragte ich. »4000 Meter«, rief Laurent zurück.

*

Die Steilwand war zu machen. Aber die Nacht wurde zum Albtraum. Wir schlugen unser Camp in einem Felsgebiet auf. Mitten in der Nacht wurde ich wach und spürte, dass ich nun wirklich krank war. Ich hatte Schüttelfrost und musste mich übergeben. Es hörte gar nicht mehr auf. Ich kotzte mir die Seele aus dem Leib. Das ist wohl die Höhenkrankheit, dachte ich.

Ich hatte davon gehört. Wir hatten hier oben nur einen Bruchteil unseres gewohnten Sauerstoffgehalts. Das ließ den Körper verrückt-spielen. Ich saß draußen, an einen Felsen gelehnt, und betrachtete den Vollmond. Er leuchtete hell und klar. Es schneite leicht.

»Okay, Max, bleib ruhig. Entspann dich. Das ist deine Psyche, die deinen Körper krank macht. Entspann dich. Trink etwas. Das ist reine Kopfsache. Versuch einfach, nicht durchzudrehen«, sprach ich mir selbst gut zu und konzentrierte mich nur noch auf meine Atmung. Und darauf, mich nicht weiter zu übergeben. Ich spielte kurz mit dem Gedanken, abzubrechen. Aber das kam nicht infrage. Ich entschied mich, MMS zu nehmen. Eine Mischung aus drei Tropfen Natriumchlorid und drei Tropfen Salzsäure mit Wasser gemischt. Eine Art Atombombe für den Körper, und ich sah es als meine letzte Chance. Ich hatte das Zeug vorsichtshalber eingepackt. Nachdem ich die Mixtur geschluckt hatte, ging es richtig los, und ich entleerte mich in den nächsten Minuten komplett. Dann fiel ich in einen sanften Schlaf.

Am nächsten Morgen ging es mir schon ein wenig besser, wenn ich auch noch weit davon entfernt war, wieder fit zu sein. Ich versuchte es aber, vor den Guides zu verbergen. Sie hatten strikte Anweisung, uns sonst wieder nach unten zu bringen. Und meine medizinischen Werte schienen ansonsten in Ordnung zu sein. Jeden Abend wurden bei uns der Sauerstoffgehalt im Blut sowie der Puls gemessen. Wer unter einem bestimmten Wert lag, musste abbrechen. Aber sowohl Eben und Laurell als auch ich waren stabil.

»Sag mal, Laurent, wie viele Leute brechen die Tour eigentlich ab?«

»Offiziell ein Viertel. Das stimmt aber nicht. Das sagen wir nur, damit mehr Menschen es versuchen und wir mehr Touren verkaufen. In Wahrheit bricht ungefähr die Hälfte der Menschen ab. Falls es dich interessiert – meistens aus den Ländern, die nach außen am härtesten wirken, die keine Schwäche zeigen wollen. Russen, Asiaten und Israelis etwa.«

»Und wer hält besonders lange durch?«

»Erfahrungsgemäß Leute aus Island, Skandinavien und Deutschland. Die kommen am weitesten. Du musst dir also keine Sorgen machen, Max.« Das tröstete mich alles nicht sonderlich.

Ich versuchte, mich am nächsten Tag noch stärker auf das meditative Wandern zu konzentrieren. Ich achtete genau auf meine Atmung. Ich ging Schritt für Schritt. Und es funktionierte. Mein Gesundheitszustand besserte sich. Ich kam gut mit der Methode zurecht. Vielleicht auch, weil sie ein wenig mein Leben spiegelte. Auch in meinem Leben schaute ich nicht ständig auf das große Ganze, sondern ging Schritt für Schritt voran. Wie bei meiner Vier-Stunden Woche. Ich wuchs Wohnung für Wohnung. Schritt für Schritt. Gelernt hatte ich das schon als Kind von Michael Ende. In *Momo* beschreibt Beppo der Straßenkehrer seine Aufgabe ganz ähnlich. Er sieht immer nur den nächsten Besenstrich und nicht die gesamte Straße, weil ihn das sonst überfordern würde. Ich begriff jetzt: Dieses Bild war wie eine Metapher meines ganzen bisherigen Lebens. In der nächsten Nacht lag ich im Zelt und musste weinen beim Gedanken an diese Geschichte und wie meine Mutter sie mir als Kind vorgelesen hatte.

Von Tag fünf auf Tag sechs ging es auf 4600 Meter Höhe. »Dort ist das Basecamp«, erklärte unser Guide. »Von dort aus machen wir am letzten Tag den großen Aufstieg.« Der Weg zum Basecamp war noch einmal ein gutes Stück anstrengender. Der Wind war so eiskalt, dass ich mein Gesicht kaum mehr spürte. Ich war komplett auf mich selbst fokussiert. Immer wieder hatte ich den Gedanken, abzubrechen. Ich verwarf ihn sofort wieder.

Ich dachte an nichts mehr. Ich blendete einfach alles aus. Schritt für Schritt. Immer weitergehen. Wir erreichten das Plateau bereits um zwölf Uhr mittags. Es war eine große Fläche, auf der zahlreiche Zelte standen. Hier versammelten sich sämtliche Gruppen, die auf den Berg gingen, um von diesem Platz aus den Gipfel zu erklimmen. Man konnte ihn sogar sehen. Er wirkte ganz nah. Die Spitze thronte zwischen den Wolken hindurch. Es sah majestätisch aus. Aber ich wusste, dass zwischen Gipfel und mir noch einmal 1400 Höhenmeter lagen.

»So, meine Lieben, wir haben es fast geschafft. Heute haben wir nur eine halbe Etappe gebraucht. Aber dafür wandern wir um 23 Uhr weiter. Bis dahin solltet ihr euch ausruhen.«

»Um 23 Uhr?«, fragte Laurell. »Wieso denn um eine solche Zeit?«

»Wegen der Lawinengefahr. Lawinen brechen fast nur tagsüber aus, wenn der Schnee durch die Sonne schmilzt. Außerdem siehst du nachts den immensen Aufstieg nicht. Nur so kann man es schaffen, weil man sich wirklich auf seine Schritte konzentriert.«

Ich lief ein wenig herum und führte Selbstgespräche. Ein Teil von mir wollte abbrechen, er sagte, dass ich da meinem sicheren Tod entgegenkletterte. Aber ich ignorierte ihn. Dann setzte ich mich zu Laurell und Eben. Die beiden wirkten ebenfalls ziemlich fertig. Aber sie lächelten.

»Was ist deine Motivation, da hochzugehen, Max?«

»Ich weiß es nicht. Ich glaube, ich will es mir einfach beweisen.«

»Ja, so wie wir. Und wir schöpfen unsere ganze Kraft daraus, dass wir gerade unseren Lebenstraum verwirklichen. Wie lange träumst du schon vom Kili?«, fragten sie.

»Ach«, log ich. »Ich kann mich nicht mehr genau erinnern.«

Dann ging ich rüber zu Laurent, der mit hochgezogenen Augenbrauen Richtung Gipfel schaute.

»Alles okay?«, fragte ich. »Warum guckst du so grimmig?«

»Ein Sturm zieht auf«, sagte er.

»Ist das gefährlich?«

Er ließ eine kurze Pause. »Ach nein. Es kribbelt nur ein bisschen im Gesicht, sonst ist es ganz schön.«

»Hm.«

»Mach dir keine Sorgen. Du bist so weit gekommen, du schaffst das schon. Ich glaube an dich. Du bist ein Macher.« Er spulte seine Platitüden runter, die mich natürlich überhaupt nicht beruhigten, klopfte mir auf die Schulter und ließ mich alleine. Ich entspannte mich noch ein wenig, konnte vor Aufregung aber nicht mehr schlafen. Ich schaute in die Sterne und dachte an meinen Vater und meinen Opa. Ob sie wohl jetzt zusehen würden?

Um 23 Uhr ging es weiter. Es war stockfinster. Jeder von uns hatte ein Kopflicht. Ohne das sah man fast überhaupt nichts. Einfach nur Schwärze und ein paar Umrisse. Es war beängstigend. Ich hatte meine komplette Ausrüstung angezogen. »Langsam, nicht zu schnell«, sagte Laurent. »Nichts überstürzen. Achtet genau auf eure Schritte.« Der Schnee war so kalt, dass mein Gesicht brannte. Es waren Schmerzen, die ich niemals zuvor gefühlt hatte. Meine Nase lief, und der Schleim fror sofort fest, genauso wie meine Kleidung, die steinhart war.

»Laurent, wie lange brauchen wir eigentlich?«

»So lange wie wir brauchen, bis wir oben sind.«

Er verschwieg mir natürlich, dass noch neun Stunden vor uns lagen. Sonst hätte ich es vielleicht nicht gepackt. Vor mir liefen Eben und Laurell mit ihren Guides. Die beiden gingen sehr langsam voraus, was mir nur recht war. Jeder einzelne Schritt war ungeheuer anstrengend.

Irgendwann hörten wir ein sehr lautes Grollen. Ich zuckte zusammen.

»Was war das?«

»Eine Lawine. Aber keine Sorge. Die ist woanders.«

Ich konnte nicht fassen, wie gelassen unsere Guides waren. Ich machte mir vor Angst fast in die Hose und dachte an die eben gehörte Story, es gäbe in der Nacht keine Lawinen. Ich hörte jetzt gänzlich auf zu denken und meditierte nur noch, während ich Schritt um Schritt weiterging. Wir stiegen auf und es wurde immer kälter und die Luft immer dünner. Immer wieder verirrte sich ein einzelner Gedanke in meinen Kopf: Max, du bringst dich gerade um. Brich ab! Der Gedanke verschwand wieder. Wahrscheinlich, weil ich nicht mal mehr genug Kraft hatte, einen Gedanken zu Ende zu denken. Ich versuchte einfach nur zu funktionieren. Schritt für Schritt voranzugehen. Schritt für Schritt. Schritt für Schritt. Immer wieder kamen wir an Leuten vorbei, die wimmernd am Boden lagen oder sich übergaben. An Menschen, die einfach so kollabierten. Für manche ein echter Horrortrip. Ich verlor jedes Gefühl für Zeit. Die Luft wurde immer dünner.

Und dann sackte direkt vor meinen Augen auch Laurell zusammen. Wie ein Sack Kartoffeln kippte sie einfach um. Wir liefen zu ihr und ein Guide versuchte sie wachzuschütteln.

»Schatz! Schatz, wach auf!«, schrie Eben. Tränen liefen über sein Gesicht. Nach ein paar Sekunden kam sie wieder zu sich.

»Es geht schon wieder«, stammelte sie. »Ich will weiter.«

»Auf keinen Fall«, sagte ihr Guide. »Dein Kopf will weiter, aber dein Körper schafft das nicht mehr. Wir steigen ab.«

Tränen liefen ihr in Strömen übers Gesicht. »Es ist doch mein Lebenstraum ...«

»Der bringt dir auch nichts mehr, wenn du hier oben stirbst.«

»Ich steige mit dir ab«, sagte Eben. Es begann ein fürchterliches Drama. Sie wollte unbedingt, dass er weiterging, aber er bestand darauf, bei seiner Frau zu bleiben. Mir wurde immer kälter.

»Darum sollte man niemals mit jemandem aufsteigen, den man liebt«, sagte mir Laurent. »Wir müssen jetzt weiter, Max.« Ich verabschiedete mich von den beiden. Es tat mir fürchterlich leid für sie. Aber mein Kopf war völlig leer. Ich spürte kaum noch etwas, nur den unbedingten Willen aufzusteigen.

Laurell fasste mich am Arm. »Berichte mir, wie es oben ist, okay, Max?«

»Klar, versprochen«, sagte ich. »Ich halte die Fahne für unsere Gruppe hoch.«

Dann ging ich weiter. Und weiter. Und weiter. Jeder einzelne Schritt war ein Kampf mit mir selbst. Eine Überwindung.

Langsam ging die Sonne auf. In diesem Moment durchbrachen wir die Wolkendecke. Und plötzlich veränderte sich alles um mich herum. Vor uns eröffnete sich eine unendliche Klarheit. So etwas hatte ich noch nie gesehen. Es gab kein Geräusch mehr. Unendliche Stille. Es war die absolute Schönheit. Mir stiegen Tränen auf.

»Weiter, Max.« Tränen liefen meine Wangen hinunter. Aber ich zwang meinen Körper weiter zu funktionieren.

Wir stapften noch eine Stunde lang durch den Neuschnee. Und dann war es so weit. Wir waren da. Ganz oben. Auf dem Gipfel Afrikas. Vor mir stand es auf einem riesigen Schild in deutlichen Lettern. »Congratulations, you are now at ... Africa's highest point! « Ich konnte es nicht fassen. Ich hatte es geschafft. Ich hatte es wirklich geschafft. Ich fühlte mich körperlich ausgelaugt, aber gedanklich frei und seelisch glücklich. Ich ließ mich fallen und legte mich in den Schnee auf den Boden. Jetzt ein bisschen Ruhe finden ... »Okay, Max, Glückwunsch, das war eine krasse Leistung«, sagte Laurent.

Ich schloss die Augen.

»Hör mal, ich weiß, du bist fertig. Ich weiß, du willst dich ausruhen. Aber wir brauchen jetzt alle Kraft für den Abstieg.«

Abstieg? Was für ein Abstieg? Es war für mich undenkbar, weiterzumarschieren. Ich wollte nur noch ruhen. Einfach liegenbleiben. Ich hatte seit 26 Stunden nicht mehr richtig geschlafen.

»Können wir nicht bleiben?«

»Ich habe eine kleine Motivation für dich, mein Freund. Wir haben hier oben einen minimalen Sauerstoffgehalt.«

»Ist mir egal.«

Ich fühlte mich extrem benebelt, und mir wurde warm ums Herz. Ich lächelte.

»Wenn du noch eine halbe Stunde hierbleibst, bist du schwerbehindert. Nach einer Stunde vielleicht bereits tot. Willst du immer noch bleiben?«

»Okay«, sagte ich und raffte mich wieder auf. »Lass uns abhauen.« Wir machten noch ein Beweisfoto auf dem Gipfel, dann stiegen wir wieder ab. Wir waren gerade mal 30 Minuten oben gewesen. Aber es waren mit die prägendsten 30 Minuten meines ganzen Lebens.

*

Ich war mittlerweile in der kaputtesten Stadt, die ich jemals gesehen hatte, aber ich hatte noch immer das Gefühl, über dem Boden zu schweben. Ich war völlig euphorisiert. Mein Körper war noch immer endorphingeflutet, obwohl der Aufstieg auf den Kilimandscharo mittlerweile schon eine ganze Weile her war und ich bereits über Umwege nach Johannesburg weitergereist war. Johannesburg war gezeichnet von den Nachwehen der Apartheid und der noch immer grassierenden Armut. Die Stadt gehört zu denen mit den meisten Morden – pro Tag. Aber ich wollte Johannesburg zumindest einmal gesehen haben. Außerdem konnte man von hier bequem überallhin weiterreisen. Natürlich hatte man mir davon abgeraten. Aber ich war noch so euphorisiert von meiner Bergsteigererfahrung und hatte auf dem Kontinent insgesamt so viel Gutes erlebt, dass ich einfach keine Angst hatte. Ich hatte mittlerweile so ein Urvertrauen ins Leben, dass ich das Gefühl hatte, mir könne überhaupt nichts passieren, wenn ich mich mir und meiner Umwelt gegenüber achtsam genug verhielt. Es zog mich nach Soweto. Soweto war ein sehr ärmlicher Zusammenschluss verschiedener Townships, von wo der Widerstand gegen die Apartheit einst ausgegangen war. Hier war Nelson Mandela aufgewachsen. Das Stadtbild war von ausufernden Slums geprägt. Die Menschen lebten in kleinen Häusern, die aus Schrott zusammengebastelt waren. Und es gab noch eine Besonderheit: Soweto zählte drei Millionen registrierte Einwohner. Und davon waren offiziell nur fünf weiß.

Ich machte mir darüber aber keine weiteren Gedanken. Ich hatte mittlerweile einen Bart, war vom ständigen Unterwegssein verstaubt und verdreckt und reiste mit einem Rucksack – ich konnte unmöglich auf jemanden wie eine Gefahr wirken. Und nach einem vermögenden Touristen sah ich sicher auch nicht aus. Ich hatte nicht das Gefühl, mich in Gefahr zu begeben. Dennoch sorgte ich für ein paar Sicherheitsmaßnahmen. Ich lief nur mit einem alten Handy rum, hatte wenig Bargeld versteckt in meinen Socken dabei und ließ das meiste in meiner Unterkunft.

Ich erkundete die Viertel und entdeckte ein kleines Straßenfest. Es wurde Musik gespielt, die Menschen saßen auf irgendwelchen Fässern und tranken Bier. Ich war der einzige Weiße, der hier herumlief. Immer wieder sprachen mich Typen an. Aber die Stimmung war nicht aggressiv. Im Gegenteil. Die Leute waren daran interessiert, was ich hier machte, und hatten großen Respekt vor mir. Ich fühlte mich willkommen.

Irgendwann kam ich mit einer Gruppe von Männern ins Gespräch. Sie saßen vor einer Art provisorischem Kiosk und tranken Bier. Die Männer waren extrem nett und schienen an meiner Story interessiert zu sein.

»Wo kommst du her, Junge?«

»Deutschland. Europa.«

»Erzähl uns von Europa, wie ist es dort?«

Ich erzählte ihnen ein wenig von meinem Leben und achtete penibel darauf, die Themen Geld und Reichtum nicht einmal anzureißen. Ich wollte die Männer nicht brüskieren und auch nicht den Eindruck erwecken, dass es bei mir etwas zu holen gab. Aber das schien sie auch gar nicht zu interessieren. Sie stellten mehr allgemeine Fragen über den Alltag in Deutschland.

»Und was machst du jetzt hier? In Johannesburg?«

Ich erklärte ihnen, dass mich andere Länder reizten und dass ich dabei war, Afrika zu erkunden. Ich wollte verstehen, wie die Menschen hier leben. Sie erzählten mir von ihrem eher tristen Alltag.

Nach einer guten Stunde hatte ich wirklich Vertrauen zu ihnen gefasst. »Jungs«, fragte ich. »Wisst ihr, wo der nächste Geldautomat ist? Ich will euch eine Runde Bier ausgeben.«

Einer der Männer stand vom Gehweg auf, er war ziemlich füllig, hatte eine Narbe im Gesicht und war vielleicht 40 Jahre alt. »Kein Problem, Junge. Ich nehme dich mit. Ich muss eh in die Richtung.«

»Ja, ja. Ich werde auch mitkommen. Dann kannst du mich rauswerfen«, sagte ein sehr, sehr alter Mann, der die ganze Zeit auf einem Hocker gesessen und bislang nicht ein Wort rausgebracht hatte. Er war bestimmt 80 Jahre alt, sein Gesicht war voller Falten. Er stützte sich auf seinem Gehstock auf, und wir liefen zusammen zu einem alten VW Polo mit vier Türen.

»Das ist sehr nett«, sagte ich und setzte mich auf den Rücksitz.

Die Männer schwiegen. Nach etwa 300 Metern fuhr der Wagen von einem Geröllpfad auf eine richtige Straße. Wir fuhren noch eine Weile, bis ich sah, dass eine Tankstelle am Horizont auftauchte. Vor der Tankstelle stand ein großes Schild. ATM. Cool, dachte ich, das ging ja schnell. Und ich konnte hier nicht nur Geld abheben, sondern auch direkt ein paar Bier für die Jungs kaufen. Neben dem Schild stand ein Mann mit einer Kalaschnikow. Das war ganz normal. Tankstellen wurden hier überall von bewaffneten Männern gesichert.

Unser Fahrer wurde allerdings nicht langsamer, sondern gab noch einmal Gas. Wir fuhren an der Tankstelle vorbei.

»Hey, da war doch ein Bankautomat«, sagte ich ziemlich verwirrt.

Der alte Mann drehte sich langsam zu mir um. »Junge«, sagte er in gebrochenem Englisch. »Du weißt nicht, wie man in Südafrika kalkuliert, hm?«

In dem Moment begriff ich, was hier passierte. Das war eine Entführung. Gott, wie hatte ich so naiv sein können. Ich spürte, wie sich mein Magen verkrampfte, wie mein Puls immer schneller schlug. Was hatten sie vor? Was würden sie mit mir machen? Würde ich sterben? Panik stieg in mir auf. Ich hatte das Gefühl, dass das gar nicht wirklich passieren würde, dass das nur ein böser Traum war. Ich atmete tief durch und versuchte, mich zusammenzureißen. Okay, versuch jetzt ganz ruhig zu bleiben und klar zu denken, sprach ich mir zu. Du sitzt in einem fahrenden Auto mitten auf einer Hauptstraße. Irgendwann werden sie irgendwo abbiegen müssen. In dem Moment springst du raus. Der Fahrer drehte das Radio an, es lief irgendein fröhlicher afrikanischer Popsong, der die ganze Situation noch surrealer machte.

Ich hatte das Gefühl, dass ich die ganze merkwürdige Situation wie in einem Film wahrnahm. Als würde ich mich selbst dabei beobachten, entführt zu werden. Der Wagen fuhr weiter und weiter. Nach ein paar Minuten näherten wir uns einer Kreuzung. Ich spürte das Adrenalin durch mein Körper pumpen. Die Ampel stand auf Rot. Das war meine Chance. Der Fahrer war offenbar geübt in solchen Situationen, er bremste nicht strikt ab, sondern ließ den Wagen langsam ausrollen. Ich starrte auf die Ampel. Sie war immer noch rot. Der Wagen wurde immer langsamer. Ich schaute auf den Tacho. Der Polo fuhr 30, 20, 15, ... das war die beste Chance, die ich kriegen konnte. Ich riss die Tür auf und sprang aus dem ausrollenden Wagen. Ich hatte allerdings die Fliehkräfte völlig unterschätzt und kam hart am Boden auf, wo ich mir Knie und Hände aufschlug. Egal, jetzt bloß nicht nachdenken! Ich stand von der Straße auf, lief einmal um das Auto herum, sprang intuitiv über die Leitplanke und rannte durch den Gegenverkehr, so schnell ich konnte, weiter und weiter. Ich hörte, wie meine Entführer die Türen aufrissen und mir hinterherschrien. Ich drehte mich nicht um. Ich rannte einfach weiter. Ich wusste, dass ich schneller als die beiden sein würde, ich hatte nur panische Angst, dass sie mir einfach in den Rücken schossen. Ich sprintete in eine kleine Siedlung und versteckte mich hinter einer Garage. Ich ging in die Hocke, machte mich so klein wie möglich und zog mein Handy aus der Tasche, um ...

»Was machst du auf meinem Gelände?«

Ich schaute auf. Vor mir stand ein riesiger, sichtlich betrunkener Zwei-Meter-Mann. Durchtrainiert, im Unterhemd und mit einem Baseballschläger in der Hand.

»Was machst du auf meinem scheiß Gelände, Junge? Brauchst du Probleme?«

Ich zitterte und versuchte, ihm ein Zeichen zu geben, dass er doch nicht so schreien sollte.

»Entschuldigen Sie«, stotterte ich. »Nein, ich will keinen Ärger, ich ...«

»Hast du was angestellt, du Vogel?«, lallte er.

»Ich bitte Sie, ich brauche nur ...«

»Verpiss dich! Sofort!«, brüllte er, und ich sah zu, dass ich wegkam. Geduckt lief ich die kleine Seitenstraße entlang, bis ich in einem Hinterhof ankam, wo ein paar Männer saßen. Sie waren schon ziemlich alt, saßen auf Plastikstühlen und spielten Karten.

»Entschuldigung«, stammelte ich. »Ich muss kurz telefonieren, darf ich, darf ich kurz hier hinter Ihrem Haus ...?«

Sie schauten mich wortlos an. Dann spielten sie weiter und beachteten mich nicht mehr. Das hieß wohl ja.

Ich verkroch mich in einer Ecke und zog mein Handy raus. Ich dachte kurz nach, ob ich die Polizei anrufen sollte, entschied mich aber dagegen. Die Polizei hier war so korrupt, dass sie mir wahrscheinlich mehr Ärger machen würde als die beiden Kerle, die versucht hatten, mich zu entführen. Also rief ich ein Uber. Dann kauerte ich mich hinter das Haus. Nach zehn Minuten kam mein Fahrer. Ich sprang in das Auto, duckte mich runter und wiederholte die Adresse von meinem Hostel.

»Alles okay mit dir?«, fragte er mich.

»Ja, geht so. Fahr bitte einfach los.«

»Was ist denn passiert?«

»Ach ... Ich wurde entführt«

»Ja und? Ist doch normal«, lachte er.

»Normal?«

»Mein Freund, du bist hier in Johannesburg. Hier wird jeden Tag irgendwer entführt. Sowas darfst du nicht persönlich nehmen. Viele Leute verdienen ihr Geld mit solchen Sachen.«

Als wir ein paar Minuten gefahren waren, beruhigte ich mich langsam wieder.

»Wie läuft sowas ab?«, fragte ich.

»Ach, in den meisten Fällen überlebt man es. Du musst einfach mit deiner Kreditkarte alles abheben, was du hast. Dann kannst du gehen. Wenn es nicht reicht, rufst du deine Familie an, die überweisen irgendeine Summe und dann kannst du gehen. Meistens.«

»Meistens?«

»Manchmal wirst du auch erschossen. Aber nur, wenn du Faxen machst oder versuchst wegzulaufen. Wie war es bei dir?«, fragte er.

»Ach ...«, sagte ich. »Nicht der Rede wert.«

Ich spürte, wie mein Körper langsam zusammensackte.

Es war, als ob die ganze Energie, die ich für meine Flucht aufgebracht hatte, nun verbraucht war. Mein Fahrer lachte auf. »Willkommen in Johannesburg.«

Als ich am Hostel ankam, war dort alles voller Polizisten. »Was ist denn hier los?«, fragte ich die Frau hinter der Rezeption, mit der ich mich in den letzten Tagen ein klein wenig angefreundet hatte. »Eine ganz tragische Nummer«, sagte sie. »Einer unserer Gäste wurde überfallen. Ein neunzehnjähriger Italiener. Er sollte sein Handy abgeben, hat sich aber geweigert und ist weggelaufen. Daraufhin wurde er erschossen.«

Mir wurde schlecht, als ich das hörte. Ich ging hoch in mein Zimmer und packte meine Sachen zusammen. Ich nahm mir vor, so schnell wie möglich abzureisen. Irgendwohin, wo ich meine Ruhe finden würde. Weit weg.

*

Es war Liebe auf den ersten Blick. Fuchur! Er war genau das, was ich wollte. Genau das, was ich in dieser Phase meines Lebens an diesem speziellen Ort am anderen Ende der Welt suchte. Ich lief einmal um den weinroten, frisch polierten Toyota-Camper, Baujahr 99, herum. »Geh ruhig rein«, sagte Sofia, und ich öffnete die Tür. Ja, er war perfekt. Von vorn bis hinten, von innen und außen. Das kleine Wohnmobil war voll umgebaut und wohnfähig, hatte eine nagelneue Spüle, ein halbwegs bequemes Bett und jede Menge Staufächer im Inneren. Er ist sofort bezugsfähig, dachte ich.

»Und mit ihm ist auch wirklich alles in Ordnung?«

»Du kannst ihn dir gerne für ein paar Stunden ausleihen und eine Probefahrt machen. Er läuft einwandfrei.«

Ich nickte, ließ mir von Sofia die Schlüssel geben und machte eine kleine Tour. Ich glaubte mittlerweile nicht mehr an Zufälle. Ich hatte in den vergangenen Monaten und Jahren gelernt, dass man dem Leben vertrauen, sich von ihm einfach führen lassen muss. Nur wer dafür offen war, wurde mit Gelegenheiten belohnt. Gelegenheiten, die man ergreifen musste. Ich fuhr durch Auckland und staunte einmal mehr, wie westlich hier doch alles war. Nach meinem Trip durch

Afrika hatte ich für ein paar Monate Europa und Asien bereist, bis ich wieder Fernweh bekam. Dieses Mal wollte ich noch weiter weg. Ich wollte wortwörtlich ans andere Ende der Welt. Und hier war ich nun. In Neuseeland. Das Land war großartig, aber ich begriff schnell, dass die eigentlichen Highlights außerhalb der großen Städte lagen. Um Neuseeland zu begreifen, musste man Neuseeland bereisen. Und dafür brauchte ich einen Wagen. Durch einen unglaublichen Zufall traf ich in Auckland die Bekannte einer Freundin von mir, die vor einigen Jahren nach Neuseeland ausgewandert war. Und diese Bekannte hatte gerade Besuch von ihrer Freundin Sofia, die ganz, ganz dringend ihren Camper verkaufen wollte.

Das konnte alles kein Zufall sein. Ich fuhr das Ding in eine Werkstatt und ließ es durchchecken. Alles in Ordnung, sagte man mir, und ich brachte den weinroten Toyota zurück zu Sofia und schlug zu. 2200 Euro. Und Fuchur gehörte mir.

Es war der Anfang eines neuen Abenteuers. Ich fuhr mit meinem neuen Camper quer durch das Land. Neuseeland war wunderschön. Ich war im deutschen Winter dort, dem neuseeländischen Sommer. Die Landschaften sahen aus wie gemalt. Das Wasser hier war tiefblau, die Wiesen sattgrün. Und die Sonne tauchte alles in ein mildes Licht. Ich lebte in meinem Camper. Zum Schlafen hielt ich meistens einfach an einem Waldrand, am See oder direkt am Meer an. Wenn ich an einem Ort vorbeikam, der mir gefiel, blieb ich eine Weile. Ich las ein Buch, schrieb Postkarten oder schaute einfach nur stundenlang in die Ferne. Wenn ich Lust auf Menschen hatte, parkte ich auf dem Parkplatz von einem Hostel. Wenn ich Lust auf Einsamkeit hatte, fuhr ich offroad und bekam über Tage niemanden zu sehen.

Es war das absolute Gefühl von Freiheit. Nur ich und Fuchur. Den Camper hatte ich nach dem Glücksdrachen aus *Die unendliche Geschichte* benannt. Denn wie das zottelige Vieh geleitete auch er mich sanft durch die Landschaften meiner Träume.

*

Ich fuhr den State Highway 95 entlang. Eine sehr lange und einsame Straße, die mich an einer malerischen Landschaft vorbeiführte.

Außer Natur war hier nichts. Wirklich nichts. Keine Tankstellen, keine Hotels, keine Restaurants, noch nicht mal ein Schnellimbiss oder eine einsame Hütte. Ich hatte meine Fensterscheibe heruntergekurbelt und genoss die warme Dezemberluft. Vor mir erstreckte sich gerade die bergige Landschaft, als ich plötzlich ein rotes Lämpchen an meinem Armaturenbrett aufleuchten sah. Oh, dachte ich. Was ist das? Ich hatte von Technik keine Ahnung. Aber ich dachte mir, dass ein rotes Lämpchen kein gutes Zeichen sein konnte. Ich fuhr weiter und merkte, wie mein Motor immer weniger anzog. Ich schaute wieder auf das rote Lämpchen.

Okay, Max. Bleib cool. Das wird schon. Du bist ja auch bald da, sprach ich mir gut zu. Ich fuhr einen Abhang hinunter und sah auch schon einen riesigen See am Horizont, der sich vor mir ausbreitete. Milford Sound. Hier wollte ich hin. Milford Sound ist ein berühmter Fjord im Südwesten Neuseelands. Es gibt dort einen riesigen See mit auslaufenden Flussarmen, tropische Wälder und einen Berg, der für seine vielen Wasserfälle berühmt ist. Ich hatte selten etwas so Schönes gesehen. Ich parkte meinen Wagen an einem kleinen Bootshäuschen und beschloss, eine Bootstour zu machen. Es gab einen Kahn, der im Zweistundentakt anlegte und eine große Rundfahrt machte.

Als ich mich an den See setzte, kamen nach und nach immer mehr Menschen dazu, die ebenfalls auf das Boot warteten. Ich entschied, für mich alleine zu bleiben.

*

Als die Tour am Abend beendet war, setzte ich mich wieder in meinen weinroten Toyota-Camper und drehte den Zündschlüssel um. Sofort blinkte das rote Licht auf. Ach ja, erinnerte ich mich. Da war ja was. Ich starrte auf die rote Lampe. Doch bevor ich mir darüber Gedanken machen konnte, klopfte es schon an mein Fenster. Zwei Frauen standen vor meinem Wagen. Ich erkannte die beiden, sie waren auch auf dem Boot gewesen.

»Hey«, sprach mich eine auf Deutsch an. »Kannst du uns vielleicht in die nächste Stadt mitnehmen? Wir sind getrampt, und es wird langsam dunkel und wir wissen nicht, wie wir sonst hier wegkommen.«

»Hier ist ja weit und breit gar nichts«, warf die andere ein. Die beiden waren in meinem Alter und wirkten sympathisch.

»Na klar«, sagte ich. »Gar kein Problem. Ich fahre nach Te Anau, steigt ein.«

»Vielen, vielen Dank«, sagte das eine Mädchen. »Wir wüssten nicht, was wir sonst machen würden.«

»Ja, wir hatten schon richtig Panik«, fiel die andere ihr ins Wort.

»Alles easy«, sagte ich und versuchte zu überspielen, dass ich selbst zumindest den Hauch einer Panik verspürte angesichts der roten Lampe. Aber ich vertrieb den Gedanken wieder. Zwei Stunden Fahrt. Das müsste doch zu machen sein. Und gleich morgen würde ich den Wagen in die Werkstatt bringen.

»Da leuchtet was rot«, sagte eines der Mädchen.

»Ja, ja, das ist immer so«, versuchte ich eher mich als sie zu beruhigen. »Ist nur die Wischwasseranzeige.«

»Ah.«

Es konnte ja nichts passieren. Ich hatte noch genug Sprit und den Wagen erst vor drei Wochen durchchecken lassen. Ich spürte dennoch beim Beschleunigen, dass der Motor nicht mehr so richtig ...

»Oh mein Gott, oh mein Gott, oh mein Gott!«, kreischte eines der Mädchen laut auf, und ich schreckte hoch.

»Was ist los?«, fragte ich und drehte mich um.

»Da kommt Rauch aus der Lüftung!« Ich erschrak. Sie hatte recht. Oh Mann. Dann sah ich, dass auch aus der Motorhaube Rauch aufstieg. Und dann ging gar nichts mehr. Der Motor gab seinen Geist auf. Mit letzter Kraft gelang es mir, Fuchur in eine Haltebucht zu lenken.

Ich klammerte mich an das Steuer meines stehengebliebenen Wagens und starrte aus der Frontscheibe. Rauch stieg auf. Verdammt!

»Ich glaube, der Wagen ist kaputt«, sagte eines der Mädchen.

»Ja«, nickte ich genervt. »Scheint so.«

»Was machen wir denn jetzt?«

Ich hatte keine Antwort, aber das Glück meines Lebens. Denn hinter uns kam noch ein Auto angefahren. Wir stiegen aus und winkten es heran. Ein nettes, älteres Pärchen, das ebenfalls auf dem Boottrip gewesen war, fuhr zu uns heran.

»Probleme mit dem Wagen?«, fragte der Fahrer, und ich nickte. »Kein Problem«, sagte er. »Wir nehmen euch mit. Wir fahren nach Te Anau.«

Ich legte einen Zettel aufs Armaturenbrett, auf dem ich vermerkte, dass ich den kaputten Camper am nächsten Tag wieder abholen würde. Nicht, dass er mir hier noch abgeschleppt wurde. Dennoch war meine Stimmung völlig im Eimer. Ich saß blass auf der Rückbank. Die beiden Mädchen sprachen mir gut zu. »Mach dir keine Sorge. In Te Anau gibt es sicherlich einen Mechaniker. Der wird deinen Camper schon wieder hinbekommen.« Ich nickte. Hoffentlich.

*

Die Mädchen hatten recht. Es gab in Te Anau einen Mechaniker. Und zwar genau einen einzigen. Ich stand am nächsten Morgen schon vor dem Tor seiner Werkstatt, als er gerade kam, um aufzuschließen. Ein älterer Herr im Blaumann.

»Was kann ich für dich tun, Junge?«

Ich erzählte dem Mann, was geschehen war. »Was würde es kosten, meinen Wagen zu retten?«, fragte ich schließlich.

Der ältere Mann dachte kurz nach, rieb sich über die Stirn und legte seinen Kopf schräg. »Tausend Euro«, sagte er schließlich. »Um das Ding erst einmal abzuschleppen.«

Ich schluckte. »Tausend Euro? Das ist ziemlich viel.«

Er zog seine Brille auf die Nase herunter und fixierte mich mit seinem Blick. »Dann habe ich einen guten Tipp für dich, mein Junge. Geh einfach zu einem der anderen Mechaniker hier, der wird es dir günstiger machen.« Er machte eine kurze Pause. »Ach ja«, sagte er schließlich. »Das hätte ich fast vergessen. Es gibt ja keine anderen Mechaniker hier.«

Er sagte das so trocken, dass ich lachen musste. So ein Schwein. Aber er hatte ja recht. So war es eben. Ich erklärte dem Mann noch einmal etwas ausführlicher meine Situation und sagte, dass ich es unangemessen fände, denselben Betrag für die Reparatur des Campers zu zahlen, wie ich für den Camper selbst bezahlt habe. Ich hatte ihn mir vor gerade mal drei Wochen gekauft. Er nickte.

»Ich verstehe, mein Junge. Aber der Wagen ist auf dich angemeldet. Du musst ihn da wegbekommen, sonst werden irgendwelche Behörden ihn abschleppen. Behörden schicken auch Rechnungen. Und die fallen höher aus als meine.« Er grinste.

Der Typ war schon ein cleverer Geschäftsmann. Aber er war nett. Auf seine Art.

Okay, dachte ich. Ich muss das irgendwie hinbekommen.

»Pass auf«, sagte ich und legte meinen Arm um die Schulter des Mechanikers. »Folgender Vorschlag: Ich erzähle dir ganz genau, was das Problem mit meinem Camper ist, und du erzählst mir dafür, was *du* in diesem Fall machen würdest. Und dann versuche ich mir selbst zu helfen.«

Der Mechaniker lachte laut auf. »Du bist ein pfiffiger Typ«, sagte er. »Ihr Deutschen! Also gut. Erzähl mir ganz genau, was passiert ist.«

*

Am nächsten Tag stand ich im strömenden Regen mit einem Kanister Kühlflüssigkeit, Kabelbinder und fünf Liter Benzin morgens um neun Uhr an der Straße 95 Richtung Milford Sound. Ein Wagen hielt an und nahm mich mit. Ich versuchte, das Positive zu sehen. Ich lernte auf diese Weise noch einen Local kennen. Und ein paar neue englische Wörter. *Coolant.* Kühlflüssigkeit. Damit hätte ich bei meinen Talking Lessons in Shanghai vor meinen Schülern gut punkten können. Nach zwei Stunden Fahrt waren wir bei meinem Camper. Zum Glück war er noch da. Ich versuchte es wieder und wieder. Aber nichts funktionierte. Nach drei Stunden gab ich auf.

Ich streckte meinen Daumen raus, als ich sah, dass sich ein kleiner Pick-up nährte. Der Wagen fuhr rechts ran, und ein Berg von einem Mann stieg aus. Breit gebaut, bestimmt zwei Meter groß. Ein Holländer.

»Was ist los?«

»Mein Camper hat den Geist aufgegeben. Ich habe versucht, ihn zu reparieren. Keine Chance«, erzählte ich. Ich musste einen erbärmlichen Anblick abgegeben haben. Ich war klitschnass. Es regnete in Strömen.

»Ich war 40 Jahre lang Automechaniker. Ich schaue es mir mal an.«

Das konnte einfach nicht wahr sein. Als wäre er vom Himmel geschickt wurden. Der Holländer zog einen Werkzeugkoffer aus seinem Wagen, seine Frau brachte zwei Regenschirme, die wir über ihn hielten, während er an meinem Motor herumschraubte. Nach 20 Minuten war er fertig.

»Teste es«, sagte er.

Ich setzte mich in meinen Camper und schmiss den Motor an. Das rote Lämpchen leuchtete nicht mehr. Es funktionierte!

Ich war dem Mann wahnsinnig dankbar. »Alles gut«, sagte der Holländer. »Ist doch kein Ding.« Ich dachte zurück an den Professor aus San Francisco. Es war ein weiterer Moment in meinem Leben, in dem ich bedingungslose Hilfe erfahren hatte.

*

Die Geschichte ließ mich nicht los. Ich musste immer wieder daran denken, wie viel Glück ich doch in meinem Leben hatte. Und ich dachte auch an den Professor aus San Francisco. An Nelson. Auch er hatte Freude daran gehabt, mir bedingungslos zu helfen. Ich erinnerte mich an seine Worte: »Wenn du eines Tages in der Situation bist, das auch für jemand anderen zu tun, dann tu es!«

Und jetzt, das spürte ich, war genau der Zeitpunkt, etwas zurückzugeben. Wir hatten den 23. Dezember. Ein Tag vor Weihnachten, und ich hatte beschlossen weiterzuziehen. Ich hatte bisher immer gedacht, dass ich schon an dem Punkt war, der am weitesten von Deutschland entfernt lag. Bis mir jemand erzählte, dass es einen Ort gab, der noch abgelegener war. Noch ein kleines Stückchen weiter weg. Der Rand vom Rand der Welt. Die Fidschi-Inseln. Doch bevor ich abflog, wollte ich noch etwas Gutes tun. Es war schließlich Weihnachten. Ich fasste einen Entschluss.

Ich zog meinen Laptop raus, loggte mich bei Facebook ein und meldete mich bei einer »New Zealand Backpacker«-Gruppe an. Dort postete ich einen langen Text, in dem zu erklären versuchte, was in mir vorging. Es endete mit den Worten: »… darum möchte

ich einem von euch meinen Camper schenken. Um etwas zurückzugeben.«

Ich bekam unzählige Nachrichten. Viele wollten den Camper
nicht mal haben. Sie schrieben mir einfach nur, dass sie meine Aktion gut fanden. Ein junges Mädchen schrieb mir. Ihre Nachricht
fiel mir besonders auf. Im Gegensatz zu den anderen versuchte
sie nicht, auf die Tränendrüse zu drücken. Sie schrieb einfach nur,
dass der Camper ihr helfen würde. Ich beschloss, mich mit ihr zu
treffen. Sie war zufällig gerade in derselben Gegend wie ich unterwegs.

Als wir uns vor einem Hostel trafen, schaute sie mich vorsichtig
an. »Ich hätte nicht gedacht, dass du wirklich kommst«, sagte sie.

»Warum das?«

»Ich ... dachte bis jetzt, dass das alles nur ein Scherz ist.«

»Nein«, lachte ich. »Das ist kein Scherz. Komm, ich zeige dir
Fuchur.« Wir gingen vor die Tür, und ich führte ihr alles vor. Das
Mädchen hatte Tränen in den Augen. »Und ... du schenkst ihn mir?
Einfach so?«

»Ich reise morgen ab. Es wäre nett, wenn du mich damit noch
zum Flughafen fahren würdest. Anschließend gehört er dir.«

Sie fiel mir in die Arme. Dann gingen wir ins Hostel und tranken
gemeinsam einen Kaffee.

»Seitdem ich 14 bin, habe ich davon geträumt, nach Neuseeland
zu reisen«, erzählte sie mir. »Ich habe neben der Schule kleine Jobs
übernommen und mir alles zusammengespart.«

Das kam mir sehr bekannt vor. »Kurz vor meinem achtzehnten
Geburtstag ...« Sie stockte. Dann liefen ihr wieder Tränen über das
Gesicht. »Mein Vater ist spielsüchtig«, sagte sie. »Er hatte Zugriff auf
mein Konto. Innerhalb einer Woche hatte er alles abgehoben. Und
verzockt. 10.000 Euro.« Sie schaute beschämt auf den Boden. Dann
lächelte sie. »Ich bin trotzdem hier. Ohne Ersparnisse. Aber es ist
hart und ...« Sie schaute mich mit feuchten Augen an. »Du kannst
dir gar nicht vorstellen, was du mir mit diesem Camper eigentlich
ermöglichst!«

»Du hast alles richtig gemacht«, sagte ich. »Du hast auf das Leben vertraut. Und wer auf das Leben vertraut, der bekommt vom Le-

ben immer etwas zurück. Ich würde dir raten, dass du deinem Vater verzeihst. Denn glaub mir, eines Tages ist es dafür zu spät.«

Am nächsten Tag fuhr sie mich zum Flughafen, und ich reiste auf die Fidschi-Inseln. Als Lena Neuseeland ein halbes Jahr später verließ, verschenkte sie Fuchur übrigens weiter. Und die Person, die ihn bekam, verschenkte ihn wiederum. Und so ist Fuchur mittlerweile bei der fünften Person nach mir angekommen, und um den weinroten Camper ist ein regelrechter Mythos entstanden.

*

Ich zog meinen Rucksack über die Schulter und machte mich auf den Weg zur Küste. Ich hatte keinen Plan, nur eine ungefähre Idee, wie es weitergehen könnte. Ich wollte mich zum Hafen durchschlagen und von dort auf eine der kleineren Inseln übersetzen. Auf welche genau, das wusste ich noch nicht. Aber ich vertraute darauf, dass sich schon alles finden würde. So wie sich in der Vergangenheit auch immer alles gefunden hatte. Als ich losging, war es schon früh am Nachmittag, aber die Sonne stand noch immer senkrecht am strahlend blauen Himmel. Sie brannte so intensiv, dass jede Bewegung Kraft kostete. Und das, obwohl es Ende Dezember war.

Ich nahm einen Schluck Wasser aus meiner Trinkflasche und lief die lange, frisch asphaltierte Hauptstraße entlang. Sie führte vorbei an vereinzelten Steinhäusern und ein paar Palmen, die zumindest etwas Schatten spendeten. Hin und wieder kam mir ein streunender Hund entgegen. Der Boden war so staubig wie meine Klamotten. Dennoch: Genau hier wollte ich hin.

»Entschuldigung, wo geht es zum Hafen?«, fragte ich einen alten, gebeugten Mann, der mir entgegenkam. Da die Inseln einmal eine britische Kolonie gewesen waren, sprachen hier alle ein ziemlich perfektes Englisch. »Immer geradeaus«, lächelte er mich an und wies mir den Weg. Nach einer guten Stunde war ich endlich da. Der Hafen war viel kleiner, als ich erwartet hatte. Ein paar Industriecontainer standen herum, und es gab ein Dock, an dem die kleineren Schiffe anlegten. Obwohl ich auf Suva war, der größten Fidschi-Insel, spürte ich, dass ich in »the middle of nowhere« gelandet war, der abgeschiedensten Inselgruppe der Welt. Ich atmete tief durch. Es roch nach Fisch und Salzwasser. »Hey«, sprach ich einen Mann an, der gerade ein paar Waren auf einen kleinen Kahn schleppte. »Würdet ihr mich mitnehmen?« Der Mann stellte seine Kiste mit den tropischen Früchten ab und musterte mich. Ein großer, durchtrainierter Typ, Mitte 40, der eine kurze Hose und ein wohl ehemals weißes, durchgeschwitztes T-Shirt trug.

»Wo willst du denn hin?«, fragte er und stapelte weiter seine Kisten.

»Ganz egal. Auf irgendeine Insel.«

»Wir haben 300 Stück zur Auswahl«, lachte er freundlich.

»Hauptsache nicht so touristisch«, lächelte ich zurück. Dann setzte ich nach. »Ich vertraue dir. Bring mich einfach auf die schönste Insel, wo du mit deinem Boot vorbeikommst. Solange es für dich und deine Crew keine Umstände macht.«

Der Mann richtete sich auf und nickte mir zu. »Steig ein.«

Der Kahn war ziemlich alt und rostig. Ich schaute mich um. Überall standen Boxen mit Obst, dazwischen einige Käfige mit Hühnern. Auf dem Deck liefen zwei angebundene Ziegen halbwegs frei herum und beschnupperten mich neugierig. Wie viele Fahrten dieses Boot wohl schon auf dem Buckel hatte? Ich hoffte nur, dass dies nicht die letzte sein würde.

»Wenn du auf die schönste aller Inseln willst, dann wird das aber eine lange Fahrt, mein Freund. Wir sind gut sechs Stunden unterwegs. Wir bringen dort knapp eine Tonne Reis hin. Wenn du bei den Zwischenstopps ausladen hilfst und uns von deiner Welt erzählst, nehmen wir dich gratis mit.«

»Kein Ding, ich habe alle Zeit der Welt. Und anpacken kann ich.« Der Mann stellte mir seine Crew vor. Es gab neben ihm noch einen zweiten Kapitän und zwei Männer, die für die Handlangertätigkeiten an Bord zuständig waren.

Ich setzte mich direkt an die Reling und schaute aufs Meer. Es war wunderschön. Die Sonne reflektierte im kristallklaren Wasser, und die Meeresbrise machte die heißen Temperaturen erträglicher.

»Wir legen gleich ab«, rief mir der Kapitän zu und verabschiedete sich in seine Kabine. Ich schloss die Augen und atmete die salzige

Luft ein. Was ist unsere Welt nur für ein wunderschöner Ort, dachte ich glücklich.

Aber der Gedanke hielt nicht sehr lange. Nach einer halben Stunde auf dem Pazifik wurde mir schlecht. Und zwar so richtig. Ich hatte bislang nicht gewusst, dass ich dazu neigte, seekrank zu werden, aber ich hatte bislang auch noch nie auf einem so kleinen, verrosteten Kahn auf offener See gesessen, der von jeder Welle so durchgerüttelt wurde, dass ich mir vorkam, als wäre ich in einer Achterbahn gefangen, die niemals enden würde. Ich klammerte mich an der Reling fest und beobachtete die Ziegen, die vom Wellengang völlig benommen über das Deck torkelten.

Hätte ich doch bloß nicht gesagt, dass ich alle Zeit der Welt hätte. Ich dachte an die sechs Stunden, die noch vor mir lagen.

»Alles in Ordnung bei dir?«

Ich drehte mich um. Neben mir stand ein kleiner schwarzer Mann. Er hatte einen großen, runden Bauch, mehrere Tätowierungen, einen riesigen goldenen Ohrring – und er hielt mir eine Flasche Rum entgegen.

Ich schüttelte den Kopf. Alkohol war das Letzte, was mein Magen jetzt vertragen würde.

»Vertrau mir, das hilft gegen Übelkeit«, sagte der runde Mann, lachte und hielt mir die Flasche nochmal mit Nachdruck unter die Nase. Ich nahm einen Schluck von dem warmen Rum und fühlte mich weiterhin beschissen.

Der Mann setzte sich neben mich.

»Bist du ein Geächteter? Wirst du gesucht?«, fragte er.

»Nein«, lächelte ich gegen meine Übelkeit an. »Sehe ich aus wie einer?«

»Ich weiß nicht, wie ein Geächteter bei euch im Westen so aussieht, aber wir nehmen nicht so häufig irgendwelche wildfremden Typen an Bord, die planlos auf einer Insel ausgesetzt werden wollen.«

»Ich will einfach nur etwas von der Welt sehen«, sagte ich.

»Das wollen wir doch alle«, entgegnete mir der runde Mann mit dem großen Ohrring und klopfte mir auf die Schulter.

»Ich bin Ratu.«

»Ich bin Max, freut mich, Ratu. Was machst du hier an Bord?«

»Ich bin für die gute Laune zuständig«, sagte er, und sein Lächeln war so breit wie sein Gesicht. »... und dafür, die Waren ein- und auszuladen. Das ist mein Job.«

Ratu erzählte mir, dass er und der Rest der Crew von einer ziemlich kleinen Insel kamen. Sie würden jeden Tag eine Tour fahren, zunächst zur Hauptinsel, wo das Schiff beladen wurde und wo sie auch mich aufgegabelt hatten, dann zu den kleinen Inseln im Norden, die sie mit allen erdenklichen Waren versorgten.

»Das ist hier alles sehr gut organisiert«, erzählte er mir. »Die Stammesältesten machen uns eine Liste mit allem, was sie in den nächsten Tagen brauchen, und wir bringen es ihnen. Abends fahren wir nach Hause und beliefern unsere Heimatinsel.«

»Lass mich raten: Auf diese Insel fahren wir jetzt?«

Wieder setzte Ratu sein breitestmögliches Grinsen auf. »Du wolltest auf die schönste Insel, also kommst du auf die schönste Insel.«

Er nahm einen großen Schluck Rum und fing dann an, ein Lied zu singen. Der Mann scheint hier wirklich für die gute Laune zuständig zu sein, dachte ich und schaute aufs Meer.

»Du bist wirklich kein Geächteter?«

»Wirklich nicht.«

»Du hast nichts dabei. Nur ein Handy. Einen Rucksack ... sehr, sehr untypisch.«

Ich zuckte mit den Schultern. Viel Gepäck hält einen nur auf.

»Wie lebt ihr hier?«, fragte ich ihn, als wir an einer kleinen, unbewohnten Insel vorbeischipperten. Es interessierte mich wirklich. Ich konnte mir nur schwer vorstellen, wie es wohl war, in so einem Insel-Staat aufzuwachsen.

Ratu lehnte sich zurück und fing an, mir von seinem Alltag zu erzählen. Er erzählte mir, dass auf seiner Insel ein sehr kleiner Stamm wohne. Ein Stamm mit genau 138 Menschen. Er erzählte mir, dass seine Familie eine Seefahrerfamilie war. Dass sein Vater aufs Meer gefahren sei, genauso wie der Vater seines Vaters und wahrscheinlich auch schon dessen Vater.

»Ich habe zwei Kinder«, sagte er. »Die werden jeden Morgen mit einem Boot auf eine Nachbarinsel gebracht. Eine Stammschule, wo sie unsere Stammessprache lernen. Und Englisch. Und rechnen.

Und Werte und Normen. Und schwimmen und fischen. Aber ich würde mir wünschen, dass meine Kinder keine Seefahrer oder Fischer werden. Ich würde mir wünschen, dass sie sich weiterbilden und die Welt bereisen. Aber das ist bestimmt alles sehr unspektakulär für dich, oder?«

»Überhaupt nicht«, entgegnete ich. »Ich kann mir kaum etwas vorstellen, was spannender wäre.«

Ratu lachte sein lautes, einnehmendes Lachen. »Auf meiner Insel gibt es etwas Neues«, sagte er nach einer kleinen Pause. »Seit einem Jahr haben wir Internet. Kennst du das?«

»Ja, das kenne ich.«

»Es ist verrückt.« Ratu schüttelte den Kopf. »Es ist wie ein Fenster in eine andere Welt. Ich habe dort Dinge gesehen, die ich mir einfach nicht vorstellen konnte. In den ersten zwei Monaten war ich jede freie Minute im Internet.«

»Was hast du entdeckt?«, fragte ich ihn neugierig.

Er schaute in die Ferne, als würde er die Bilder, die er in seinem Computer gesehen hatte, vor seinem geistigen Auge Revue passieren lassen.

»Die Großstadt«, sagte er ganz leise und mit starrem Blick, als würde er mit diesem Wort etwas Heiliges beschwören. Dann schaute er mich mit großen Augen an, noch immer von dem Begriff völlig verzaubert. »Warst du schon einmal in einer Großstadt?«

»Ja, schon ein paar Mal.«

»Ich kann mir das nicht vorstellen. Ich kann mir einfach nicht vorstellen, wie das ist, wenn man mit Hunderten, mit Tausenden von anderen Menschen zusammen an einem Ort ist. Alle gleichzeitig. Wie sich das wohl anfühlt?«

»Es weckte zumindest in mir den Wunsch nach etwas anderem«, sagte ich. »Nach Ruhe. Nach Frieden. Nach ... so etwas.« Ich nickte Richtung Meer und sah zu den Inseln hinüber, an denen wir vorbeischipperten. Es war immer noch heiß, obwohl die Sonne sich schon langsam Richtung Horizont senkte.

»Es ist das Paradies«, sagte Ratu. »Wir haben hier alles, was wir brauchen. Ich habe meine Freunde. Meine Familie. Ich habe ein Haus und jeden Tag etwas zu essen. Und wenn ich Lust auf eine

Kokosnuss habe, dann klettere ich auf einen Baum und hole mir eine.«

Ich lächelte. »Ja, das ist das Paradies.«

»Und dennoch würde ich auch gerne die Dinge kennenlernen, die ich noch nicht kenne. Die Großstadt«, sagte er und fing wieder an zu träumen. »Weißt du, was ich auch gehört habe, Max?«

»Was denn?«

»Dass es so riesige Häuser bei euch gibt, welche die Höhe der höchsten Bäume bei Weitem überragen. Häuser, in denen man alles kaufen kann, was es auf der Welt gibt.«

»Wir nennen diese Häuser bei uns Kaufhäuser.«

»Kaufhäuser«, sprach Ratu das Wort nach und lachte. »Verrückt.«

Ich dachte zurück an meine Kindheit, als ich das erste Mal in London war und mit meinen Eltern ins Harrods ging. Das vielleicht luxuriöseste und exklusivste Kaufhaus der Welt. Da hatte ich dieselbe Faszination gespürt, die Ratu sich gerade vorstellte. Ich hatte fast mein ganzes bisheriges Leben gebraucht, um mich von der Faszination für solche Dinge nicht mehr bestimmen zu lassen. Aber ich wollte Ratus Euphorie nicht bremsen. »Ich war mal in so einem ganz besonderen Kaufhaus«, erzählte ich ihm. »Es war in London. Und dort konntest du dir alles kaufen, was es gibt. Von einem Klavier über Klamotten oder einer Uhr bis zu einem Boot, von einer Kokosnuss bis zu einem teuren Stück Fleisch. Alles, was du dir nur vorstellen kannst.«

Ratu schaute mich mit großen Augen an.

»Was ist denn bitte schön ein Klavier?«, fragte er mich.

Während meiner Erzählungen hatte er die ganze Zeit ein Grinsen im Gesicht. Es war nicht so, dass er mir irgendetwas neidete. Er war einfach nur fasziniert von meiner Welt, die ihm fremd war. So wie ich mich für seine Welt begeisterte. Während unseres Gesprächs verflog die Zeit. Eine schwere Welle traf uns und schüttelte das Boot kräftig durch. Bis zu diesem Moment hatte ich meine Übelkeit völlig vergessen. Nun wurde ich blass.

»Sag mal, Ratu, wo sind eigentlich eure Rettungswesten?«

Er schaute mich an und tippte auf seinen umfangreichen Bauch. »Ich trage meine bereits.«

Ich musste lachen.

»Wie gesagt, ich bin für die gute Laune hier zuständig«, grinste Ratu, klopfte mir freundschaftlich auf die Schulter und zeigte dann auf eine Insel.

»Mach dir keine Sorgen. Wir sind schon da«, freute er sich.

LEARNINGS ZU KAPITEL 4

- Wenn du nur in die Fußstapfen anderer trittst, hinterlässt du keine eignen oder, um mit Frank Sinatra zu sprechen: »I travelled each and every highway but did it my way.« Gehe deinen eigenen Weg – immer. Dein Weg beginnt dort, wo du aufhörst, anderen zu folgen. Begreife die Menschen, die dich beeindrucken, als Inspiration, aber hinterlasse auf dieser Welt deine eigenen Fußstapfen.
- Wenn du nicht in Buxtehude glücklich bist, dann bist du es auch nicht auf Fidschi. Glück liegt nur in dir und nirgendwo sonst.
- Eine Reise nach außen hat keinen wirklichen Wert, wenn sie nicht auch eine Reise nach Innen ist.
- Mach dich frei von dem Gedanken, dass Zufriedenheit aus materiellem Wohlstand resultiert. Behalte im Hinterkopf, dass jeder Besitz auch belastet. Ich habe es durchlebt nach dem Motto »Gehabt zu haben befreit dich vom Habenwollen«.

EPILOG

Es war schon tiefste Nacht geworden, aber die Luft war noch warm. Die Sterne und der Vollmond sahen aus wie gezeichnet, und im Hintergrund hörte ich das Meer rauschen.

»Und jetzt bin ich hier«, sagte ich und nahm einen letzten Schluck aus meiner Bierflasche. »Das war meine Geschichte.«

Ich schaute Robert an, der ganz still geworden war. Immer wieder schüttelte er nur den Kopf. »Das ist doch alles ganz unglaublich«, sagte er wieder und wieder, und ich hatte das Gefühl, dass er plötzlich anfing, sein ganzes Leben infrage zu stellen.

»Weißt du, wir haben eine durchschnittliche Lebenserwartung von etwa 27.000 Tagen. Das sind so viele Tage, an denen jeder von uns so viele großartige Dinge tun und erleben kann. Ich habe mich entschlossen, meine Tage so gut es geht zu genießen. Und sie nicht zu verschwenden.«

»Ja«, nickte Robert. »Du hast recht. Du hast einfach recht.«

»Was bringt es dir denn, wenn du eines Tages alt bist und zurückschaust und vor allem sagen kannst, dass du die meiste Zeit in irgendeinem Unternehmen irgendwas gerissen hast? Sind das die Erinnerungen, die du an dein Leben haben willst?«, setzte ich nach und sah, dass Robert wirklich Tränen in den Augen hatte, weil er zum ersten Mal die Welt aus einer ganz anderen Perspektive zu betrachten schien.

»Ich habe mir immer eingebildet, dass meine Familie und meine Freunde stolz auf meine Eigentumswohnung, meine Rolex und meinen Porsche Boxster sind. Auf das, was ich alles erreicht und geleistet habe. Auf meine Karriere.«

Auf mein Schweigen schaute er mich fragend an.

»Ich glaube, dass mein Vater vom Himmel herunterschaut und sich darüber freut, dass sein Sohn einfach glücklich ist.«

»Aber dein Vater hatte sich doch selbst hochgearbeitet. Aus den widrigsten Umständen.«

»Ja, aber als er starb, da hatte er nichts mehr. Sein Reichtum hat ihm keine Erfüllung gebracht. Aber ich glaube, dass mein Vater das auch immer gewusst hat. Er hat mir gesagt, dass ich alles werden könne, was ich wolle. Solange ich Freude daran hätte. Und wenn ich Freude daran hätte, Straßenkehrer zu sein, dann solle ich Straßen kehren gehen. Hauptsache, ich tue es mit einem Lächeln.«

Robert und ich saßen noch eine Weile zusammen und starrten auf das dunkle Meer, das bei Nacht wie ein riesiger Schatten aussah. In den Wäldern der Insel hörten wir die Grillen zirpen.

»Weißt du, was ich gerne gemacht hätte, Max? Ich wäre gerne mit den Bullenhaien schwimmen gegangen.«

»Ich wusste gar nicht, dass das überhaupt möglich ist ... mit Bullenhaien zu tauchen.«

Plötzlich war Robert wieder ganz lebhaft.

»Ist es auch nicht«, erzählte er aufgeregt und war voll in seinem Element. »Also, normalerweise nicht. Bullenhaie sind extrem gefährlich. Aber nur, wenn wir Menschen uns falsch verhalten. Sonst sind es wundervolle, majestätische Tiere, die mich total faszinieren. Es wäre unglaublich schön für mich, sie einmal richtig vor mir zu sehen. Aber nachdem bei solchen Tauchgängen immer wieder Menschen verletzt worden sind, wurde es überall auf der Welt verboten. Es gibt nur noch zwei Orte, die das anbieten. Einen Spot in Mexiko. Und einen hier, auf einer Fidschi-Insel.«

»Super Robert, dann mach das! Das ist genau das, wovon ich gesprochen habe.«

Robert lächelte. »Nein, Max, ich habe da gerade keinen Kopf für. Ich habe gestern eine wichtige E-Mail von meinem Chef bekommen. Es geht um ein riesiges Projekt. Das wird mich meinem Traum vom Vorstand ein großes Stück näher bringen. Morgen werde ich, früher als geplant, abreisen.«

Hatte mir Robert die ganzen letzten Stunden überhaupt zugehört? Ich sprach ihm ein letztes Mal gut zu.

»Du hast doch gerade so euphorisch von den Haien gesprochen. Kümmere dich doch vielleicht ein einziges Mal nicht um deine Karriere. Sondern um dein Leben. Vertrau mir, du wirst es nicht bereuen.«

Bevor ich weiter ausholen konnte, fiel mir Robert streng ins Wort. Er schüttelte energisch den Kopf.

»Nein, nein, Max. So etwas versteht jemand wie du nicht. Ich habe keine Zeit für diese Haigeschichte. Ich werde irgendwann ein ganz Großer sein. Meine Karriere ist mein Leben. Und du? Du kannst vielleicht ein paar Geschichten erzählen, aber wirklichen Erfolg hattest du noch nie.«

Ich begriff einmal mehr, wie unterschiedlich das Wort Erfolg verstanden wird. Ich dachte kurz nach.

»Weißt du, Robert, als mein Vater im Sterben lag, konnte er nicht mehr sprechen. Wir haben nur über eine Tafel kommuniziert. Ich schreibe dir jetzt einen Satz auf. Vielleicht regt er dich ab und zu mal zum Nachdenken an.«

Ich bat ihn um einen Zettel und einen Stift, dachte an meinen Dad und schrieb ein paar Worte auf:

»Es hat noch niemanden auf dem Sterbebett gegeben, der sich über zu wenig Arbeit und zu viel Vergnügen im Leben beklagt hat.«

Ich reichte ihn Robert, wünschte ihm alles Gute und machte mich auf den Weg. Ich war ihm dankbar. Denn das Leben hatte mir durch ihn soeben ein neues Abenteuer offenbart. Als Nächstes wollte ich mit den Bullenhaien schwimmen gehen. Ich machte mich auf den Weg.

UND HEUTE?

Nach dem unerwarteten Tod von **Bodo Buschmann** im April 2018 übernahm **Constantin Buschmann** als CEO die Brabus-Gruppe. Bis heute sind wir beste Freunde.

Ronald hat auch nach Philipp & Ron's noch diverse Firmen gegründet. Die wichtigste Gründung war aber die seiner eigenen Familie, auf die er heute seinen größten Fokus richtet.

Tom Bachem hat die CODE-Universität Berlin gegründet. Dort werden Informatiker praxisnah ausgebildet. Mit seiner Vision revolutioniert er gerade das Bildungswesen.

Pius Heinz wohnt wieder in Köln, hat dem Pokern und der Öffentlichkeit den Rücken gekehrt und lebt bescheiden von den Zinsen seines Gewinns. Er genießt sein Leben als Frührentner.

Kai Spenger hat sich ein globales Fotoimperium mit 600 Mitarbeitern aufgebaut. Seine Vision wurde zur Realität.

Richi wohnt in Berlin, wo er gemeinsam mit seiner Frau das Unternehmen Language International leitet. Sie vermitteln Sprachreisen ins Ausland.

Markus Hanauer ist noch immer glücklich mit meiner Schwester verheiratet. Seit 20 Jahren leitet er seine Firma für digital healthcare – Spirit Link. Jahr für Jahr findet er sich in der Liste der Top-100-Arbeitgeber in Deutschland wieder.

Martin Kläser betreibt eine Diskothek in Bonn.

Gründerpokern findet regelmäßig in allen großen deutschen Städten statt. Seit 2017 gibt es den Ableger **Firmenpokern**, wo wir den Netzwerkgedanken auf Firmenevents übertragen haben. (www.gruenderpokern.de / www.firmenpokern.de)

Plug & Study feiert im Jahr 2020 elfjähriges Bestehen. Wir machen völlig autark, ohne Investoren, einen hohen sechsstelligen Jahresumsatz. Eva ist weiterhin Geschäftsführerin.

Bei Abgabe des Buches verdiene ich, **Philipp Maximilian Scharpenack,** mit der **Vier-Stunden-Woche** rund 10.000 Euro passives Einkommen.

Und **Robert** arbeitet wahrscheinlich noch immer bei Bosch. Unseren Recherchen nach ist er aber immer noch kein CEO.

NACHWORT
DIE THEORIE DES MAXIMIERTEN ZUFALLS

Von Constantin Buschmann, CEO bei Brabus

D er Mensch ist von dem immerwährenden Wunsch getrieben, sein Leben in eine bestimmte Richtung zu lenken. Wir träumen, schmieden Pläne und bemühen uns, der Existenz, die wir uns erhoffen, jeden Tag ein kleines Stück näher zu kommen. Häufig haben diese Träume mit der Frage zu tun, wie wir die Menschen finden, mit denen wir unser Leben teilen können und die uns auf unserer Reise begleiten. Unabhängig davon, wie sehr wir glauben, unser Leben im Griff zu haben, spielt bei dieser Suche vor allem eines immer wieder eine Rolle: der Zufall.

Viele der Schlüsselmomente meines Lebens wurden vor allem dadurch bestimmt, dass ich zur richtigen Zeit am richtigen Ort war und etwas tat, von dem ich im Vorhinein nicht wissen konnte, dass ich es im Nachhinein als »das Richtige« betrachten würde. Es wäre beispielsweise dreist, heute zu behaupten, dass ein zwanzigjähriger Fast-Student an einem von vielen damals noch sehr freien Samstagabenden ausschließlich deshalb mit Freunden in die – einzige und immer gleiche – Bottroper Lokaldiskothek ging, weil er fest vorhatte, dort die Liebe seines Lebens zu treffen. Und dass er sich darüber hinaus auch sicher war, dass er den Mut haben würde, sie auch anzusprechen.

Beides ist natürlich Unsinn. Weder hatte ich damit gerechnet, noch hatte ich den Mut, irgendjemanden anzusprechen. Und doch habe ich auf genau diese Weise meine Frau Sarah kennengelernt. Reiner Zufall. Oder?

Abgesehen davon, dass ich heute – 15 Jahre später – gestehen muss, dass ich sie dort vor allem getroffen habe, weil wir uns bereits kannten und es dadurch für mich fast unmöglich war, sie nicht anzusprechen, lohnt es sich, die Umstände dieser Begegnung einmal genauer anzusehen:

Zum einen gingen meine Freunde und ich in dieser Zeit häufig aus. Hätten wir das nicht getan, wäre es für mich unmöglich gewesen, überhaupt jemanden zu treffen. Zum anderen kannte ich sie bereits flüchtig über einige meiner Freunde. Das wiederum gab mir ein gemeinsames Thema und damit die Möglichkeit, sie anzusprechen. Beides zusammen führte dazu, dass wir uns kennenlernten. Der Rest ist eine der schönsten Geschichten meines Lebens.

Die Welt, in der wir leben, schenkt uns immer wieder diese Art von Zutaten: den richtigen Ort, die richtige Zeit und den richtigen Kontext. Das, was wir dann einen glücklichen Zufall nennen, entsteht jedoch erst, wenn wir aufmerksam genug sind, eine solche Gelegenheit zu bemerken – und dann zu handeln. Ich bin heute ein großer Verfechter dessen, was ich die »Theorie des maximierten Zufalls« nenne. Als Zufall bezeichnen wir es gemeinhin, wenn etwas geschieht, ohne dass wir uns erklären können, warum. Hinter dem Begriff des maximierten Zufalls verbirgt sich mein Glaube daran, dass es möglich ist, glückliche Zufälle zu erzeugen.

Wenn ich immer wieder Dinge tue, durch die Gelegenheiten möglich werden, dann werden diese Gelegenheiten auch entstehen. Auf andere Weise ausgedrückt ergeben sich Gelegenheiten, wenn durch das, was ich immer wieder tue, die Wahrscheinlichkeit steigt, dass sich eine solche Gelegenheit ergibt.

Bezogen auf die gerade erzählte Geschichte bedeutet das: Wäre ich nicht häufig ausgegangen, hätte ich meine Frau nicht an einem dieser Abende treffen können. Hätte ich sie nicht vorher schon gekannt, hätte ich mich nicht getraut, sie anzusprechen. Ich handelte im Sinne der Theorie des maximierten Zufalls, ohne mir dessen bewusst zu sein.

Als Max mich bat, das Nachwort für dieses Buch zu schreiben, musste ich sofort daran denken, wie oft wir uns darüber austauschen, auf welche Weise Chancen entstehen und was es bedeutet, sie zu nutzen.

Wir diskutieren häufig und auch kontrovers darüber, wie wir unsere Leben gestalten. Unsere Lebensentwürfe sind in den Grundlagen deckungsgleich, in der Ausgestaltung dessen, worauf wir unseren Fokus legen und wie wir unsere Ziele erreichen, aber völlig unterschiedlich.

Während er ganz bewusst sein Hauptaugenmerk auf weitreichende Freiheit, Unabhängigkeit und Mobilität legt und seine immer wieder neuen unternehmerischen Ideen klar darauf ausrichtet, diese zu erhalten, gefällt mir das unternehmerische Arbeiten in größeren Organisationen und die Frage, wie dort Neues geschaffen werden kann. Was uns eint, ist die Leidenschaft dafür, ein konsequent selbstbestimmtes Leben zu führen und die Gelegenheiten, die uns das Leben bietet, mit viel Energie umzusetzen.

Es gibt nur wenige Menschen wie Max, deren Handeln so sehr darauf ausgerichtet ist, immer wieder neue Chancen zu erzeugen.

Und es gibt niemanden, den ich kenne, der Gelegenheiten so konsequent ergreift.

Menschen, die Max gerade kennenlernen und mit denen ich über ihn spreche, sage ich oft, dass sie sich nicht davon täuschen lassen dürfen, dass sein Leben auf den ersten Blick wie das von Gustav Gans anmutet. Denn der Vergleich mit dem glücksverwöhnten Cousin von Donald Duck hinkt insofern, als dass das Glück bei Max alles andere als Zufall ist. Entsprechend der Theorie des MAXimierten Zufalls hat es Methode.

Wie funktioniert das? Max hat schon sehr früh lernen müssen, auf eigenen Beinen zu stehen. Nach dem Tod seines Vaters reiste er als Anfang Zwanzigjähriger alleine nach Shanghai – ohne Geld und ohne Kontakte. Um weiterzukommen, musste er sich etwas einfallen lassen. Er entwickelte in den darauffolgenden Jahren mehrere Verhaltensweisen, die ihm heute zugute kommen.

Die mit Abstand wichtigste Grundlage seines Erfolgs ist die Eigenschaft, Dinge einfach zu tun und dabei keinerlei Angst vor dem Scheitern und sozialer Zurückweisung zu haben.

Just Do It. Einfach machen. Was abgedroschen klingt, ist, kombiniert mit einer Extra-Portion Street-Smartness und auf verschiedenste Lebensbereiche konsequent angewandt, eine Wunderwaffe des Erfolgs. Max interessiert sich weder dafür, was jemand über ihn denkt, noch interessiert ihn, was er vielleicht denken sollte. Er ist einfach er selbst und macht sein Ding. In unzähligen Situationen mit ihm habe ich erlebt, wie scheinbar unmögliche Sachen trotzdem passieren, weil er einfach das Naheliegendste tut, während alle anderen untätig bleiben, zu unentschlossen sind, oder sich vor Ablehnung fürchten und in ihre Komfortzone flüchten.

Einfach meinem Vater während seines Praktikums bei Brabus die Bedingung stellen, bezahlt zu werden, wenn der sich eine Verlängerung wünscht? Nach dem Zivildienst alleine nach China auszuwandern und dabei eine Idee für eine Anzugschneiderei entwickeln und diese auch umzusetzen? Einen Pokersuperstar ohne vorherige Erfahrung bei der Weltmeisterschaft vertreten, ihn managen? Ein Wassereis mit Alkohol auf den Markt bringen? Eine Wohnungsvermittlung für ausländische Studenten aufbauen? Seine eigene Netzwerkveranstaltungsreihe aufsetzen? Mehrfamilienhäuser in der Kölner Innenstadt kaufen? Hey, warum denn eigentlich nicht? Ich habe Max noch nie in der Theorie scheitern sehen. Wenn überhaupt, dann stellt er fest, dass eine Idee nicht funktioniert, wenn er bereits dabei ist, sie umzusetzen. Und wenn es nicht klappt, macht er einfach mit der nächsten weiter.

Diese mutige Herangehensweise an Ideen bildet die Grundlage seines heutigen Lebens. Es würde jedoch bei vielen Ideen und Projekten nicht zur Initialzündung kommen, wenn es da nicht diese zweite, zentrale Eigenschaft geben würde: seine Gabe, Menschen nicht nur zu begegnen, sondern sie innerhalb kürzester Zeit für sich einzunehmen und sich mit ihnen anzufreunden. Egal, ob bei der Arbeit in Köln-Mitte, beim Urlaub in Stockholm oder während einer Entdeckungsreise auf den Fidji-Inseln: Max trifft Menschen, die scheinbar wie von selbst seine Freunde werden und mit denen er sich häufig noch Jahre später trifft. Egal ob Gangster-Rapper, Student oder Multimillionär, er geht auf jeden zu und kommt mit jedem ins Gespräch und hat immer eine neue, spannende Geschichte aus seinem Leben zu erzählen. Diese Fähigkeit erzeugt bei unseren gemeinsamen Reisen häufig den unheimlichen Effekt, dass es scheinbar nur Orte gibt, an denen Max bereits einmal war – und an denen er freudestrahlend begrüßt wird. Legendär sind die Geschichten von Feiern, bei denen er, während alle anderen noch ihren Mantel an der Garderobe abgeben, bereits mit einer neuen, attraktiven Bekanntschaft wieder geht. Doch das führt zu weit ...

Beide dieser Eigenschaften, seine Direktheit und sein Gefühl für Menschen, ermöglichen ihm heute, so selbstbestimmt zu leben, wie er es sich wünscht. Und sie spielten auch bereits eine Rolle, als ich ihn kennenlernte. Mir war damals, als Max noch Praktikant im Unternehmen meiner Familie war, nicht klar, dass er in mir etwas sah, das ihn nervös machte. Ich bin der Meinung, ein sehr offener Mensch zu sein und mache gerne neue Bekanntschaften. Dabei ist mir völlig egal, ob es sich um einen neuen Praktikanten, einen wichtigen Geschäftspartner oder eine völlig zufällige Begegnung handelt. Deshalb lud ich ihn auch, nachdem er seinen Mut zusammengenommen und mit mir ein Gespräch begonnen hatte, zu einer Party in meiner damaligen Studentenwohnung ein. Dass daraus viele weitere gemeinsame Geschichten in seinem und meinem Leben entstehen würden, konnte sich damals keiner von uns auch nur ansatzweise vorstellen. Doch dafür hat, neben ein wenig Glück, auch seine einnehmende Persönlichkeit gesorgt.

Ein gemeinsamer Freund sagte einmal: »Max, jeder wäre gerne ein bisschen wie du. Du kennst die halbe Welt, lebst wie du willst, lässt dich von niemandem einengen, und immer passiert etwas Spannendes.« Das ist richtig. Max verkörpert heute etwas, dass sich viele Menschen wünschen: ein vollkommen selbstbestimmtes und etwas abenteuerliches Leben außerhalb vieler der Konventionen und Verpflichtungen, mit denen wir normalerweise täglich umgehen müssen. Und auch wenn wir unsere Leben sehr mögen, ist doch die Vorstellung, einmal für ein paar Tage die Rollen zu tauschen und den Alltag hinter uns zu lassen genau das, was die Faszination seiner Lebensweise ausmacht. Ich habe mich sehr gefreut, als er mir vor ungefähr einem Jahr erzählte, dass er wieder einmal eine neue Idee entwickelt hatte: die Idee, über sein Leben ein Buch zu schreiben.

Das Besondere daran ist, dass er so seine Geschichte mit uns allen teilt und sie dadurch nicht nur für ihn, sondern auch für einige von uns zum Beginn einer neuen Reise werden kann. Alles, was wir dafür tun müssen, ist, uns ein kleines Stück von dem, was ihn ausmacht, abzuschauen und der Theorie des MAXimierten Zufalls auch in unserem Leben Raum zu geben.

Rebellion im Hamsterrad

Niclas Lahmer

Im Ferrari die Küste der Algarve hinunterfahren, in der First Class für den Preis der Holzklasse fliegen und mit 5 Stunden Arbeit mehr Geld verdienen als die meisten Manager mit einer 70-Stunden-Woche – wer will das nicht? Die Möglichkeit, das Leben außerhalb des Gewöhnlichen zu erleben, dem alltäglichen Hamsterrad zu entkommen, bleibt den meisten verwehrt. Doch das muss nicht sein! Niclas Lahmer zeigt in seinem neuen Buch, wie Sie mehr finanzielle und persönliche Freiheit erlangen können, indem Sie sich aus den Zwängen gesellschaftlicher Glaubenssätze befreien. Raus aus der Knechtschaft des Geistes, des Konsums, des Kapitals und der Zeit, damit mehr Zeit für das Wesentliche und für ein erfülltes Leben bleibt!

320 Seiten | Hardcover | 18,99 € (D) | ISBN 978-3-95972-268-1

Anders als alle anderen

Marcel Remus

ALLES ANDERS ALS ALLE ANDEREN: Müsste man das Leben Marcel Remus auf fünf Wörter reduzieren, so käme man wohl ganz schnell zu diesen, die längst sein Mantra und gleichsam Erfolgsgeheimnis sind. Seine Karriere liest sich wie aus einem Bilderbuch: Er ist der jüngste selbstständige Luxusimmobilienmakler Europas. In nicht einmal zehn Jahren hat er den Sprung zum Shooting Star geschafft. Er verkauft auf Mallorca die exklusivsten Liegenschaften an die Schönen und Reichen, pflegt Kontakte zu VIPs wie Sir Elton John, Elizabeth Hurley und Star-DJ Robin Schulz. Doch hat er auch die Schattenseiten erlebt und weiß wie es ist, wenn man von der Hand in den Mund lebt. In diesem Buch verrät er erstmals, wie er es trotz Weltwirtschaftskrise, viel Neid und Gegenwind und mit gerade einmal 23 Jahren geschafft hat und wie das wirklich jeder schaffen kann.

208 Seiten | Hardcover | 19,99 € (D) | ISBN 978-3-95972-178-3

Freimaurer

**Werner Heussinger, Jan Snoek,
Heike Görner, Ralph-Dieter Wilk**

Freimaurerei – um keine andere Verbindung ranken sich so viele
Mythen, Legenden und Verschwörungstheorien. Bis heute haben
sich ihre Rituale erhalten. Gerade auch in Deutschland werden
sie gepflegt und weitergegeben. Aber was ist Freimaurerei eigentlich? Wie und warum wird man heute Freimaurer? Welchen Sinn
hat die Freimaurerei in einer digitalisierten und globalisierten Welt,
im Zeitalter von Posthumanismus und Künstlicher Intelligenz?
Die Autoren dieses Buches, allesamt Freimaurer, zeigen, was
moderne Freimaurerei ausmacht, weshalb sie ein Gewinn für jeden
Einzelnen und die Gesellschaft ist und warum die Freimaurerei
nicht weniger ist als das älteste und erfolgreichste Social Network
der Welt und ein lebenslanges und überaus effektives Persönlich-
keitstraining.

272 Seiten | Hardcover | 18,99 € (D) | ISBN 978-3-95972-303-9

Busy is the New Stupid

Tim Reichel

Neue Technologien und die Digitalisierung haben unseren Arbeits-
alltag stark verändert. Sie schaffen unzählige Möglichkeiten, haben
aber auch einen Haken: Wir leben in einer Zeit der unbegrenzten
Ablenkungen. Unsere Aufmerksamkeit und unsere Konzentration
werden zu den wichtigsten Erfolgsgrößen, die es zu verteidigen
gilt. Wer dieser Falle entgehen möchte, muss die richtigen Priori-
täten setzen und sich auf die wichtigen Dinge konzentrieren. Tim
Reichel zeigt 101 Wege für ein glückliches Leben im 21. Jahr-
hundert. Es ist ein moderner Werkzeugkoffer mit den besten Zeit-
management-Methoden und Produktivitätstechniken, die aktuell
bekannt sind.

208 Seiten | Softcover | 14,99 € (D) | ISBN 978-3-95972-306-0

Der Kompass für das Leben

Kazuo Inamori

Wir leben in einem Zeitalter der Angst, der Verwirrung und fehlender Tugenden. Es scheint, als hätten wir den inneren Kompass, der uns den Weg zur persönlichen Erfüllung leitet, verloren. Stattdessen irren wir durch das Leben, ohne die Antwort auf die Frage nach dem Zweck des Lebens zu kennen. Kazuo Inamori gibt Ihnen in seinem mehr als 5 Millionen Mal verkauften Bestseller eine konstruktive Lebensphilosophie an die Hand. Das von ihm entwickelte System von Glaubens- und Grundsätzen hilft Ihnen dabei, die richtige Richtung in Ihrem Leben und schließlich den Weg zum Erfolg zu finden.

208 Seiten | Softcover | 16,99 € (D) | ISBN 978-3-95972-292-6

EGO

Julien Backhaus

Es gibt ihn, den guten Egoismus. Julien Backhaus bricht in diesem Buch eine Lanze für eine Form der Selbstbezogenheit, die nicht nur dem Anwender, sondern auch seinen Mitmenschen hilft. Sein Argument: Nur wer stark ist, kann andere stark machen. Nur wer hat, kann auch geben. Der Leser erfährt, was Gelehrte wie der Dalai Lama und Superreiche wie Warren Buffett darüber denken und wie jeder den guten Egoismus für sein eigenes Lebensglück einsetzen kann. Mehr Erfolg in der Beziehung, im Job und im Leben generell – gute Egoisten leben diesen Traum bereits. Ein Plädoyer dafür, die Vorzüge von gesundem Egoismus zu erkennen und seine eigene Agenda zu verfolgen.

240 Seiten | Hardcover | 18,99 € (D) | ISBN 978-3-95972-302-2

ERFOLG

Julien Backhaus, Michael Jagersbacher

Was kann man von erfolgreichen Menschen lernen? Julien Backhaus, einer der jüngsten deutschen Medienunternehmer und Verleger bewegt sich seit Jahren in der Welt der Prominenten. Bei seinen zahlreichen Gesprächen mit Spitzensportlern, Showgrößen und Superreichen hat der Jungunternehmer die Prinzipien herausgearbeitet, die nicht nur sie zu dem gemacht haben, was sie sind, sondern auch ihn auf seinem Weg zum Erfolg entscheidend geprägt haben. Zudem zeigen Julien Backhaus und Michael Jagersbacher, wie sich die Erfolgsprinzipien Schritt für Schritt auf das eigene Leben übertragen lassen und man somit von ihnen profitieren kann.

176 Seiten | Softcover | 16,99 € (D) | ISBN 978-3-95972-152-3

Game Changers

Dave Asprey

Dave Asprey, Erfinder der Bulletproof-Methode für höhere geistige Leistungsfähigkeit und mehr Energie, legt in seinem neuen Buch Antworten auf die Frage vor, wie man sich im Leben auf die Gewinnerseite katapultieren kann. In seinem Podcast Bulletproof Radio interviewte er einige der einflussreichsten Führungspersönlichkeiten wie Tim Ferriss, Dr. Daniel Amen oder Arianna Huffington, wie sie den Durchbruch auf ihrem jeweiligen Gebiet schafften. Aus der Analyse dieser über 450 Erfolgsgeschichten zog der Autor das Fazit für wichtige Fragen: Wie werde ich smarter und erhöhe meine mentale Performance? Wie gelange ich schneller ans Ziel? Wie mache ich Glück zur Basis meines Erfolgs? Diese Erfolgsstrategien bieten dem Leser direkt umsetzbare Handlungsanleitungen für den eigenen Weg an die Spitze. Game Changers ist damit die Essenz von Dave Aspreys jahrelangen Studien und enthält erstmals die 46 wissenschaftlich untermauerten Gesetze des Erfolgs.

400 Seiten | Softcover | 19,99 € (D) | ISBN 978-3-95972-202-5

Was ich mit 20 Jahren gerne über Geld, Motivation, Erfolg gewusst hätte

Mario Lochner

Viele plagen sich lange Jahre im Beruf, um dann festzustellen, dass sie doch nicht das tun, was sie erfüllt und womit sie erfolgreich sind. Mario Lochner, erfolgreich mit dem Youtube-Kanal »Mission Money«, weist den Weg zur Überholspur im Leben. Im ersten Teil des Buches geht es darum, wie man seine persönliche Motivation im privaten und beruflichen Bereich findet. Im zweiten Teil gibt der Autor dem Leser die Erfolgswerkzeuge an die Hand, die er maßgeschneidert für sich anwenden kann. Im dritten Teil schließlich geht es darum, wie man mit nur wenigen Stunden pro Jahr ein finanzielles Fundament für die Rente aufbaut.

304 Seiten | Softcover | 16,99 € (D) | ISBN 978-3-95972-277-3

Das 5-Tage-Wochenende

Nik Halik, Garrett Gunderson

Viele Menschen wollen mehr vom Leben und wissen, dass es einen besseren Weg gibt, das ihre zu leben. Und doch stecken viele in ihrem Nine-to-Five-Arbeitsalltag fest, fristen ihr Dasein nach den Regeln anderer und fragen sich eines Tages, wo ihr Leben geblie-ben ist. Das 5-Tage-Wochenende bietet einen Ausweg aus der Sackgasse. Es zeigt, wie sich durch den Aufbau eigener Unter-nehmen und clevere Investmentstrategien regelmäßige, passive Einkommensströme generieren lassen, sodass finanzielle und persönliche Unabhängigkeit erreicht und die Konzentration auf die großen Lebensziele möglich wird. Damit fokussiert es sich auf Möglichkeiten, die eigenen Finanzen zu straffen und ein regel-mäßiges, unabhängiges Einkommen aufzubauen, bis dies dem eigenen gewünschten Lebensstandard entspricht.

368 Seiten | Softcover | 16,99 € (D) | ISBN 978-3-95972-250-6